城市轨道交通"慧"系列管理教材

企业文化实务

主　编　金　铭　魏文斌
参　编　马依萍　毛波杰　朱　君　吴婷婷
　　　　张阿沛

苏州大学出版社
Soochow University Press

图书在版编目(CIP)数据

企业文化实务 / 金铭,魏文斌主编. --苏州:苏州大学出版社,2023.6(2023.12重印)
城市轨道交通"慧"系列管理教材
ISBN 978-7-5672-4357-6

Ⅰ.①企… Ⅱ.①金… ②魏… Ⅲ.①企业文化-高等学校-教材 Ⅳ.①F272-05

中国国家版本馆 CIP 数据核字(2023)第 081873 号

书　　名：	企业文化实务
主　　编：	金　铭　魏文斌
责任编辑：	史创新
出版发行：	苏州大学出版社(Soochow University Press)
社　　址：	苏州市十梓街1号　邮编:215006
印　　装：	苏州工业园区美柯乐制版印务有限责任公司
网　　址：	www.sudapress.com
邮　　箱：	sdcbs@suda.edu.cn
邮购热线：	0512-67480030
销售热线：	0512-67481020
开　　本：	787 mm×1 092 mm　1/16　印张:17.5　字数:373千
版　　次：	2023年6月第1版
印　　次：	2023年12月第2次印刷
书　　号：	ISBN 978-7-5672-4357-6
定　　价：	55.00元

凡购本社图书发现印装错误,请与本社联系调换。服务热线:0512-67481020

城市轨道交通"慧"系列管理教材编委会

主　任　金　铭

副主任　史培新

编　委　陆文学　王占生　钱曙杰　楼　颖　蔡　荣
　　　　　朱　宁　范巍巍　庄群虎　王社江　江晓峰
　　　　　潘　杰　戈小恒　陈　升　虞　伟　刘农光
　　　　　蒋　丽　李　勇　张叶锋　王　永　王庆亮
　　　　　查红星　胡幼刚　韩建明　冯燕华　鲍　丰
　　　　　孙田柱　凌　扬　周　礼　毛自立　矫甘宁
　　　　　凌松涛　周　赟　姚海玲　谭琼亮　高伟江
　　　　　戴佩良　魏文斌　姚　远　李　珂　叶建慧

序

习近平总书记指出："城市轨道交通是现代大城市交通的发展方向。发展轨道交通是解决大城市病的有效途径，也是建设绿色城市、智能城市的有效途径。"习近平总书记的重要讲话指明了城市轨道交通的发展方向，是发展城市轨道交通的根本遵循。

当前，城市轨道交通正在迈入智能化的新时代。对此，要求人才培养工作重视高素质人才、专业化人才的培养和广大员工信息化知识的普及教育。如何切实保障城市轨道交通安全运行？如何提升城市轨道交通的服务质量和客户满意度？如何助推交通强国建设？这是摆在我们面前的重要任务。

苏州是我国首个开通轨道交通的地级市，多年来，苏州市轨道交通集团有限公司坚持以习近平新时代中国特色社会主义思想为指导，牢记"为苏州加速，让城市精彩"的使命，深入践行"建城市就是建地铁"的发展理念，坚持深化改革和推动高质量发展两手抓，在长三角一体化发展、四网融合、区域协调发展等"国之大者"中认真谋划布局苏州轨道交通事业，助推"区域融合"，建立沪苏锡便捷式、多通道轨道联系。截至2023年，6条线路开通运营，运营里程突破250千米；在建8条线路如期进行，建设总里程达210千米。"十四五"时期是苏州轨道交通发展的关键期，面对长三角一体化发展、面对人民群众的期盼，苏州轨道交通事业面临各种挑战和机遇，对人才队伍的专业技能和整体素质也提出了更高要求。

苏州轨道交通处于建设高峰期，对人才的需求更加迫切。苏州市轨道交通集团有限公司一直高度重视人才培养和高素质人才队伍建设，特别推出了城市轨道交通"慧"系列管理教材和"英"系列技能教材。

"慧"系列管理教材包括管理基础、管理能力、管理方法、创新能力、企业文化等方面的内容，涵盖了从管理基础的学习到创新能力的培养，从企业文化的塑造到管理方法的运用，为城市轨道交通行业的管理人员全面、系统地学习管理知识和提升管理能力提供了途径。

"英"系列技能教材包括行车值班员、行车调度员、电客车司机、安全实践案例分析、消防安全等方面的内容，为城市轨道交通行业的从业人员技能培训和安全意识提升提供了途径，为城市轨道交通行业的安全和服务质量提供了重要的保障。

这两个系列教材顺应轨道交通事业发展要求，契合轨道交通专业人才特点，聚焦管理基础和技能提升，融合管理资源和业务资源，兼具苏州城市和轨道专业特色，具有很好的实践指导性，对于促进企业管理水平提升、培养高素质管理人才和高水平技能人才将会起到实实在在的推动作用。

这两个系列教材可供轨道交通相关企业培训使用，也可作为院校相关专业教学用书。

这两个系列教材凝聚了编写组人员的心血，是苏州轨道交通优秀实践经验的凝练和总结。希望能够物尽其用，充分发挥好基础性、支撑性作用，促进城市轨道交通技能人才培养，推动"轨道上的苏州"建设，助力"强富美高"新苏州现代化建设，谱写更加美好的新篇章。

中国城市轨道交通协会常务副会长

前　言

　　企业是社会经济的基本细胞和社会创造财富的主体，企业的管理和高效运营是一项极其复杂的系统工程。企业管理学是一门系统研究企业管理过程中基本规律、基本原理和基本方法的科学，普及管理知识对提高企业整体管理水平有着十分重要的实际意义。

　　当前，我国城市轨道交通已进入由高速发展向高质量发展转型阶段。在高速发展的同时，城市轨道交通行业发展整体上存在重线路、轻网络，重建设、轻管理，重运营、轻经营等问题，与提供高质量的轨道交通服务、保持城市轨道交通行业持续健康发展、提升人民群众的获得感和幸福感尚有一定距离。因此，编写适合城市轨道交通企业管理的教材有助于培养高素质管理人员，进一步提升企业管理水平。

　　本教材为城市轨道交通"慧"系列管理教材之一，根据企业文化理论体系来编排内容，主要包括企业文化概述、企业精神文化、企业制度文化、企业行为文化、企业物质文化、企业文化测评、企业文化设计与实施、企业文化传播、企业文化冲突与整合、企业文化变革和跨文化管理。除学习内容外，每个项目还设置"学习目标""引导案例""案例分析""项目训练""自测题""延伸阅读"等栏目，并穿插"小知识""小故事""小贴士"等栏目，深入浅出，重点明确，案例典型、新颖，致力于知行合一、学有所用。本书可作为企业管理培训用书，也可供高等院校学生和对企业文化感兴趣的社会人士阅读。

　　本教材由苏州市轨道交通集团有限公司和文子品牌研究院组织编写，在编写过程中查阅与参考了国内外有关企业文化、城市轨道交通管理等相关方面的文献资料和部分网络资源，已在参考文献及书中注明相应资料的出处，在此向各位作者表示感谢。本书的编写和出版得到了苏州市轨道交通集团有限公司、苏州大学轨道交通学院、苏州大学出版社、苏州市品牌研究会、文子品牌研究院等单位的支持，在此一并表示感谢。

由于编者水平有限，书中疏漏、错误之处在所难免，敬请使用本书的读者批评指正！

编　者

2022 年 9 月

目 录

项目一 企业文化概述
- 引导案例 华为企业文化的发展阶段 /1
- 任务一 文化和企业文化 /4
- 任务二 企业文化的类型 /7
- 任务三 企业文化的结构和功能 /13
- 任务四 企业文化的兴起与发展 /18
- 案例分析 苏州轨道集团的企业文化建设 /24
- 项目训练 /26
- 自测题 /26

项目二 企业精神文化
- 引导案例 中国中车文化的核心理念 /27
- 任务一 企业使命和企业愿景 /29
- 任务二 企业价值观 /34
- 任务三 企业伦理道德 /37
- 任务四 企业精神与企业家精神 /41
- 案例分析 永钢集团的企业文化建设 /47
- 项目训练 /50
- 自测题 /51

项目三　企业制度文化

引导案例　苏州轨道集团的员工文化　　　/52
任务一　制度与制度文化　　　/54
任务二　企业制度文化的内容　　　/58
任务三　企业制度文化建设　　　/66
案例分析　《华为基本法》解读　　　/73
项目训练　　　/75
自测题　　　/75

项目四　企业行为文化

引导案例　中国中铁的社会责任　　　/76
任务一　企业行为文化及其分类　　　/79
任务二　企业伦理行为的一般原则　　　/83
任务三　企业社会责任　　　/89
案例分析　苏州轨道集团的社会责任实践　　　/96
项目训练　　　/97
自测题　　　/98

项目五　企业物质文化

引导案例　苏州地铁公共艺术与地域文化的融合　　　/99
任务一　企业标识　　　/101
任务二　企业环境和建筑物　　　/106
任务三　企业产品和服务文化　　　/109
任务四　企业广告文化　　　/111
任务五　企业工具文化　　　/114
案例分析　中国商飞的质量文化建设　　　/116
项目训练　　　/118
自测题　　　/119

项目六　企业文化测评

引导案例　苏州轨道集团文化地铁建设　　　　　　　　　／120

任务一　企业文化测评　　　　　　　　　　　　　　　　／124

任务二　企业文化测量工具　　　　　　　　　　　　　　／126

任务三　企业文化评价　　　　　　　　　　　　　　　　／138

案例分析　苏州轨道集团运营一分公司的安全文化体系　　／142

项目训练　　　　　　　　　　　　　　　　　　　　　　／144

自测题　　　　　　　　　　　　　　　　　　　　　　　／144

项目七　企业文化设计与实施

引导案例　苏州轨道集团的十大理念　　　　　　　　　　／146

任务一　企业文化设计原则　　　　　　　　　　　　　　／150

任务二　企业文化基本体系设计　　　　　　　　　　　　／155

任务三　编制企业文化手册　　　　　　　　　　　　　　／159

任务四　企业文化的实施　　　　　　　　　　　　　　　／161

案例分析　苏州轨道交通5号线文旅特色设计　　　　　　／166

项目训练　　　　　　　　　　　　　　　　　　　　　　／168

自测题　　　　　　　　　　　　　　　　　　　　　　　／169

项目八　企业文化传播

引导案例　苏州轨道交通立足城市特色发展文化　　　　　／170

任务一　企业文化传播概述　　　　　　　　　　　　　　／172

任务二　企业文化传播的要素　　　　　　　　　　　　　／177

任务三　培育企业文化传播系统　　　　　　　　　　　　／185

案例分析　小米品牌的文化传播　　　　　　　　　　　　／193

项目训练　　　　　　　　　　　　　　　　　　　　　　／194

自测题　　　　　　　　　　　　　　　　　　　　　　　／195

项目九　企业文化冲突与整合

引导案例　宝钢集团的管理移植与文化整合　/196

任务一　企业文化冲突　/198

任务二　企业文化整合的原则和内容　/206

任务三　企业文化整合的过程与模式　/210

案例分析　吉利并购沃尔沃的文化整合　/214

项目训练　/216

自测题　/217

项目十　企业文化变革

引导案例　京东的企业文化创新　/218

任务一　企业文化变革的动因与阻力　/220

任务二　企业文化变革的原则与方式　/224

任务三　企业文化变革的流程　/227

任务四　企业文化变革的实施　/232

案例分析　海尔的企业文化变革　/236

项目训练　/239

自测题　/240

项目十一　跨文化管理

引导案例　中车长客公司的跨文化融合　/241

任务一　文化差异　/243

任务二　典型国家的企业文化特征　/245

任务三　跨文化管理的相关理论　/254

任务四　跨文化管理的实践　/259

案例分析　中国石油跨文化管理实践　/261

项目训练　/262

自测题　/263

参考文献　/264

项目一 企业文化概述

【学习目标】

1. 理解企业文化的含义和分类
2. 掌握企业文化的结构和功能
3. 了解企业文化的兴起与发展
4. 理解企业文化理论的代表性观点

华为企业文化的发展阶段

一、华为企业文化的初创阶段

华为的企业文化建设最早可追溯到1996年《华为基本法》的制定。在任正非的带领下,华为中高层经过充分沟通,与全体员工达成共识,对华为早期朴素的"工号文化""压强文化""床垫文化"进行了系统性的总结和提炼,第一次正式提出了全体华为人一致认同、共同信仰的企业文化。

"工号文化":工号即华为对员工的唯一编号,按照入职时间先后排序,若有人离职,工号空置不补。为了满足创业初期股份分配的需求及人力资源管理的需要,华为出现了"工号制度"。随着时间的推移,股权、资历与员工工号之间的联系越发紧密,"工号制度"演变为"工号文化"。工号文化在初期为华为的人力资源管理提供了很大便利,工号的信息属性有效反映了工号拥有者的资历、职务,便于员工之间基于工号建立"下尊上、新尊老"的企业伦理。但工号文化也催生了官僚型文化,员工对工号信息的曲解让工号顺序变成了权力等级,工号长短体现的收入和资历差距,增强了老员工的优越感和工作惰性,打击了新员工的积极性,降低了企业整体效率。随着工号文化的负面影响越发明显,华为在2007年采取了"7 000人集体辞职"行动,要求所有工作满

8年的员工"先辞职再竞岗",并对所有工号重新排序,废除了当时的工号制度,工号文化也逐渐消失。

"压强文化":华为持续的高速增长有赖于对市场动向的把控和对核心技术的把握,在不断追求市场份额的扩大与核心技术的更新过程中形成的巨大压力,持续传导至全体华为人,激发了员工的积极性和创新性,形成了"压强文化"。在发展前期,"皮格马利翁效应"的心理暗示将压力传导至员工,使华为长期保持高度的活跃性和创造性,能够不断攻坚克难,创造奇迹。但随着华为的发展壮大,内外部压力也不断增加,持续的强压、长时间的高度紧张、激烈的竞争,无一不挑战人的抗压极限,让一些意志相对薄弱的员工患上了抑郁症甚至选择了轻生。由此,华为人对压强文化进行了反思。

"床垫文化":在初创期,华为人将公司到宿舍两点一线式的生活压缩成一点,在办公桌下放一张床垫,一旦需要加班便睡在公司,由此形成了独特的"床垫文化"。床垫文化意味着华为人以艰苦奋斗的工作作风、锲而不舍的工作态度、兢兢业业的工作精神不断攻坚克难,取得了一次次技术突破。尽管社会舆论对此多有诟病,且现在床垫主要用于午休而不是加班,但华为依然选择坚守床垫文化,将艰苦奋斗精神与保护员工的身心健康相统一,传承奋斗与拼搏的精神财富。

总体而言,华为初期的企业文化主要强调奋斗与拼搏精神,注重挖掘员工潜能并及时对员工的付出做出回应。

二、华为企业文化的成长阶段

华为初期的文化支撑了企业的迅速发展,也暴露了许多问题,于2006年前后引起了社会舆论的强烈不满。因此,华为调整了企业核心价值观的表述,将前期的"工号文化""压强文化""床垫文化"整合为"狼性文化"。"狼性文化"准确表述应为"狼狈组织文化",主要强调组织结构中狼与狈的分工合作,以及个人行为上像狼一样敏锐的嗅觉与群体奋斗、不屈不挠的精神。

狼狈组织文化是从狼与狈的生理行为归纳而来的:狼具有敏感性、团队性、不屈不挠性三大特征,善于集体进攻;狈细心谨慎、策划能力强,善于把控方向,但个子小、前腿短,难以独立作战。在市场和研发端,需要发展一批进攻型、扩张型的员工,激励他们像狼一样嗅觉敏锐,抓住一切机会扩张市场;在财务、行政等环节,需要培育一批善于统筹与资源整合的员工,要求他们像狈一样掌控全局,支持狼的进攻。狼与狈的组织结构着重强调了狼狈的精妙分工与合作精神。

狼的精神落实到公司实践中,就是要求在前线战斗的员工具备洞察市场变化及竞争对手动向的敏锐性,能够及时认知到市场、客户需求、新技术等变化;并且要保持面对困难决不妥协、大敌面前决不退缩的态度,不屈不挠,为了实现目标奋战到底;相信集体的力量与团队的智慧,"胜则举杯相庆,败则拼死相救",团队成员互相配合,攻坚克难。

从整体来看，华为成长期的企业文化延续了"艰苦奋斗"的作风，弱化了企业内部对抗与过度的压力传导，并强化合作分工与共赢，强调"狼狈组织文化"。

三、华为企业文化的成熟阶段

尽管华为在成长期强调"狼狈组织文化"，注重合作共赢，但在具体实践中，狼性文化一直占据主流地位，狼性中残忍狡诈的一面有所显现：对外竞争手段残酷无情，往往双方都损失惨重，元气大伤；对内员工压力较大，精神时刻紧绷，企业内耗严重。为此，华为将企业文化的重心转移到"成就客户"的建设中去，确立了"以客户为中心，以奋斗者为本"的核心价值观。

随着华为内部管理制度的不断成熟，"以奋斗者为本"的文化已经通过制度建设内化于组织管理的各个方面，团队合作的工作形式、基于能力和绩效的工资模式、利益驱动的奋斗机制等都是该文化的具体落实。因此，华为将企业文化的重心转向客户，着力提高客户满意度，以稳固并扩大市场份额，维护企业形象。"以客户为中心"的最主要含义即成就客户，将客户作为支撑华为的唯一支柱，将客户需求作为华为发展的方向和原动力。为赢得客户满意，华为精心构建产品质量，站在客户的角度把控品质，形成了"多手段培养技术功底"的质量文化；急客户之所急，想客户之所想，以优质服务赢得市场；面对大量的海外用户，积极响应用户问题，谨慎承诺与答复，培养了"沟通第一"的沟通文化。华为从服务、质量、沟通三方面重点发力，坚决贯彻了"以客户为中心"的价值理念。

纵观华为自1996年以来的稳定、高速增长及其核心竞争力的不断增强，归根究底应归功于华为强大的企业文化，从初创时期的"工号文化""压强文化""床垫文化"，到成长期的"狼狈组织文化"，再到成熟期"以客户为中心，以奋斗者为本"的核心价值理念。华为的企业文化逐渐削弱对抗性和攻击性，强化稳定和谐、合作共赢的意识，展现了一流科技企业更加自信、开放、包容的心态。

[资料来源：仇雪. 品牌标识视角下华为企业文化发展研究［J］. 现代商贸工业，2022（3）.]

[案例思考]

1. 华为企业文化的三个发展阶段各有什么特点？
2. 结合案例材料，分析华为成熟期企业文化的借鉴意义。

任务一 文化和企业文化

一、文化认知

"文化"一词在中国具有悠久的历史。"文"的本义,指各色交错的纹理。《易经·系辞下》载:"物相杂,故曰文。"《礼记·乐记》称:"五色成文而不乱。"《说文解字》称:"文,错画也,象交文。"均指此义。在此基础上,"文"又有若干层引申义。其一,包括语言文字在内的各种象征符号,进而具体化为文物典籍、礼乐制度。孔安国《尚书序》载伏羲画八卦,造书契,"由是文籍生焉",《论语·子罕》载孔子说"文王既没,文不在兹乎",是其实例。其二,由伦理之说导出彩画、装饰、人为修养之义,与"质""实"对称,所以《尚书·舜典》疏曰"经纬天地曰文",《论语·雍也》称"质胜文则野,文胜质则史,文质彬彬,然后君子"。其三,在前两层意义之上,导出美、善、德行之义,这便是《礼记·乐记》所谓"礼减而进,以进为文",郑玄注"文犹美也,善也",《尚书·大禹谟》所谓"文命敷于四海,祗承于帝"。"化",本义为改易、生成、造化,如《庄子·逍遥游》:"北冥有鱼,其名为鲲。鲲之大,不知其几千里也。化而为鸟,其名为鹏。鹏之背,不知其几千里也,怒而飞,其翼若垂天之云。"《易经·系辞下》:"男女构精,万物化生。"《黄帝内经·素问》:"化不可代,时不可违。"《礼记·中庸》:"可以赞天地之化育。"等等。归纳以上诸说,"化"指事物形态或性质的改变。同时,"化"又引申为教行迁善之义。

"文"与"化"并联使用,较早见于战国末年儒生编辑的《易经·贲卦·象辞》:"刚柔交错,天文也。文明以止,人文也。观乎天文,以察时变;观乎人文,以化成天下。"这段话里的"文",即从纹理之义演化而来。日月往来交错文饰于天,即"天文",亦即天道自然规律。同样,"人文"指人伦社会规律,即社会生活中人与人之间纵横交织的关系,如君臣、父子、夫妇、兄弟、朋友,构成复杂网络,具有纹理表象。其意思就是,治国者须观察天文,以明了时序之变化,又须观察人文,使天下之人均能遵从文明礼仪,行为止其所当止。在这里,"人文"与"化成天下"紧密联系,"以文教化"的思想已十分明确。西汉以后,"文"与"化"方合成一个整词,如"文化不改,然后加诛"(汉·刘向《说苑·指武》),"设神理以景俗,敷文化以柔远"(南齐·王融《三月三日曲水诗序》),"文化内辑,武功外悠"(《文选·补亡诗》)。这里的"文化",或与天造地设的自然对举,或与无教化的"质朴""野蛮"对举。

在汉语系统中,"文化"的本义就是"以文教化",它表示对人性情的陶冶,对人品德的教养。随着时间的流变和空间的差异,"文化"逐渐成为一个内涵丰富、外延宽广的多维概念,成为众多学科探究与争鸣的对象。

在西方,"文化"一词在英文、法文中都是"Culture",德文是"Kultur",均由拉丁文"Cultura"一词引申、演化而来。"Cultura"含有耕种、居住、练习、注意、敬神的意思。所不同的是,中国的"文化"一开始就专注于精神领域,而"Culture"却是从人类的物质生产活动生发,继而才引申到精神活动领域的。从这层意义上分析,"Culture"的内蕴比"文化"更为宽广,而与中国语言系统中的另一词汇"文明"更加切近。

对文化的定义是随着社会学、人类学的发展而不断廓清的。"文化"这一术语源于社会人类学。英国"人类学之父"爱德华·泰勒(Edward B. Tylor)在1871年出版的《原始文化》一书中将文化作为一个中心概念提出。泰勒认为文化是一个复杂的总体,包括知识、信仰、艺术、道德、法律、风俗,以及作为社会成员的人所获得的其他任何能力和习惯。这个经典定义在人类学及后来的文化研究中有着重要的影响。

自爱德华·泰勒之后,学者们从不同的角度对文化做出了不同的定义和阐释,主要有以下几种类型。

第一,列举和描述性的。这一类型以美国"文化人类学之父"弗朗兹·博厄斯(Franz Boas)的观点为代表。博厄斯关于文化的定义深受爱德华·泰勒的影响。他认为,文化包括一个社区中所有的社会习惯、个人对其生活之社会习惯之反应及由此而决定的人类活动。

第二,历史性的。这一类型旨在强调文化的社会遗留性及其传统性,认为文化即社会的遗传。有学者认为,作为普通名词时,"文化"指人类的全部"社会遗传",视为专有名词时,它的本质则指社会遗传的某一特殊素质。

第三,规范性的。这一定义类型强调文化是一种具有特色的生活方式,或是具有动力的规范观念及其影响。例如,皮特林·索罗金(Pitirim Sorokin)认为,文化是超有机世界的文化外貌,包括意识、价值、规范及三者之互动关系,具体表现在外界行动及文化之传播工具上。

第四,心理性的。根据这一类型的定义,文化是满足欲求、解决问题和调适环境及人际关系的制度。文化是一个调适、学习和选择的过程,因具成效而为社会成员所接受。

第五,结构性的。这种类型的定义以每一文化系统的性质及可隔离的文化现象之间所具有的组织之相互关系为中心。例如,克莱德·克拉克洪(Clyde Kluckhohn)和威廉·凯利(William H. Kelly)认为,一种文化乃历史上源起于为求生存所作的明显或含蓄之设计体系,此体系为此一群体之全部成员或某部分之成员所共有。

第六,遗传性的。这种类型的定义侧重在遗传方面。它的中心命题是关心文化的来源、文化存在及继续生存的原因等。例如，卡尔（L. J. Carl）认为，文化的本质是通过团体中过去的行为而累积与传授的。

从总体上说，综合人类学的观点，文化有广义和狭义两种基本的界定方式。广义的文化包括人类通过后天的学习所掌握的各种思想和技巧，以及用这种思想和技巧创造出来的物质文明和制度文明。而狭义的文化排除人类社会、历史生活中关于物质创造活动及其结果的部分，专注于精神创造活动及其结果。广义"文化"与狭义"文化"涉及的范围大小有别，"文化"概念广义与狭义的确定应由研究者的学科、课题、内容而定，难以分出对错或优劣。我们认为，广义的文化定义具有更大的包容性，兼顾组织文化的物质方面、制度方面、行为方面和精神方面。

二、企业文化的内涵

正如文化具有广义和狭义的理解一样，企业文化同样有广义和狭义两种理解。从广义上讲，企业文化是社会文化的一个子系统，是一种"亚文化"或"次文化"，是指企业在创业和发展过程中形成的共同价值观、企业目标、管理制度、行为规范和物质表征的总和。从狭义上讲，企业文化特指企业在长期的经营活动中形成的具有本企业特色的思想信念、价值观念和行为准则，其核心是企业价值观。

在国外学者的相关著作中，企业文化的代表性定义有以下几种。威廉·大内（William Ouchi）认为，企业文化是"进取、守势、灵活性，即确定活动、意见和行为模式的价值观"。特伦斯·迪尔（Terrence E. Deal）和艾伦·肯尼迪（Allan A. Kennedy）认为，企业文化是价值观、英雄人物、习俗仪式、文化网络、企业环境。约翰·科特（John Kotter）和詹姆斯·赫斯克特（James L. Heskett）认为，企业文化是指一个企业中各个部门，至少是企业高层管理者们所共同拥有的那些企业价值观念和经营实践，是指企业中一个分部的各个职能部门或地处不同地理环境的部门所拥有的那种共同的文化现象。埃德加·沙因（Edgar H. Schein）认为，企业文化是由一些基本假设所构成的模式，这些假设是企业在探索解决对外部环境的适应和内部的结合问题的过程中创造和形成的。

纵观学者们对企业文化的定义，虽然在观点和表述上存在一定的差异，但也存在基本的共识，即学者们大多将企业文化的核心确定为价值观或相关表述（表1-1）。

表1-1 代表性的企业文化定义

学者（时间）	企业文化定义
霍夫斯泰德（1980年）	组织的心智程序
迪尔和肯尼迪（1982年）	组织所信奉的主要价值观
彼得斯和沃特曼（1982年）	所有员工共同遵守的价值观念
丹尼森（1984年）	价值、信念及行为准则，一个组织的核心认同

续表

学者（时间）	企业文化定义
戴尔（1985 年）	组织内成员所共有的人为产物、观点、价值及假设
沙因（1985 年）	一组成员共同享有的基本假设
马丁（1985 年）	企业成员共同拥有的指导其行为的态度、价值和信念组合
海能（1988 年）	企业的价值观和行为准则，它们是组织成员共同的思想体系
河野丰弘（1990 年）	企业成员共有的价值观、想法、意见决定的方式以及共同的行为模式
科特和赫斯克特（1997 年）	共同拥有的企业价值观念和经营实践，共同的文化现象
罗宾斯（2005 年）	成员共有的一套意义共享的体系，使之区别于其他组织

小贴士

"企业文化理论之父"——埃德加·沙因

埃德加·沙因（Edgar H. Schein），美国麻省理工学院斯隆管理学院教授。1947年毕业于芝加哥大学教育系，1949年在斯坦福大学取得社会心理学硕士学位，1952年在哈佛大学取得博士学位，此后一直任职于麻省理工学院斯隆管理学院。沙因是世界百位最具影响力的管理大师之一，企业文化与组织心理学领域的开创者和奠基人，被誉为"企业文化理论之父"。

沙因在组织文化领域率先提出了关于文化本质的概念，对文化的构成因素进行了分析，并对文化的形成和文化的同化过程提出了独创的见解，为业界公认的"企业文化"一词的"发明"者。他亲自创立并参与了组织心理学中强制说服、职业锚理论、过程咨询、组织文化及谦虚探询等五个概念的形成与演化，成为享有盛誉的组织发展理论奠基人。

（资料来源：刘敬鲁，等．西方管理哲学［M］．北京：人民出版社，2010．）

任务二 企业文化的类型

企业文化是客观存在的，它是企业在长期的生存和发展中形成的。由于生存发展的环境不同，企业文化呈现出较大的差异性。从不同的角度考察企业文化，就会形成不同的分类。关于企业文化的分类，理论界有多种划分方法，以下是几种较为典型的分类法。

一、迪尔和肯尼迪的四分法

特伦斯·迪尔和艾伦·肯尼迪在《企业文化：企业生活中的礼仪与仪式》一书中按企业任务和经营风险的不同，把企业文化分为以下四种类型。

（一）硬汉型文化

硬汉型文化是所有企业文化中极度紧张的一种。这种文化推崇个人主义，鼓励敢于冒风险，而且对于所采取的行动是正确抑或错误，能迅速地获得反馈。

（二）工作娱乐并重型文化

娱乐和行动是这种文化的原则。这种企业文化奉行拼命地干、尽情地玩的信念，娱乐和行动就是准则，职工很少承担风险，且反馈较为迅速。

（三）赌注型文化

这种企业文化的特点是包含孤注一掷的决策，适用于风险高、反馈慢的环境，企业所做决策的风险很大，要在几年以后才知道决策能否带来效益。其信念是注重未来、崇尚试验，往往用公司的前途去冒险。

（四）过程型文化

这种文化下的工作绩效很难评估，公司更注重过程。这种文化具有低风险、反馈慢的特点，由于缺乏反馈的结果，所以职工关心的只是"如何做"，追求技术上的完美、工作上的有条不紊，极易产生官僚主义。

二、科特和赫斯克特的三分法

约翰·科特和詹姆斯·赫斯克特在二人合著的《企业文化与经营业绩》一书中，从企业文化与企业经营业绩之间关系的角度，把企业文化分为以下三种类型。

（一）强力型企业文化

强力型企业文化是企业文化研究中触及最多的一个方面。在强力型企业文化中，几乎每个经理都具有一系列基本一致的共同价值观念和经营方法。企业的新成员也会很快地接受这些观念和方法。如果新任的高级经理背弃了企业的价值观念和行为规范，那么，不仅他的上司会纠正他的失误，他的下级和同事也会那样做。这些企业常常将企业的一些主要价值观念通过规则或职责规范公之于众，敦促企业所有经理人员遵从这些规定。即使是新的总经理到任，强力型企业文化也不会随之改变，因为它已深深地扎根于企业之中了。主张强力型企业文化可促进企业经营业绩提高的学者提出了三点理论逻辑：一是强力型企业文化可使企业目标一致，使企业员工方向明确、步调一致。在目前专业化程度很高、分工复杂的企业环境中，要做到这一点并非易事。二是强力型企业文化可在企业员工中营造出不同寻常的积极性。企业成员共同的价值观念和行为方式使得他们愿意为企业出力，这种自愿工作或献身企业的心态导致其工作的积极努力。三是强力型企业文化提供了必要的企业组织机构和管理机制，从而避免了企业对那些常见的、窒息企业活力和改革思想的官僚们的依赖。他们认为，正是这三种理论逻辑促进了企业经营业绩的增长。

科特和赫斯克特指出，这一理论观点的重要性在于：① 它率先将企业文化与企业长期经营业绩相联系；② 它说明了强力型企业文化对企业目标管理、企业活力和企业经营管理的巨大作用；③ 它引起了人们对这一问题的极大关注。但与此同时，他们也指出，在企业文化与企业长期经营业绩之间的确存在着一种正相关性，但这种正相关性不是十分明显。强力型企业文化并不总是促进企业经营业绩的提高，有时它可能成为企业经营业绩增长的"绊脚石"，这一点必须引起重视。

(二) 策略合理型企业文化

策略合理型企业文化认为企业中不存在抽象的、好的企业文化，也不存在任何放之四海而皆准的、适应所有企业的"克敌制胜"的企业文化。只有当一种企业文化适应于企业环境时，这种文化才是好的、有效的文化。这就是说，与企业经营业绩相关联的企业文化必须是与企业环境、企业经营策略相适应的文化。企业文化的适应性越强，企业的经营业绩就越好，企业文化的适应性越弱，企业的经营业绩就越差。这一理论预言，决策果断、官僚作风不强的企业文化可以使一个处于业务竞争十分激烈市场环境下兼并的咨询公司取得辉煌的经营业绩，也会给一家传统型人寿保险企业的经营业绩带来损害。同样，一种管理者十分重视尖端科技项目的企业文化对计算机制造企业大有益处，而对交响乐团却毫无作用。强调权力结构稳定、多元化的企业文化在企业活动节奏较慢的经营环境中能起到良好的作用，但并不适应那种工作节奏较快、竞争十分激烈的行业环境。

这一理论观点所提出的小型高新科技企业与大型银行所需要的企业文化完全不同的观点更接近现实中的具体情况，这就在一定程度上弥补了强力型企业文化理论存在的不足。同时，这一理论也为多角化公司构建适合于不同业务、具有不同特征的多种企业文化而不是单一企业文化提供了理论依据。不过，它也同样存在着缺陷：这一理论分析模式基本上属于一种静态分析。当企业环境发生变化时，策略合理型企业文化变化迟缓，不能迅速地适应新的企业环境，结果必然导致企业经营业绩的大幅度下降。

(三) 灵活适应型企业文化

科特和赫斯克特认为，只有那些能够使企业适应市场经营环境变化并在这一适应过程中领先于其他企业文化的企业文化，才会在较长时期内与企业经营业绩相互影响。这种企业文化特别注重适应企业环境、提倡变革、勇于冒险、坦率交流，并要求管理人员注重领导艺术，员工注重行为方式。员工之间互相支持、互相信任，勇于发现问题、解决问题。员工有高度的工作热情,敢于革新,对革新持欢迎态度。在组织文化适应程度高的组织中,文化的理想目标在于一个组织中的各级管理人员不仅能够随时满足顾客的需求、满足员工的需求、满足股东的需求,而且要以满足这三位一体的需求为宗旨,发挥领导才能和领导艺术,倡导企业经营策略或战术上的转变。

从上述三种企业文化的类型中不难看出,单纯地强调强有力的企业文化的构建及企业文化与企业策略或战略的简单适应,均不能绝对地促进企业经营业绩的提高,唯有建立灵活适应型企业文化才能保证企业的长期持续发展。

三、汉迪的四分法

管理哲学家查尔斯·汉迪(Charles Handy)管理思想的一大特色,就是注重不同管理文化的有机融合,他自己称之为"文化合宜论",即以文化带动管理,以管理发展文化,组织与个体并重,利润与道义共存。

汉迪认为,看似无形的组织文化对组织所有的行动和结果都具有很大的影响,因为组织文化决定了组织的行为方式与思考方式,它甚至比组织的某些制度和规章更有深层的影响力。在《通晓组织》一书中,汉迪对组织文化按不同的类型进行了初步的阐述:霸权文化,这种文化通常以个人权力为核心,在小型组织中十分常见。角色文化,指组织内各自的职能及相互间的关系。任务文化,这种文化就像一张网,整个组织的核心在任务的完成上。个性文化,汉迪认为组织中的个性文化对个人行为的影响极大。汉迪深信,不懂得四种文化的内涵就不可能真正懂得管理。在《管理之神》一书中,汉迪拓展了四种组织文化类型的内涵,并将人与神巧妙地联系起来,赋予纯粹的管理理论以生动的神韵,给每种管理文化配备了一个代表图形:众神之王宙斯代表霸权管理文化,其代表图形是蜘蛛网;太阳神阿波罗代表角色管理文化,其代表图形是神庙;女战神雅典娜代表任务管理文化,其代表图形是一张网;酒神狄奥尼索斯代表个性管理文化,其代表图形是小星团。

(一)霸权管理文化

霸权管理文化又称为宙斯式管理文化,这种组织高度依赖于一个权力中心源,这个权力中心源由极少数人甚至一个人构成。霸权型组织决策时往往快速异常。任何要求以高速度来完成的事情,都可以在这种模式的管理下取得成功。当然,速度并不能保证品质,品质全赖宙斯和最接近他的那些圈内人士的才能而定。一个无能、昏庸、老迈、凡事漠不关心的宙斯,会很快腐败堕落并逐渐毁坏整个网络组织。因此,在这类组织中,"领袖"和"继承人"自然就是重要的能保证组织正常运转的因素。

霸权文化型组织对外部的威胁和机会能做出迅速反应,工作中组织给个人很多信任。组织通过工作的结果来判断员工的绩效,却很少关心获得结果所采用的手段。

(二）角色管理文化

角色管理文化又称为阿波罗式管理文化。阿波罗是秩序与法规之神，由他所代表的这种文化假定人仅仅是理性的，任何事都能够也都应该以概念逻辑的方法来分析研究。一个组织的任务也因此能够被一格一格地划分出来，直到做出一份组织的工作流程图。

角色文化型组织通过组织文件和规章制度进行工作，其权力和影响力主要来自功能部门，如财务部门、技术支持部门、人力资源部门等。对功能部门工作的控制主要通过以下方式：明确的角色定位、详细的工作描述、权威的认定；特定的沟通渠道和方式；解决争议的规则、申诉的流程。功能部门自身的管理由高层管理者组成的小团队负责，这些高层管理者是各个部门根据组织规则、流程、计划进行工作时的协调者。

在角色文化型组织中，所处位置是权力的主要来源，反对个人权力，各个功能部门的权力根据组织规则进行界定。组织的效率依赖于工作任务和职责分配的合理性，而不是依赖于个人。角色文化型组织非常适合以下环境：环境稳定，即环境变化非常小而且可以事先做出预测；组织可以控制环境；市场稳定、可预测或者可控制。当市场、产品/服务或者环境发生变化时，角色文化型组织很可能继续保持不变，直至这个组织崩溃或者高层管理者被替代。

（三）任务管理文化

任务管理文化又称为雅典娜式管理文化。这类文化在管理上采用非常不一般的方式。基本上，管理被认为与不断成功地解决问题有关。首先必须去发现问题何在，然后针对问题提出解决的方法，适当调整资源与策略，让会影响最后结果的人员所形成的团队开始运作。以最后的结果，也就是解决问题的实际情况，来评判人员的表现。

任务文化型组织力求把适当的资源和人员有机地组合在一起。权力和影响主要来自专家的权威，而不是所处位置或者组织授予的个人权力。当然，位置权力和个人权力也有一定的影响，但和其他文化类型的组织比较起来，其影响被广泛地分散。任务文化型组织中的每个人都倾向于认为自己具有影响。

任务文化是一种团队文化。工作是大家的共同目标，而不是某个人的目标，消除了员工之间许多身份地位和工作风格的差异。任务文化型组织运用团队统一的力量去提高效率，个人的工作也只有放在团队中才有意义。

任务文化型组织的适应性非常强。矩阵型组织是任务文化型组织的一种典型形式。为了特定目标组成的团队、项目小组可以根据环境的变化及时进行改组、撤销。从理论上讲，每个团队在它内部都有它需要的决策权力，个人对其负责的工作有高度的控制力，因此任务型组织反应迅速。工作绩效是根据结果来判断的。组织中的工作关系一般比较宽松，大家互相尊敬，但这种尊敬是基于能力而不是年龄或者地位。

但是，任务文化型组织难以产生规模性或者较高的技术水平，因为大规模的组织是很难用灵活的小团队进行组织的。任务文化型组织中的专家要解决各种各样的问题，并且要在各种各样的团队中解决问题,因此,与角色文化型组织中的同行比较起来,其专业化程度相对比较低。

（四）个性管理文化

个性管理文化又称为狄奥尼索斯式管理文化。个性文化型组织并不多见,但许多人坚持这种组织文化价值。在个性文化型组织中,个人是中心,即使有部门或者组织,它的存在也仅仅是服务和帮助个人的。汉迪认为,在其他三种组织文化中,个人都是从属于组织的,都是被用来帮助组织达成其目标的。而在狄奥尼索斯式管理文化中,却是组织来帮助个人实现其梦想。组织是员工的下属,组织的生存也依赖于其员工。很显然,很多组织不能持有这种文化而存在,因为它们往往有超越员工集体目标的组织目标。这一文化最常见于俱乐部、专业团体和小型咨询公司。

在个性文化型组织中,一般不存在控制或者管理的等级。组织为个人服务,并且依赖个人而存在。个人可以离开组织,而组织一般没有权力驱逐个人。员工对组织的忠诚度较低,一般将组织看作一个做对自己有益的事的地方。具有这种文化倾向的个人较难管理。影响力来自共享,权力一般是基于专家的身份。个性文化型组织有时会变成任务文化型组织,但经常是变成权力或者角色文化型组织。

汉迪认为,每种组织文化都有它好的一面,任何文化本身是没有坏的或错的,如果硬要说它"坏"或"错",那只不过是它不适合其所处的环境罢了。这里的关键是如何运用的问题,即让每种组织文化都找到适合其生根发芽的土壤,这样才能期望其开高效率的鲜花,结优良的品质之果,使组织得以不断发展壮大。

当然,不同的组织文化对于组织的健康发展是有用而必要的,但追求单一的组织文化对大多数组织而言是不适合的,因为组织文化的选择不是随意的。虽然情况复杂,但汉迪还是给出了寻找平衡的办法：首先要防止某种文化过分独立地发展；其次要注意防止出现独裁者,并克服官僚主义作风以及防止组织分裂；最后,成功的组织文化应当包含一定的狄奥尼索斯式管理文化的存在。汉迪还强调,仅有文化的共融是远远不够的,各种组织文化之间还应该建立起不同的沟通桥梁。如果沟通失败,多种文化的混合型管理将导致低效管理。而要做到有效沟通,就要使组织中的每一种管理方式都能发挥作用,并且相融共存,否则只会彼此相互抵制,从而产生消极后果。

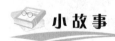 小故事

盖茨和乔布斯的合伙人

微软和苹果,比尔·盖茨和史蒂夫·乔布斯,两家改变世界的公司,两个改变世界的人物,两个长年的"死对头",有很多不同,也有很多的相同。两家公司都是由两位年轻人共同创始,白手起家从零做起的。两家公司都有一位共同创始人（艾伦和沃兹）

早早离开公司,而坚持下来的另一位创始人(盖茨和乔布斯),成为公司、行业甚至是整个商业世界的灵魂人物。

(资料来源:仲继银. 伟大的公司:创新、治理与传承[M]. 北京:企业管理出版社,2020.)

任务三 企业文化的结构和功能

一、企业文化的结构

企业文化结构是指企业文化系统内各要素之间的时空顺序、主次地位与结合方式,它表明企业文化的构成、形式、层次、内容、类型等的比例关系和位置关系。要深入了解企业文化,就必须按一定的原则和程序对企业文化系统或体系进行"解剖"。如果把企业文化体系看成一个由里向外辐射的球形体系,将其逐级分层解剖,就可得到以下四大层次结构。

(一)企业文化特质结构

企业文化特质结构包括两种结构:一是文化特质组合结构,如企业文化简单丛体结构、企业文化复合丛体结构;二是文化特质解剖成分结构,即文化特质差异结构。这种探索并非纯理论性的,它在企业文化建设中有一定的实用价值。例如,假定要进行一项文化移植或引进文化工程,当已经确定了所要移植的文化特质对象时,就应对该特质在原文化中的组合结构和将要进入的新文化的组合结构进行分析,在充分考虑移植或引进成本、存活可能(考虑新的文化丛体的排他性和文化特质对原有组织结构的依赖程度)的基础上再行移植或引进。

(二)企业具体形态的文化和显性文化结构

企业具体形态的文化和显性文化结构是企业文化体系最外围、最丰富、最具体的企业文化结构。这一层次的企业文化,在内容或类型结构上又包含六种类型:企业物质文化、企业制度文化、企业文化符号、企业社会文化、企业民族文化、企业行业文化。其中每一子类都有自己的文化结构,如企业社会文化结构包括企业社会制度文化、企业社会体制文化两个层次结构。

(三)企业规范和准则文化结构

企业规范和准则文化结构是企业理性文化与具体之间的中介性的文化。这个层次的企业文化是深层思想转化为具体行为,体现为具体作风与风格的不可或缺的中介环节。这个层次结构的企业文化包括四种类型:企业价值准则与价值取向、企业行为准则、企业经营道德、企业理念文化。

（四）企业文化的内核结构

企业文化的内核结构是企业文化体系中居于最里层的、内在的、本质的企业文化结构。这个层次的企业文化是企业文化全部精华的集合，集中代表和体现了企业精神文化。它既是企业文化的罗盘，又是企业文化的引力中心。

若对企业文化的上述四个层次文化结构从深浅的角度加以重新考察，则可分为表层文化结构和深层文化结构。企业表层文化是企业的显性文化，它是企业表象的、直观的、形式的、符号的文化，其结构就是企业显性文化结构。企业深层文化结构是凌驾于企业文化行为主体分散的、自主意识之上的，可以脱离显示系统而独立发展的企业思想意识、观念体系文化的结构。它主要由企业文化中的企业哲学、企业价值观、企业精神等企业意识活动组成，这是企业文化最核心的结构层次，是企业文化的源泉和结构中的最稳定因素。

总体而言，从层次结构上可以把企业文化概括为精神文化、制度文化、行为文化、物质文化四个层次，见图1-1。

企业文化的四个层次并不是孤立的，它们之间互相影响、互相渗透、互相作用，存在着有机联系。精神文化决定了制度文化、行为文化和物质文化，制度文化是精神文化和行为文化得以贯彻的保证，物质文化和行为文化是精神文化的外在体现。

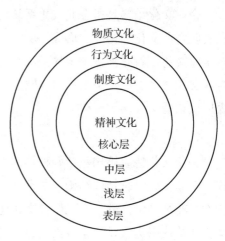

图1-1 企业文化结构

企业文化"睡莲模型"

埃德加·沙因是企业文化与组织心理学领域的开创者和奠基人，他提出了文化"睡莲模型"，认为文化由三个相互作用的层次组成：第一层是水上的花和叶。这是企业文化的外显形式，是能接触和感知到的管理制度与工作流程。通过这一层，人们形成对企业最直接的认知。第二层是睡莲的枝和梗。这是企业倡导的价值观、发展战略目标和经营哲学，是企业信奉的正当性原则。第三层是睡莲的根，是意识不到、深入人心的信念、知觉、思维，它是企业价值观念和行为表现的根源。

（资料来源：埃德加·沙因. 企业文化生存与变革指南［M］. 马红宇，唐汉瑛，等译. 杭州：浙江人民出版社，2017.）

二、企业文化的功能

企业文化既有积极功能，也有消极功能。企业文化是发挥积极功能还是发挥消极功能，那要看它是什么样的企业文化，是优良的企业文化还是不良的企业文化。优良企业文化发挥的是积极功能，可称之为正功能；不良企业文化发挥的是消极功能，可称之为负功能或阻抑功能。因此，考察企业文化的功能应认识到它的两重性，否则就会有所偏颇。

文化功能的两重性充分表明了文化的相对性。企业文化传统的优良性是有时间、条件和地点限制的，不存在永恒的完美无缺的企业文化，因而在企业文化建设、文化管理、文化变革等方面，都必须考虑到企业文化功能的两重性和文化的相对性。

（一）企业文化的正功能

企业文化的正功能从整体上来说就是全面优化企业管理，合理配置生产力要素，提高企业的竞争能力，促进企业的持续稳定发展。具体地讲，企业文化的正功能主要有以下方面。

1. 导向功能

企业文化规定着企业发展的战略方向，企业在选择经营领域和经营目标时，企业做什么，不做什么，以及怎么做，都是由企业文化决定的，也可以说是由企业信奉的价值观和遵循的经营宗旨决定的。同时，企业文化也可以引导企业领导者和员工的价值观、行为、人际关系、品格、工作效率、能力等，是企业发展的主要力量源泉。

2. 凝聚功能

美国学者凯兹·卡恩（Katz Kahn）认为，在社会系统中，将个体凝聚起来的主要是一种心理力量，而非生物的力量。社会系统的基础是人类的态度、知觉、信念、动机、习惯及期望等。企业文化具有这样一种极强的心理凝聚力量，当一种文化得到认同后，就会形成一种黏合作用，把企业员工凝聚起来。当员工把自己的命运同企业的命运紧紧联系在一起的时候，就充分体现了企业的凝聚力。同时，在企业氛围的影响下，企业员工通过自身的感受，产生对工作的自豪感、使命感和责任心，增强对本企业的"认同感""归属感"，从而在潜意识中形成对企业强烈的向心力。

3. 激励功能

优秀的企业文化是企业成长的动力源，它创造着企业的活力，激发着员工的工作热情，使他们的积极性和潜能得到最大限度的发挥。这种功能往往可以起到放大作用，使行为主体产生更强烈的愿望、更大的干劲，使其行为产生更明显的效果。企业文化的这种激励功能来自企业文化本身的精神力量。

4. 约束功能

企业的现实告诉我们，企业中员工的个人目标与企业的组织目标不可能完全相同，个人的价值观与企业的整体价值观也不可能绝对一致，这就决定了员工的实际行为与组织要求的行为之间必然存在着一定的差距，只不过优秀企业中的差距小些，非优秀企业中的差距大些。如果不能很好地解决这个问题，企业的发展就会受到不同程度的影响。为了解决这一问题，企业应建立一整套包括规章制度在内的约束机制来保证控制职能的实现。当然，应该认识到，这种外在的约束所起的作用是很有限的，它会因为使员工感到不被信任而大打折扣。企业文化中的软要素可以弥补这种硬约束的不足。企业文化将企业的目标、价值观和行为方式最大限度地内化为员工自己的目标、价值观和行为方式，使对员工的外在约束变成了员工的自我约束，从而达到管理的最高境界——无为而治。

5. 协调功能

协调功能也称为维系功能。企业文化的协调功能表现为对外协调和对内协调两个方面。它对外协调企业和社会的关系，使企业的发展目标、方向和行为与社会的发展方向和要求和谐一致，尽可能地从社会中获取企业发展所需要的各种资源和支持，为企业的发展服务，并承担着对外树立企业形象的使命。当然，企业文化的对外功能不仅仅是被动地适应，优良的企业文化在对外关系中除了适应外部环境外，还表现为主动进取和积极协调的功能。企业文化对内可以协调各分支机构、各部门及员工之间的关系，使企业内部的资源——物质资源、时间资源、精神资源等得到最有效的配置。企业规模越大，企业文化的内部协调作用就越明显，如一些著名的跨国公司就是通过对企业价值观和经营理念的认同而使分散在各地的无数分公司保持发展方向的一致。

6. 辐射功能

从文化的角度分析，文化不是通过强制力而是依靠文化本身所具有的感染力、亲和力及自身所具有的特殊魅力去影响他人的。企业文化与其他文化形态一样，具有向组织外界渗透的功能。企业文化的辐射功能是指文化形态不只是在企业内部发挥作用，它可以通过各种渠道对社会产生影响。比如，通过企业的广告、公关手段、传播媒介向社会展示组织的价值观、精神和宗旨等，以便得到社会公众的认同和接受，并受到该文化的影响。企业文化一旦形成较为固定的模式，不仅会在内部产生作用，影响组织成员的思想体系和价值观念，而且会通过各种渠道传播到社会，并通过正能量的传播，促进社会的进步与发展；还可以在公众中建立良好的企业形象，推动组织本身的发展。

随着对企业文化功能的深入理解，人们越来越认识到在企业经营管理活动中的企业文化力的重要作用。从这个意义上讲，企业文化力是企业制胜的关键要素。企业文化力是区别于企业物质生产力的一种精神生产能力和功能，以价值、理念、领导魅力、创意、风格等形态出现，表现为企业的经营宗旨、凝聚效应、人事氛围与目标导向，是以文化积累、观念创新、信息引导等为途径而呈现出来的一种柔性生产能力。企业文化建设的根本目的在于构筑企业文化力，从而完成企业作为制度力、科技力、市场力和文化力的统一，从整体上提升企业核心竞争力。

苏州轨道集团的企业文化

苏州市轨道交通集团有限公司（以下简称"苏州轨道集团"或"集团"）成立于2002年5月，为市直属大型国有企业。苏州轨道集团始终秉承"为苏州加速，让城市精彩"的企业使命，加快构建更加安全高效、舒适便捷的现代化城市轨道交通网络，为改善城市交通结构、促进地区经济发展、提升苏州城市能级贡献更大力量，助力苏州成为国内首个建设轨道交通、首个开通轨道交通、首个实现网络化运营的地级市。

苏州轨道集团企业文化体系于2013年建立，包括使命、愿景、价值观等核心理念和各类基本理念，为苏州轨道交通发展提供精神力量。

（资料来源：苏州市轨道交通集团有限公司）

（二）企业文化的阻抑功能

企业文化一旦形成传统，就有可能形成阻抑功能。即便是优秀的企业文化传统，也可能因为其文化先进的相对性，在特定的时期具有僵化和保守性，进而产生一定的阻抑作用。根据对当代企业经营实践的分析，企业文化的阻抑功能主要体现在以下方面。

1. 对创新理念和模式的阻抑

企业文化的核心是企业精神和价值观，这些往往是历经多年的沉淀和建设缓慢形成的，并具有长期的稳定性。但是管理实践证明，企业、产品、市场具有生命周期特性，任何企业或产品都不可能永远处在巅峰。当市场出现衰退、新技术的发展突飞猛进、竞争对手成倍增加、产品生命周期大大缩短的时候，企业文化中的传统惯性就有可能给创新带来可怕的影响，进而造成保守、回避思想。在当今经济全球化背景下，只有坚持持续创新，并可以将创新成果转化为新技术和新产品的企业才具有长久生命力，而保守、封闭的企业必将面临被市场淘汰的命运。

2. 对员工多样化的阻抑

文化影响人的价值观和生活模式，文化的力量越强，对个人产生的影响力就会越明显。企业文化是文化的一种具体表现，会表现出文化中传统惯性的沉淀，并力求保持固有的风格与习俗。这种特点一方面可以继承、发展优良的惯性思维和习惯，一方面也会对新鲜的外来因素造成一定的惯性规避。当企业文化力量强劲时，对员工施加的压力就会加大，领导层会希望甚至强迫员工去接受和适应企业的价值观。特别是在新员工培训方面，传统的管理强调新员工对工作技能的把握，而现代企业更加注重在价值观念上对员工的灌输。这种改变，会让新员工形成固有模式，有利于思想和行动的一致，但同时也限制了员工独立思考、多元化发展的途径。特别是当企业期望新鲜血液改变固有状态时，企业文化对员工多样化的阻抑功能就更加明显。

企业文化一旦形成便具有长期性，但绝不代表企业文化具有永久性。因为企业文化与时代的发展、科技的进步、管理理念的更新存在必然关联。所以从某种角度而言，没有永久的企业文化，只有适应的企业文化。特别是在时代变迁的背景下，企业文化在对固有价值观、风俗、行为保有的同时，也会对员工的创新思维和多样性带来一定的阻抑，这就形成了一定的负面功能。

3. 对企业在兼并、收购中的阻抑

传统的管理实践强调企业间的竞争，而现代企业管理实践更注重合作中有竞争、竞争中有合作（"竞合"）。企业间的竞争也逐渐从"单赢模式"向合作条件下的"双赢局面"转变。因此，企业间更需要强强联合或组建战略联盟，以利于资源的优化配置。基于这种理念的转变，并购重组和兼并收购也成为众多企业的迫切要求。企业在兼并、收购的过程中，首先考虑的是技术互补、产品协调、市场共享和效率提升，而往往会忽略文化的融合与冲突。每一个企业经过长期发展都形成了各具特色的企业文化，在企业融合的过程中，这些文化中有些文化可以互补，而有些则相互排斥。所以企业在相互兼并或收购的时候，虽然必须考虑融资优势和产品协同性，但双方文化的兼容性也成为企业兼并或收购成功与否的主要因素之一。

世间只有相似的企业，没有相同的企业。企业文化也是一样，即便是同一类型的企业文化，在具体的企业中也会呈现出不同。因此，只有准确了解和认知企业文化具有的各项功能，并在运行的过程中结合区域文化、民族文化、价值理念、行业特色、企业领导风格、员工特征等诸多因素，从企业自身出发，才能形成具有自身特色的企业可持续发展的文化基因。

任务四　企业文化的兴起与发展

一、企业文化兴起的原因

"企业文化"这个词出现于 20 世纪 80 年代初。企业文化的实践经验形成于日本，理论成果产生于美国，是企业劳动力构成发生变化、人们物质生活水平普遍提高、企业生存环境变化的结果。企业文化兴起的原因主要有以下方面。

（一）企业劳动力构成的变化

第二次世界大战后，科学技术得到迅猛发展，生产自动化水平逐步提高，企业劳动力的构成发生了重大变化：体力劳动者的比重急剧下降，脑力劳动者的比重迅速上升，人成为企业管理的重要资源。对于脑力劳动者来说，依靠提高其劳动强度来提高劳动生产率是不可行的，必须不断提高脑力劳动者的素质和技能，把劳动者当成一个"完整"的人来提高劳动生产率。考察企业管理理论的发展，我们可以清楚地看到一种趋势，就是在企业管理中对人的地位和价值、对共同价值观和文化环境的营造愈来愈重视，企业文化的兴起成为一件自然而然的事情。

（二）企业员工需求的变化

伴随着经济和社会的发展，员工的思想观念、精神状态和生活方式发生了深刻的变化。许多员工已经不再仅仅满足于追求工作条件的硬件品质，如工资福利待遇的提升，工作条件、工作环境的改善等，而是开始注重企业所营造的人文气氛，追求工作本身的意义和施展自己才能的成就感。他们希望企业不仅仅注重他们的技术和能力，还应认识到他们的需求和愿望，承认他们对归属感和成就的需要，理解和倾听他们的意见和建议，让他们积极参与企业发展、内部管理和其他重大事项的决策。

（三）企业生存环境的变化

企业生存环境包括企业的技术环境、人力资源环境、金融环境、投资环境、市场需求环境等，这是企业发展所依存的客观环境，直接影响着企业的短期效益和生存基础。此外，企业生存环境还包括政策、法治、社会评价、公平竞争、社会信誉等主要由人为因素控制的企业发展软环境。这些环境因素在21世纪呈现出更加复杂的联系和难以想象的变化。企业要立于不败之地，就要在发展战略、经营策略和管理模式方面及时做出相应的调整，通过对企业主导价值观和经营理念的改革，推动企业发展战略、经营策略和管理模式的转变，使企业文化成为蕴藏和不断孕育企业创新与企业发展的源泉，从而形成企业文化竞争力。

二、企业文化理论的产生

在企业文化理论研究方面，美国管理学界通过对日本管理经验的总结、对日本与美国企业管理状况的比较研究，接连出版了四本畅销著作：《日本企业管理艺术》（1981）、《Z理论：美国企业界怎样迎接日本的挑战》（1981）、《企业文化：企业生活中的礼仪与仪式》（1982）和《追求卓越：美国优秀企业的管理圣经》（1982）。这些著作以其崭新的思想、独到的见解、精辟的论述和丰富的例证，构成了一个新的理论系统，提出了企业文化这一新的理论体系和管理方式，被誉为企业文化理论的"四重奏"。

（一）"7S"理论

企业文化理论产生的第一本标志性著作是由理查德·帕斯卡尔（Richard Pascale）

和安东尼·阿索斯（Anthony Athos）合著的《日本企业管理艺术》，它要回答的主要问题是日本与美国企业管理的根本差别问题。在该书中，两位学者提出了至今仍被管理界广泛应用的企业管理"7S"要素，即"7S"理论。

帕斯卡尔和阿索斯认为，日本企业和美国企业的管理在"硬件"方面并无不同，差别在于文化的"软件"方面。美国企业在管理中过分重视前三个硬"S"，即战略（strategy）、结构（structure）、制度（systems），而这已难以适应现代企业管理中日益激烈的竞争。而日本企业则在战略、结构、制度的基础上，很好地兼顾其他四个软"S"：人员（staff）、作风（style）、技能（skill）、最高目标（super-ordinate goals）。也就是说，日本企业更加重视企业管理的软要素，使企业内部保持了一种良好的文化氛围，从而充满了生机，这就是日本企业在20世纪七八十年代迅速崛起、超越美国企业的重要原因。

（二）Z理论

企业文化理论产生的第二本标志性著作是美国加利福尼亚大学美籍日裔学者威廉·大内于1981年出版的《Z理论：美国企业界怎样迎接日本的挑战》。在这本书里，他分析了企业管理与文化的关系，提出了"Z型文化""Z型组织"等管理新概念，也称为"Z理论"。威廉·大内指出，一个公司的文化由其传统和风气所构成。此外，文化还包含着一个公司的价值观，如进取性、守势、灵活性，即确定活动、意见和行动模式的价值观。这种公司文化包括一整套象征、仪式和神话，它们把公司的价值观和信念传输给雇员们。这些仪式给那些原来就稀少又抽象的概念添上血肉，赋予它们以生命力。Z理论认为，一切企业的成功都离不开信任、敏感与亲密，因此主张以坦白、开放、沟通作为基本原则来实行"民主管理"。

（三）自成体系的《企业文化》

真正首先把企业文化作为一门系统的理论加以研究，并进行系统、全面论述的，是特伦斯·迪尔和艾伦·肯尼迪合著的《企业文化》（1982）一书。该书被称为企业文化理论诞生的最具有标志性的著作。

通过深入研究，他们指出：成功的企业大都有强有力的企业文化，即有明确的企业经营哲学，有共同的价值观念，有全体员工共同遵守、约定俗成的行为规范，有宣传、强化这些价值观念的仪式和风俗。他们认为，正是企业文化这一非技术、非经济的因素，导致了这些企业的成功。企业文化的整个理论体系，由企业环境、价值观、英雄人物、礼仪与仪式、文化网络这五个要素组成。他们进一步指出，人是管理中最为宝贵的资源，管理人的最有效方式就是通过文化的象征和暗示作用，用企业价值观引导人的行为朝着有利于实现企业目标的方向发展。他们还对如何了解、分析企业文化及调整企业文化提出了意见，总结和介绍了一整套识别、管理、塑造和革新企业文化的经验，论述了管理者和职工的关系，指明了企业发展的新趋势。

总体来看，迪尔和肯尼迪的《企业文化》对企业文化最深层、最核心的价值观及最为表象的文化仪式，都做了具体而生动的阐述，为企业文化理论奠定了深厚的基础。

（四）杰出的企业有卓越的文化

企业文化理论产生的第四本标志性著作是托马斯·彼得斯（Thomas Peters）和罗伯特·H.沃特曼（Robert H. Waterman）合著的《追求卓越：美国优秀企业的管理圣经》。当时的美国企业热衷于在管理思想界占统治地位的"理性模型"和"企业战略范例"，却普遍忽视管理学最基本的原则和品质，失去了对管理本质的把握，从而在相当程度上导致美国企业自信心的丧失。该书的意图就是要恢复管理学的基本面貌，赋予那些被管理专家们所藐视、所视而不见却在实践中表现出强大生命力的东西应有的地位。为此，彼得斯和沃特曼利用自己作为麦肯锡咨询公司咨询员的身份，深入企业调查研究，力图在众多公司中找出优秀的成功企业，并从中发现规律性的管理经验和品质。该书精选了美国43家优秀企业作为基本分析样本。通过对这些优秀企业的深入研究，他们发现，尽管优秀企业的个性不同，但拥有许多共同的品质，即具有八大属性，或者说经营管理的八项原则。这些原则久经考验，造就了企业的辉煌与成功。这八大属性分别是：

（1）崇尚行动。在许多优秀企业里，标准的操作程序是先做，再修改，然后再尝试。

（2）贴近顾客。很多具有创新精神的公司总是从顾客那里得到有关产品方面的最好想法，这是不断地、有目的地倾听的结果。

（3）自主创新。优秀的企业鼓励与呵护员工的个人主义精神和创新行动。

（4）以人助产。优秀的企业认为，不论是位居高位者还是普通员工，都是产品质量和劳动生产率提高的源泉。

（5）价值驱动。价值观构成企业文化的核心。仅仅让员工加入企业是不够的，要紧的是让员工投入企业所追求的价值目标；只图营利的企业即使成功也是暂时的，只有高举特定的价值目标，企业才能活力永存。

（6）不离本行。脱离本行的多元化多半得不偿失。除了几个例外，优秀企业的产品几乎都沿它们所熟知的方面扩展，很少进入它们未知的领域。

（7）精兵简政。机构臃肿的企业往往人浮于事，体制僵化。优秀的企业能清楚地认识到保持简单的重要性，善于"肢解"自己。

（8）宽严并济。优秀的企业既是集权的又是分权的。在大部分情况下，它们把权力下放到车间和产品开发部门；而对于少数它们看重的核心标准，这些公司又是极端地集权。

这八大属性并无惊人之处，但优秀企业却极其认真地执行了这些原则，将它们发挥得淋漓尽致。事实上，《追求卓越：美国优秀企业的管理圣经》一书的出版，成了当时美国商业的拯救者和美国商业史上的转折点，它是第一本销量超过百万册的管理类书籍，成为1982年以来美国工商管理的"圣经"。

上述四部著作的学者通过他们的著述发动了一场史无前例的企业文化启蒙运动，尽管他们并没有从学术的高度系统、严谨地研究企业文化理论，却大大推进了企业文化理念的传播。他们的主要功绩在于：使新的企业文化思想深入人心，并受到广泛重视，为后来的企业文化研究奠定了理论基础。

小知识

文化管理

从概念的外延来看，组织文化包含了企业文化，也就是说，企业文化是组织文化的组成部分，正如企业组织是社会组织的一个组成部分一样。从内涵来看，企业文化与组织文化并无本质上的差异。从这个意义上讲，可以把企业文化管理等同于组织文化管理。概括而言，所谓文化管理，是指组织（企业）将文化放在管理的中心地位并贯穿于管理活动的全过程。它强调管理中硬要素和软要素的结合，并以软要素为重心，其核心是价值观管理。

（资料来源：魏文斌. 企业伦理与文化研究[M]. 苏州：苏州大学出版社，2013.）

三、企业文化理论的发展

（一）国外企业文化研究趋势

从国外企业文化现象的发现到企业文化研究40余年的发展来看，研究者们走的是一条理论研究与应用研究相结合、定性研究与定量研究相结合的道路。人们在对企业文化的概念和结构进行探讨之后，转入了对企业文化产生作用的内在机制，以及企业文化与企业领导、组织气氛、人力资源、企业环境、企业策略等关系的研究，进而对企业文化与企业经营业绩的关系进行量化的追踪研究。定量化研究是在企业文化理论研究的基础上，提出用于企业文化测量、诊断和评估的模型，进而开发出一系列量表，对企业文化进行可操作化的、定量化的深入研究。企业文化研究随着形势的发展也在发生变化，在基础理论及衍生研究、应用研究及测评方面呈现出跨文化研究、与领导力和竞争力的关系研究、基于民族文化的本土化研究、虚拟企业文化研究等趋势。

20世纪90年代以后，知识经济、网络经济已经逐步取代了过去的传统经济。在这种情况下，互联网文化、知识管理、学习型组织、企业再造工程、企业伦理与企业文化的交叉研究等，大大拓展了企业文化的研究领域。企业文化理论更加成熟，也进一步向纵深发展。它把"触角"伸到了企业内外部环境的诸多领域，如企业的诚信价值观、企业的社会责任、企业的全球责任（如环境保护）等。

（二）中国企业文化的发展

1. 企业文化引进与建立时期（1980—1991年）

20世纪80年代，企业文化作为一种管理模式被引入我国。1986年，国家经济委员会颁布《企业管理现代化纲要》，在管理思想、职工思想政治工作、领导与措施等内容中多次提到加强企业、员工、领导的精神文明建设，将国家倡导的价值观与企业文化建设融合，对企业文化建设具有指导意义。1989年《经济管理》杂志相继刊登《关于我国企业文化的思考》和《企业文化开创了管理思想的新时代》两篇论文，开展企业文化建设的讨论。

2. 企业文化大规模推广时期（1992—2001年）

1992年，党的十四大确立了建立中国特色社会主义市场经济体制的改革目标。十四大报告中首次出现"企业文化"的字眼，这标志着企业文化建设已经上升到国家战略高度，在全国范围内被大举推行。在社会主义市场经济体制背景下，无论是国有企业还是私营企业，都开始大刀阔斧地进行市场化改革，相应的企业文化实践也随之而生。

3. 企业文化蓬勃发展时期（2002年至今）

2005年，国务院国有资产监督管理委员会下发《关于加强中央企业企业文化建设的指导意见》，强调通过企业文化的创新和建设，实现企业文化与企业发展战略的和谐统一，企业发展与员工发展的和谐统一，企业文化优势与竞争优势的和谐统一。2015年，十二届全国人大将"互联网＋"上升至国家战略高度，移动互联网、云计算、大数据、物联网等关键技术迎来上升发展的黄金时期，为企业提供多渠道、全方位加强文化建设、扩展文化传播渠道的机会，企业文化建设进入全媒体、融媒体时代。

中国企业文化发展的主要特点是：企业文化建设在企业经营管理中的地位不断上升，日益成为一项系统工程，既强调经营型文化又关注执行型文化，企业家与企业家精神逐渐成为关注的焦点。

小贴士

《中国企业文化发展"十四五"规划纲要》发布

由中国文化管理协会企业文化管理专业委员会编写的《中国企业文化发展"十四五"规划纲要》(以下简称"《纲要》") 正式发布。《纲要》依据《中共中央关于制定国民经济和社会发展第十四个五年规划和二〇三五年远景目标的建议》的有关要求编写，目的是让企业了解党和国家期待什么样的企业文化，员工向往什么样的美好生活，从而围绕这些目标开展企业文化创建工作，形成强大的凝聚力和向心力，促进全体员工在思想上、精神上更加紧密地团结在一起，以不懈奋斗实现人生价值和美好生活追求，全面加强"十四五"期间的企业文化建设，开创"十四五"期间企业文化的新格局，为建设社会主义文化强国做出企业人的贡献。《纲要》包括总体要求、主要目标、重点任务和保障措施。

（资料来源：中国文化管理协会企业文化管理专业委员会. 中国企业文化发展"十四五"规划纲要［M］. 北京：中国经济出版社，2021.）

案例分析

苏州轨道集团的企业文化建设

苏州轨道集团为市直属大型国有企业，主要承担苏州市轨道交通规划、建设、运营、资源开发及物业保障等工作。2007年2月，苏州市轨道交通首轮建设规划获得国务院批准，同年12月轨道交通1号线正式开工，并于2012年4月提前开通。截至2022年，苏州轨道交通已开通1、2、3、4、5号线共5条线路，运营里程210千米，车站169座，线网日均客流超过120万人次，轨道交通占公共交通出行比例近50%，单日最大客流达到191万人次。在客流保持高位的同时，运行图兑现率和列车准点率始终保持较高水平，乘客满意度连续5年保持增长。

苏州轨道交通坚持"生命至尊，安全至上"的安全理念和"精工细作，精益求精"的质量理念，矢志打造轨道交通百年精品工程。立足苏州特殊地质环境及古城保护需要，苏州轨道交通积极探索创新，总结推广了"三管三控"安全管理思路、现场管控"三项核心制度"、土建施工"四大法宝"等"苏州经验"。苏州轨道交通始终以高标准、高规格开展各项工作，争先创优，致力于成为中国经典轨道交通集团。集团先后荣获全国"安康杯"竞赛活动优胜单位、全国"工人先锋号"、全国模范职工之家、全国无偿献血促进奖（特别奖）、江苏省文明单位、江苏省"十一五"劳动竞赛先进集体、江苏省"青年文明号"等荣誉。2号线获评"詹天佑奖"，3号线荣获"国家优质工程奖"，工程各建设标段多次获评全国AAA级安全文明标准化工地、江苏省"扬子杯"优质工程奖、江苏省建筑施工文明工地等。

苏州轨道集团充分认识企业文化建设的重要意义，着力提升企业软实力，重点抓好企业文化和文化品牌建设。在致力于打造建设"轨道上的苏州"愿景背景下，集团全面落实文化管理的先进理念，形成了集愿景理念、文化载体、机制举措于一体的企业文化体系。

一、聚焦"国企担当"的社会责任制度体系

自2018年步入"高速发展阶段"以来，苏州轨道交通工程建设投入从50亿元/年增加至约200亿元/年。面对逐年增加的投资任务、刻不容缓的疫情防控和安全生产压力，集团党委以"时时放心不下"的责任感，认真贯彻市委、市政府的指示精神，坚定发展信心，保持战略定力，不断朝更高标准、更快进度推进工作，不断优化线网格局，协调多种轨道布局"一张图"，助力打造"四网融合"的苏州样板。全面融入长三角一体化发展，高质量建设 S1 线，高质量谋划 S4 线，深化与周边城市互联互通，巩固和放大同城效应。认真践行"为苏州加速，让城市精彩"的使命，将优化完善交通基础设施作为推动苏州高质量发展的重大举措，以"数字经济"赋能智慧地铁，打造标杆 TOD（以公共交通为导向的开发）项目，加快推动空间重构、资源重组、品质重塑。践行以人民为中心的发展思想，谦卑为怀，竭诚服务，把市民的"表情包"作为工作的"风向标"，常态化推进年度"惠民'十'事"项目，发布年度运营单位社会责任报告，主动接受市民监督，将履职尽责落到实处。

二、聚焦"员工文化"的企业内部制度体系

苏州轨道集团党委始终将职工放在心上，形成密切的党群关系，形成了多层次、立体式的职工关心关爱慰问体系。夯实员工思想教育，认真组织开展"不忘初心、牢记使命"主题教育、党史学习教育、党的二十大精神主题宣传教育，结合工作谋划、业绩推动、人才培养，组织多层次分众式研讨交流，激发员工砥砺奋进、团结奋斗的热情和干劲。细化保障职工权益，广泛听取职工意见建议，完善董事长信箱、书记信箱、职工座谈会、内部论坛等舆情反馈渠道，三年来落实职工意见近百条。深化关爱职工身心健康，完善图书馆、书画艺廊、文体中心、母婴室、医务室、职工影院等设施建设，开展高温慰问和急救知识培训、员工心理关爱工作，设立集团帮困爱心基金。基金累计支出 139 万元，救助患病职工及直系家属 93 人次。丰富员工"8 小时以外"文娱活动，常态化举办职工运动会、"遇见文化节"、轨道大讲堂等品牌活动。推动干部有畏有为，严格执行中央八项规定及其实施细则精神，常态化推进廉政教育，上好新员工"入职第一课"，引导形成"清、慎、勤"的作风家风，筑牢拒腐防变的思想道德防线，同时坚持严管厚爱并举，严格落实"三个区分开来"的要求，贯彻《尽职合规免责管理办法》，加强对敢担当善作为干部的激励保护，促进纪、法、情、理融合。

三、聚焦"廉洁从业"的内部监督制度体系

苏州轨道集团党委始终加强廉洁企业建设，遵循"坦荡一生，永不脱轨"理念，夯实廉洁从业基础，不断推进全面从严治党走深走实。构建"大监督"格局，与市纪委监委派驻纪检监察组联动配合，与各级党组织贯通协同，充分发挥监督合力，聚焦"一把手"和领导班子"关键少数"，对苗头性倾向性问题早发现、早预警、早治疗。建立健全廉政风险防控制度体系，扎实推动"不敢腐、不能腐、不想腐""三不腐"机制建设与"以案治本"聚合形成叠加效应。建立健全资源交易平台、审计信息化系统、中层干部廉政档案信息化平台，以智慧监督提升治理效能。

（资料来源：苏州市轨道交通集团有限公司）

案例思考题

苏州轨道集团的企业文化建设有什么特色？有哪些地方值得借鉴？

项目训练

【训练内容】制订企业文化管理提升方案。

【训练目的】通过实地调研企业,进一步理解企业文化管理及应用。

【训练步骤】

1. 学生每4—6人划分为一个小组,以小组为单位选择一家本地企业为调研对象。

2. 事先收集和整理该企业文化管理内容、新闻报道等资料,根据实训内容分析该企业文化管理中存在的问题。

3. 结合调研资料,进行小组讨论并制订该企业文化管理提升方案,制作PPT及电子文档汇报,完成实训报告。实训报告格式如下:

＿＿＿＿＿＿＿＿＿＿＿＿＿＿实训报告		
实训班级:	项目小组:	项目组成员:
实训时间:	实训地点:	实训成绩:
实训目的:		
实训步骤:		
实训成果:		
实训感言:		
不足及今后如何改进:		
项目组长签字:	项目指导教师评定并签字:	

4. 小组汇报交流与讨论,教师总结点评并进行成绩评定。小组提交案例分析报告。

自测题

1. 请举例描述企业文化的定义。
2. 概述企业文化的类型。
3. 根据企业文化四层次说,企业文化由哪四个层次构成?它们之间有何关系?
4. 企业文化的功能主要包括哪些内容?
5. 企业文化理论的"四重奏"是什么?其代表性观点分别是什么?

【延伸阅读】

特伦斯·迪尔,艾伦·肯尼迪. 企业文化:企业生活中的礼仪与仪式[M]. 李原,孙健敏,译. 北京:中国人民大学出版社,2020.

项目二 企业精神文化

【学习目标】

1. 理解企业使命和企业愿景的内涵
2. 理解利益相关者及其分类
3. 理解企业价值观的含义和构成
4. 理解企业伦理道德及其建设内容
5. 理解企业精神与企业家精神的内涵

 引导案例

中国中车文化的核心理念

中国中车是由中国北车股份有限公司、中国南车股份有限公司按照对等原则合并组建的 A+H 股上市公司。经中国证监会核准,2015 年 6 月 8 日,中国中车在上海证券交易所和香港联合交易所成功上市。公司现有 46 家全资及控股子公司,员工 17 万余人。2021 年,中国中车实现营业收入 2 257.31 亿元,中国中车品牌价值达到 1 260 亿元,在国内机械设备制造行业排名第一。

中国中车文化的核心理念主要包括以下方面。

一、"连接世界,造福人类"的企业使命

"连接世界,造福人类"是中国中车积极承担的企业使命。作为高端装备制造业的代表,作为全球重要的轨道交通装备供应商,中车以连接世界、造福人类为使命,为实现人类互联互通的美好梦想贡献力量。

连接世界体现了中国中车的责任与担当。作为一家大型知名中央企业,中国中车始终站在服务国家战略、保障改善民生的角度,积极发挥在装备制造业中的技术优势与行业引领作用,助推由中国制造向中国创造的转变。中国中车提出"8 小时经济圈",即

建设的高铁网络要确保民众在 8 小时之内可完成省会城市间的畅通互联。这不仅保证了国家经济的快速发展，也为地域的互通互联创造了极大便利。

中国中车造福人类的企业使命与人民群众对美好生活的向往和诉求不谋而合。从价值的现实探索层面来讲，不断提升生活品质，创造积极美好的生活是全人类共同的价值追求，是推动社会不断向前发展的根本动力。中国中车人自 1959 年起，在资源有限、经济发展缓慢的历史现实下，开始艰苦的创业历程。他们积极高擎理想信念火炬，主动吹响时代前进号角，把个人理想融入国家铁路电气化事业的时代发展潮流，做到胸怀大义、心系人民、肩负责任，以自强不息、坚韧努力的奋斗精神，不断推出满足国家需求、适应百姓需要的产品，实现了中国轨道装备从交直传动到交流传动、从普载到重载、从常速到高速、从引进到出口的四大跨越。造福人类是中国中车的远大理想与抱负，是激励全体中车人不断奋勇拼搏、砥砺前行的伟大动力。

二、成为以轨道交通装备为核心，全球领先、跨国经营的一流企业集团

中国中车的企业愿景是成为以轨道交通装备为核心，全球领先、跨国经营的一流企业集团。中国中车承继了中国北车股份有限公司、中国南车股份有限公司的全部业务和资产，是全球规模领先、品种齐全、技术一流的轨道交通装备供应商。中国中车坚持自主创新、开放创新和协同创新，持续完善技术创新体系，不断提升技术创新能力，建设了世界领先的轨道交通装备产品技术平台和制造基地，以高速动车组、大功率机车、铁路货车、城市轨道车辆为代表的系列产品，已经全面达到世界先进水平，能够适应各种复杂的地理环境，满足多样化的市场需求。中国中车制造的高速动车组系列产品，已经成为中国向世界展示发展成就的重要名片。产品现已出口近百个国家和地区，并逐步从产品出口向技术输出、资本输出和全球化经营转变。

目前，"一带一路·中国制造 2025"、高铁新战略的加快实施，赋予了中国中车实现科学跨越、再创辉煌的重大历史机遇；海陆两栖产业格局的形成，四大产业板块你追我赶，为中国中车搭建了超常规发展平台；科技创新由过去的"追赶者"向"引领者"角色的转变，多项尖端成果的自主掌握，为企业发展带来更加强劲的引擎；全球化的市场版图及国际化的智力吸纳，智能制造及现代化的企业治理手段的引入落地，为中国中车勾勒出了宏伟蓝图。

三、"正心正道，善为善成"的核心价值观

中国中车的核心价值观是"正心正道，善为善成"。正心正道即端正内心、行走正道，它集中表现为中国中车的诚信与责任价值观念。"正心"最早见于《大学》："古之欲明明德于天下者，先治其国；欲治其国者，先齐其家；欲齐其家者，先修其身；欲修其身者，先正其心；欲正其心者，先诚其意；欲诚其意者，先致其知；致知在格物。"正心，即心要端正而不存邪念，有一颗正义的心、友善的心、与社会发展相吻合的心。这颗心要做到正派，做到廉明，做到以君子之言行要求自己；心之所向，为光明，为大

气，为坦荡，为奋发，为积极向上。正道，即符合事物正确的运行规律，让自己的所作所为符合大道精神，符合人间正义，经得起时间的考验，能够站在阳光底下晾晒，而不是隐藏在阴暗的洞穴之中。善为善成，就是要瞄准时机，敢作为、能作为，方能实现企业愿景。

"正心正道"要求企业及员工坚持诚信、勇担责任、遵纪守法、互信互利。"善为"意指善于、勇于作为；"善成"是指善于做好事情。"善为善成"表露出中国中车企业内部对企业员工的价值要求和工作要求，要求每个中车人积极进取、矢志创新、追求卓越，是企业创新文化和卓越文化的完美诠释，同时也是中车人矢志不渝的精神追求。

（案例改编自：① 中国中车官网. https://www.crrcgc.cc；② 刘伟，等. 中车文化及其启示［J］. 企业改革与管理，2018（9）.）

［案例思考］ 中国中车文化的核心理念对企业发展有何正向功能？

 企业使命和企业愿景

一、企业使命和企业愿景的内涵

和其他社会组织一样，企业应当清楚地确定自己的使命和愿景。企业使命和企业愿景是对企业存在的社会价值的思考，是规范和指导企业所有生产经营管理活动的最重要依据，也是企业战略的制定前提与行动基础。

（一）企业使命和企业愿景的含义

1. 企业使命的含义

企业是社会的细胞，它在整个社会系统中担负着何种使命、起何种作用，这是其在经营战略规划中首先必须确定的问题。企业在创建时应思考并回答这样一些问题：企业应该向用户提供什么样的产品或服务？提供的产品或服务主要满足哪些用户的哪些方面的需要？企业应该使用怎样的生产技术和管理方式来满足用户对产品或服务质量的要求？企业产品或服务应当以怎样的价格提供给客户？如何处理企业与员工、股东、顾客等各类利益相关者之间的关系？等等。这些问题概括起来就是："我们应当成为什么样的企业？""我们的客户是谁？""我们的客户认知价值是什么？"对这三个事关企业全局和未来发展方向的基本问题的回答就是企业使命。企业使命就是企业的根本性质和存在的原因或目的，说明企业的经营领域、理念，为企业目标的确立与战略的制定提供依据。一般而言，企业使命是高度概括和抽象的，它不是企业经营活动具体结果的表述，

而是企业开展经营活动的方向、原则和理念。

2. 企业愿景的含义

企业愿景是企业的理想和蓝图，体现了企业的前瞻性设想，是企业战略发展的重要组成部分。它是企业战略家对企业前景和发展方向的高度概括与描述，由企业核心理念和对未来的展望两部分组成。核心理念和对未来的展望就像是八卦图的阴、阳两极，两者对立统一，构成企业发展的内在驱动力。

企业核心理念由核心价值观和核心目的构成。核心价值观是企业最根本的价值观和原则；核心目的是企业存在的根本原因。未来展望由未来10年甚至更长远的远大目标和对目标的描述构成。企业在很长的时间跨度内提出具有创业精神并且清晰的企业愿景是一项很艰巨的任务。

提出企业愿景需要回答以下三个问题：① 我们要到哪里去？② 我们的未来是什么样的？③ 我们的目标是什么？彼得·圣吉（Peter M. Senge）在学习型组织理论中首次提出组织的共同愿景。共同愿景是指组织成员共同分享的愿景目标。共同愿景不同于一般的短期目标，它往往更为笼统，描绘了一幅更远大的前景。因此，共同愿景的建立实际上是一个整合过程，是一个发掘共有"未来景象"的过程。一般认为，当企业使命不仅清楚地表述了企业现在的业务，而且阐明了企业前进的方向和其未来的业务范围时，就表明企业的业务使命和企业愿景合为一体。

3. 企业使命和企业愿景的作用

一个企业如果没有长期而明确的目标和任务，就如在大海里行船一样，很容易迷失方向；企业管理层如果不清楚自己的使命和愿景，就无法建立高效的组织机构，无法有效地配置企业资源，最终导致企业在激烈的市场竞争中失败。概括地讲，企业使命和企业愿景之间存在密切的互动关系，很难区分孰轻孰重，它们共同体现了企业全体员工的行为共识，是引导和激发全体员工持之以恒为企业不断实现新的发展和超越而努力奋斗的动力之源。

（1）提出企业价值标准，确保企业行动目标的一致性。企业使命中关于企业存在的根本目的的陈述，为全体员工树立了一个共同奋斗的价值标准。个人的行为和目标、部门的行为和目标乃至整个企业的行为和目标是否符合企业发展的方向，其最终的价值标准就是企业的价值标准。因此，企业使命的确定能保证企业成员在重大问题的决策方面思想统一、行动一致，从而增强企业的凝聚力。

（2）指明企业发展方向，明确经营的核心业务。企业使命回答了"我们的业务是什么？""我们的业务应该是什么？""我们要成为什么？"这样一些基本问题。这就是说，一个好的企业使命应当指明企业未来的发展方向，明确企业经营的核心业务。因为任何企业所拥有的资金、场地、设备、人才等资源总是有限的，因此，明确企业使命就为有效地分配和使用有限的资源提供了一个基本的行为框架，从而为确定战略目标、选择战略、制定政策提供了方向性指导。

（3）有助于协调不同利益相关者（stakeholder）的关系。一个企业会与社会中各种人群发生利害关系，这些与企业有关的利益群体在企业发展方向和核心业务问题上存在着由利益出发点不同所造成的意见分歧和矛盾冲突。所以，企业使命和企业愿景需要以一种高度抽象的形式来尽可能地概括不同利益群体的要求和关心的问题。

利益相关者泛指企业中拥有一种或多种权益的个人或团体。从管理学意义上讲，它是组织外部环境中受组织决策和行动影响的任何相关者。利益相关者能够影响组织，他们的意见一定要作为决策时需要考虑的因素。对企业而言，其利益相关者一般可以分为三类：① 资本市场利益相关者：股东和企业资本的主要供应者；② 产品市场利益相关者：企业的客户、供应商、政府、竞争者、当地社区和工会等；③ 组织中的利益相关者：企业的全体员工，包括管理人员和一般员工。见表2-1。

表2-1 利益相关者分类与利益相关者的要求

利益相关者	类型	为企业提供的资源	要求
股东 债权人	资本市场利益相关者	资本	股利 利息
顾客 供应商 竞争者 政府 社区和工会	产品市场利益相关者	利润 原材料、设备等 行业规范、同盟等 服务、法律保护等 支持与对话	产品与服务 采购与付款 遵守行业标准 纳税、守法等 承担社会性成本等
管理者 一般员工	组织利益相关者	管理知识	薪酬、权力与地位 薪酬等

《中华人民共和国公司法》第五条明确规定："公司从事经营活动，必须遵守法律、行政法规，遵守社会公德、商业道德，诚实守信，接受政府和社会公众的监督，承担社会责任。"2018年9月，中国证监会发布修订后的《上市公司治理准则》（以下简称"《准则》"）。《准则》共10章、98条，内容涵盖上市公司治理基本理念和原则，股东大会、董事会、监事会的组成和运作，董事、监事和高级管理人员的权利与义务，上市公司的激励约束机制，控股股东及其关联方的行为规范，机构投资者及相关机构参与公司治理，上市公司在利益相关者、环境保护和社会责任方面的基本要求，以及信息披露与透明度等。《准则》进一步明确了利益相关者的权益，强化上市公司在环境保护、社会责任方面的引领作用，更加注重保护中小投资者，确立环境、社会责任和公司治理信息披露的基本框架。

总之，无论是上市公司还是非上市公司，良好的、明确的企业使命和企业愿景能够起到协调企业与利益相关者利益关系的作用，使尽可能多的利益相关者理解、支持和参与企业的发展。

（二）企业使命的内容

企业使命的确定是企业战略管理的第一步，无论是刚创立的企业还是已经有相当历史、有多种业务的企业，在制定战略之前，都必须先确定企业使命。归纳起来，企业使命包括以下几方面内容。

1. 企业的业务范围

企业的业务范围所要回答的是企业将从事何种事业、用户是谁，以及如何为用户服务。任何一个企业都必须确定它将从事何种产品或服务的生产经营，以具体体现出该企业区别于其他企业的特征，并具有更强的针对性。而工商登记和营业执照中经营范围的规定往往较为宽泛。需要指出的是，决定企业经营范围的应该是顾客，因此在确定企业业务范围时，应说明要满足的顾客需求是什么，而不是说明企业生产什么产品。

2. 企业的生存、发展和盈利

企业不仅要在竞争的环境中求得持久的生存，还要谋求利润和自身的发展，这三者相互依存，有时却相互矛盾。例如，企业过分追求短期利润也许会危及今后的生存和发展，雄心勃勃的发展宏图或许会影响当前的利润甚至威胁企业的生存，因此，如何处理这三者的关系就构成了企业使命的一个重要内容。

3. 企业经营哲学

经营哲学是企业为其经营活动方式所确立的基本信念、价值观和行为准则。它主要通过企业对利益相关者的态度、企业提倡的共同价值观、政策和目标及管理风格等方面体现出来。世界上一些取得很大成功的公司，其成功经验往往包含着某个企业家突出的特有的某种信念，并坚定不渝地予以贯彻。

4. 企业形象

企业通过其生产经营活动在社会上形成一定的形象。企业的社会形象往往与其向社会提供的产品或服务、经济效益等直接联系，是社会公众和企业员工对企业整体的看法和评价。良好的企业形象意味着企业在社会公众心目中的良好信誉，是吸引现在和潜在顾客的重要因素，也是企业内部凝聚力的重要因素。因此，企业试图塑造一个怎样的社会形象，是企业使命的一项重要内容。

二、企业使命的构成要素

不同企业的使命在内容、表述形式等方面各有不同，一般包括以下构成要素：顾客、产品或服务、市场、技术、生存发展和盈利能力、经营哲学、自我认知、对员工的关心、社会责任感等。

上述 9 个基本要素是绝大多数企业共同关注与重视的，企业使命表述的范围一般都在上述要素所涉及的内容里。因此，可把上述要素作为确定或评价企业使命表述的参考指标。表 2-2 是几家著名公司企业使命的表述。

表 2-2　几家著名公司的企业使命

公司名称	企业使命
华为	构建万物互联的智能世界
小米	始终坚持做"感动人心、价格厚道"的好产品，让全球每个人都能享受科技带来的美好生活
腾讯	用户为本，科技向善
茅台	弘扬茅台文化，创领生活梦想
迪士尼	使人们过得快活
星巴克	激发并孕育人文精神——每人，每杯，每个社区
麦当劳	质量、周到的服务、清洁的环境、为顾客提供更有价值的食品
谷歌	整合全球信息，使人人皆可访问并从中受益
耐克	为世界上每一位运动员带来激励和创意

20世纪90年代以来，对企业使命表述的研究越来越受到学术界的重视。学者们分别从企业的战略规划、运营管理、价值观、信息传递及提高企业绩效等方面阐述了企业使命表述的价值，并建议每个企业都应当有一个规范完整的使命表述。

三、企业愿景的创建

企业愿景反映了管理者在企业组织及其业务发展方面的追求，从总体上思考"我们将向哪里去"这一问题，并据此做出详细的未来业务发展规划。它引领企业向着特定的方向发展，并勾勒出企业发展的战略轨迹。企业的高层管理者需要创建愿景。有效的愿景促使企业超越自身，不再把目光拘泥于目前的状况，而是展望未来的成就。同时，创建愿景也就是为组织和个人建立期望。这些期望必须远大、清晰、简洁。企业愿景的创建一般经过以下几个阶段。

（一）成立愿景开发小组

在企业中选取若干个来自各个部门的员工代表，形成愿景开发小组。愿景开发小组将着手进行一个领悟力训练，通过这个训练，员工能够分享并更好地理解他人心目中对企业将来形象和状态的想象与希望。

（二）形成愿景的核心要素

愿景开发小组要求开发组内每个成员说出自己心目中企业的未来情形是什么样的，并把各自的观点和看法压缩为简短的句子或者不严格的词组。然后要求小组的每个成员讨论他们各自的"愿景"：每个成员对自身以及对企业的抱负志向是什么？他们的期望是什么？企业的具体目标、价值观和观念是什么？

（三）讨论愿景的核心要素

通过第二步的过程，开发小组已形成了愿景的一些可能的要素清单。这时，小组成员通过头脑风暴的方法来判断哪些因素对愿景来说是关键的。

（四）阐述经过测试的愿景

可以选定一个部门来测试备选愿景。该部门员工对这个愿景的反应积极吗？如果存在抵制情绪，那么这种抵制情绪产生的原因是什么？经过多次反复测试，最终由企业高层管理者确定并阐述企业愿景。

（五）在组织范围内推广愿景

实现企业愿景要依靠组织全体成员的共同努力，因而让组织成员正确认知本企业愿景、激发组织成员的奋斗意志就显得尤为重要。企业应基于从上而下的推广流程，适时建立推广专人专班，广泛树立员工的组织愿景意识。

小知识

德鲁克的事业理论

德鲁克在1954年出版的《管理的实践》中提出了"事业理论"这一概念。德鲁克经常问企业家和管理者的问题是"我们的业务是什么？""我们的客户是谁？""客户的认知价值是什么？"领导者和管理者对这些问题的理解准确与否，在很大程度上影响甚至决定着企业的兴衰成败。每个组织，无论其是否为商业性的，都会形成自己的事业理论。应该说，一个具有清晰、一致和目标集中特点的有效理论能够产生巨大的能量。

德鲁克提出了事业理论的三个问题：我们的企业是什么？我们的企业将是什么？我们的企业能是什么？概括而言，事业理论由三个部分构成：一是有关组织外部环境的假设，包括社会及其结构、市场、客户和技术；二是有关组织特殊使命的假设；三是为完成企业使命所必须的核心竞争力的假设。

（资料来源：彼得·德鲁克. 管理的实践［M］. 齐若兰，译. 北京：机械工业出版社，2018.）

任务二　企业价值观

一、企业价值观的含义

价值观是基于人的一定的思维感官而做出的认知、理解、判断或抉择，也就是人们认定事物、辨别是非的一种思维或取向，从而体现出人、事、物一定的价值或作用。价值观对人们自身行为的定向和调节起着非常重要的作用。价值观决定人的自我认识，它直接影响和决定一个人的理想、信念、生活目标和追求方向的性质。

企业价值观是指企业在市场经营活动中，经过价值选择活动而形成的为企业广大员工一致认同的关于企业意义的终极判断。它反映企业对其生产经营和目标追求中价值关系的基本观点。企业价值观是长期积淀的产物，是把所有员工联系在一起的纽带，是企业生存发展的内在动力，是企业行为规范制度的基础。

企业价值观有三个方面的含义：第一，它是企业用以判断企业经营管理活动大是大非的根本原则，是企业提倡什么、反对什么、赞赏什么、批判什么的真实写照；第二，它是企业在经营过程中坚持不懈，努力使全体员工都必须明确的信条；第三，它是企业在发展过程中处理内外矛盾的一系列准则，如企业对市场、对客户、对员工等的看法或态度，它是企业表明如何生存的主张。

企业价值观是企业经营者、企业员工共同拥有的群体价值观念，决定并影响着企业存在的意义和目的，是企业各项规章制度的价值和作用的评判标准，为企业的生存和发展提供基本的方向和行动的指南。同时，企业的价值观对员工的行为标准也起着导向和约束的作用，并且激励员工发挥自身的潜能，增强企业的凝聚力，决定企业全体员工的行为走向。

二、企业价值观的构成

企业价值观是由多种价值观因子复合而成的，具有丰富的内容。从纵向系统考察，可分为如下三个层次。

（一）个人价值观

个人价值观是员工在工作、生活中形成的价值观念，包括人生的意义、工作目的、个人与社会的关系、自己与他人的关系、个人和企业的关系，以及对金钱、职位、荣誉的态度，对自主性的看法等。比如：员工是把工作当作神圣的事业还是谋生的手段；是否把为企业所做的创造、奉献，为企业所尽的责任看作自己人生的意义；是否把企业的成败荣辱视为自己的成败荣辱；能否像关心自己的前途和荣誉一样关心企业的前途和信誉；等等。这些观念决定了员工在工作上不同的价值选择和行为方式。

员工个人价值观的形成，受其年龄、个性特征、需求结构、生活经历、生活方式、学识、能力、人生理想、兴趣爱好、社会风气等多种因素的影响。员工个人价值观是企业整体价值观的基础。如何使员工感到企业是发挥自己才能、自我实现的"自由王国"，从而愿意把个人价值融进企业整体价值，实现个人价值和企业整体价值的动态平衡，是当代企业管理面临的一个重要问题。

（二）群体价值观

群体价值观是指正式或非正式的群体所拥有的价值观，它影响着个人行为和组织行为。正式群体是指有计划设计的组织体，它的价值观是管理者思想和信念的反映。非正式群体是指企业员工在共同工作的过程中,由于共同爱好、感情、利益等人际关系因素而自然结成的一种"联合体"。在"联合体"内部,各成员配合默契、行动一致,自觉和不自觉地影响着企业的组织行为与风气。

正式群体尤其是科层化的正式群体,其本身就是一种体制,具有一定的等级色彩,成员的职务角色、工作内容及各种职务所包含的互助关系、服从关系、机能关系等都相当明确,群体工作目标和价值取向也十分明确。正式群体最关心组织成员是否忠诚,而易于忽略不同人的个性差异。这样,企业的正式群体价值观就有可能和非正式群体价值观发生一定程度的摩擦或矛盾。

非正式群体的形成主要基于血缘、利益或情感等因素,其特点是:虽然没有明文规定的章程,但成员有共同的形成基础和联系纽带,具有整体性特征;目的十分明确,善于通过各种方式满足自己的需求;在正常情况下,人们习惯性地交往,自然而然地结合在一起,参加与否都是自由的,不存在任何的强制性约束。非正式群体依据一定的主客观条件而产生,条件改变就有可能解体或转型,甚至可以转化为企业的正式群体。企业中的各种非正式群体都有自身的价值取向,这些不同的价值取向与正式群体的价值取向有些是接近的,有些是偏离的,也有些可能是背离的。

可以把正式群体与非正式群体比喻为"一把剪刀的两个部分",剪刀两部分的夹角平分线构成群体运动的实际方向线。所以,非正式群体价值观一旦形成,必然对企业员工的心理倾向和行为方式产生深刻影响,对企业目标的实现程度产生直接影响。当非正式群体价值观与正式群体价值观一致时,必然促进信息交流渠道的畅通,促进企业整体素质的提高和合力的形成,加速企业目标的实现;当非正式群体价值观与正式群体价值观不一致时,非正式群体价值观必然抵制企业正式群体的目标和行为,阻碍企业的正常运行。因此,企业的管理者必须正视非正式群体的作用,充分利用其特点,把非正式群体价值观引导到正式群体价值观的轨道上来;同时也要善于处理企业内部局部与整体的关系,善于把企业内部不同正式群体的目标和价值观融入企业整体目标和价值观。

(三)整体价值观

企业整体价值观具有统领性和综合性的特点。首先,它是一种明确的哲学思想,包含远大的价值理想,体现企业的长远利益和根本利益。其次,企业整体价值观是对企业生产经营目标、社会政治目标及员工全面发展目标的一种综合追求,它全面地体现企业发展、社会发展与员工个人发展的一致性。因此,企业整体价值观指导、制约和统率着员工个人价值观和群体价值观。员工和群体只要树立了企业整体价值观,就能坚定对整体的信念,使企业目标变为员工和群体的宏大抱负,因而也能构筑成一种文化环境,促使每个员工超越自我,把企业视为追求生命价值的场所,激发企业的整体创造力。

企业整体价值观是员工个人价值观和群体价值观的抽象与升华,建立在组织成员对外部环境认识和反应态度的基础之上。企业是现代社会大生产条件下商品生产、流通和服务的承担者，是社会经济活动中的基本单位，它的经营活动既有相对的独立性，又是整个社会经济活动的有机组成部分，与社会环境存在着密不可分的复杂联系。一方面，企业需要从社会获取经营要素，如资本、设备、信息、人力资源及各种服务等；另一方面，企业又要向社会输出产品、服务、信息，向国家纳税等。正是在这种资源与能量相互交换的基础上，企业与社会环境各要素之间形成了相互依存关系，产生了企业对顾客、供应商、经销商、竞争者、政府机构等利益相关方的看法和态度，产生了对企业发展目标、经营目的的看法和态度，这些看法和态度成为价值观形成的基础。

任务三　企业伦理道德

一、企业伦理及其特征

伦理，意思是人伦道德之理，指人与人相处的各种道德准则。在市场经济条件下，企业作为具有独立法人财产权、自主经营权和自负盈亏的经济实体，其经营管理活动必然要与外部和内部发生各种利益关系，包括企业与社会、企业与国家、企业与企业、企业与顾客、企业与员工、企业与企业家，以至企业与国际市场等，这里既有市场关系，又有非市场关系，总而言之，就是企业自身权益与社会方方面面权益的关系。正是在这些关系中，包含着各种伦理关系。企业要进行正常的经营管理活动，就必须处理好各种利益关系，因而也就必须把握其中的伦理关系，树立自己的伦理理念，且以此为指导确立并在经营管理活动中实践一定的伦理准则和道德规范。

所谓企业伦理，是指企业在经营管理活动中处理内外部关系时应当遵循的行为规范。企业伦理具有以下几个特征。

第一，企业伦理是关于企业及其成员行为的规范。虽然企业是由个人组成的，但企业的行为却不能简单地表述为单个成员的行为之和，企业具有自己的目标、利益和行为方式。当一个人问企业应该做什么，企业的道德责任是什么时，就意味着企业本身被看成了一个"道德角色"或"道德个人"。然而，具体工作毕竟是由企业成员来做的，在讨论企业应该遵守的行为规范时，实际上也就提出了单个成员所应遵守的行为规范，如管理者、技术人员、生产人员、营销人员、财务人员、后勤人员等的行为规范。

第二，企业伦理是关于企业经营活动的善与恶、应该与不应该的规范。指导企业及其成员行为的规范有许多，有技术规范，如不准戴手套操作车床，有礼节规范，如对来访者以礼相待。企业伦理是关于企业经营活动善恶的规范。企业伦理告诉人们哪些活动是善的、应该的，哪些活动是恶的、不应该的。一般而言，人们总是把那些有利于自己、他人及社会群体的行为和事件当成是善，而把那些有害于自己、他人及社会群体的行为和事件当成是恶。

第三，企业伦理是关于怎样正确处理企业及其成员与利益相关者关系的规范。企业从事经营活动，需要内部各层次、各部门员工的共同努力；同时，企业是个开放系统，它与外界也存在着各种联系。这些内部和外部利益相关者的利益关系使企业与他们紧密联系在一起，必须正确处理才能促使企业持续存在和发展。企业伦理就是调节企业及其成员与利益相关者关系的规范。

第四，企业伦理是通过社会舆论、传统习俗、内心信念和内部规范来调节企业及其成员行为的。企业伦理道德与法律都是调节人们行为的重要手段，但两者在调节方式上具有本质差别：法律是一种他律性的行为规范，依靠有组织的强制力量，通过审判与制裁，使人们遵循法律的轨道；而伦理道德是一种自律性的规范，有赖于人们的自尊心和义务感，体现了自觉性和内在性。

二、企业道德

道德是社会意识形态之一，是人们共同生活及其行为的准则和规范。"道德"一词，在汉语中可追溯到先秦思想家老子所著的《道德经》一书。老子说："道生之，德畜之，物形之，势成之。是以万物莫不尊道而贵德。道之尊，德之贵，夫莫之命而常自然。"其中"道"指自然运行与人世共通的真理；而"德"是指人世的德性、品行、王道。"道德"二字连用始于《荀子·劝学》篇："故学至乎礼而止矣，夫是之谓道德之极。"道德是一定社会或阶级用以调整人和人之间、个人和社会之间关系的行为准则和规范的总和，它是依靠社会舆论、传统习惯，特别是通过人们的内心信念而起作用的。

企业道德是指在企业这一特定的社会经济组织中，依靠社会舆论、传统习惯和内心信念来维持的，以善恶评价为标准的道德原则、道德规范和道德活动的综合。按照道德活动主体的不同，可分为企业的组织道德和员工个人的职业道德。企业道德既是社会道德体系的重要组成部分，也是社会道德原则在企业中的具体体现。它是企业所应遵循的旨在调节企业与国家、企业与他企业、企业与其他单位、企业与竞争对象、企业与服务对象，以及企业内部各方面关系的行为规范总和。

企业道德是企业文化的重要组成部分，也是当代企业文化管理的核心内容之一。企业道德通过道德规范、道德教育、道德评价、道德行为等来调节企业内外的各种关系，为企业发展创造良好的环境和条件。企业道德作为企业成员群体的组织道德具有内聚自约功能、均衡调节功能、导向激励功能，对于企业成员的道德品质和社会公道具有重要的影响。

三、企业伦理道德的范围

企业伦理道德的主要范围包括以下方面。

（一）企业与员工间的劳资伦理道德

它包括劳资双方如何互信、劳资双方如何拥有和谐关系、伦理道德的领导与管理等，可以体现在关心员工上。企业对员工的关怀，使员工感到生活、工作具有稳定性，感受到企业的温暖，感觉到个人事业有前途，进而从根本上增强企业的凝聚力、向心力。关心员工还需要关心员工的进步，员工最想得到的就是在犯错时有人立即给他指出来，能让自己的工作得到改善，自己能够不断进步，在不久的将来能有所收获。

（二）企业与客户间的客户伦理道德

客户伦理道德的核心精神：满足客户的需求才是企业生存的基础。满足客户需求是企业经营的目标，也是企业存在的重要价值。客户伦理道德主要是服务伦理道德，指企业要为客户利益着想。为客户利益着想包括站在客户立场上研究和设计产品、重视客户意见、诚信待客、提供优质的售后服务等，比如：了解产品的技术规格，确保没有进行夸大表述；避免过分夸大产品的安全性；没有价格歧视；等等。

（三）企业与同业间的竞争伦理道德

它包括不削价竞争（恶性竞争）、不散播不实谣言（发黑函、恶意中伤）、不窃取商业机密等。

（四）企业与股东间的股东伦理道德

企业最根本的目标是为股东和顾客创造价值，因此企业必须积极经营，谋求更多的利润，借以创造更多的股东权益和顾客价值。企业与股东间的股东伦理道德包括：管理透明；有统一合规的行为；长期合作与稳定发展；等等。

（五）企业与社会间的社会伦理道德

企业与社会息息相关，企业无法脱离社会而独立运作。企业与社会间的伦理道德包括：取之于社会，用之于社会；重视社会公益，提升企业形象；谋求企业发展与环境保护之间的平衡；等等。

四、企业伦理道德建设

企业伦理道德建设是一个长期的过程，需要企业将精神文明建设与思想政治工作创新相结合，做好长期规划，做出积极努力。从实践角度来看，企业应做好以下几方面的工作。

（一）制定并执行企业伦理道德守则

伦理道德守则所规范的主要内容是企业与其利益相关者（包括员工、顾客、股东、政府、社区、社会大众等）的责任关系，它同时包含企业的经营理念与伦理道德理想，可以反映企业的文化、生存的基本意义和行为的基本方向。企业信奉的伦理道德守则应贯彻到经营决策的制定和重要的企业行为中。在建立伦理道德守则的同时，通过一系列的奖励、审核及控制系统加以强化，并对破坏伦理道德的行为予以惩罚，企业必须让所有员工都明白，组织里决不容许出现违反伦理道德的行为。管理人员对违规者的默许，将严重阻抑甚至破坏组织走向更具伦理道德的环境。

（二）设定企业伦理道德目标

企业伦理道德目标强调企业行为不仅必须具有经济价值，还必须具有伦理道德价值。企业在追求经济目标的时候，往往不由自主地将获利作为衡量行为价值的唯一尺度，因此为了实现利润最大化不惜损害他人利益的行为在现实生活中时有发生，这说明企业的经济目标需要伦理道德目标的调节和制约。企业在设定伦理道德目标时，要善于发掘与吸取传统道德观念和习俗中的精华，注入符合时代要求和本企业实际情况的新内容。

（三）加强员工职业道德教育

职业道德是从伦理上调整企业与社会、企业与企业、企业与员工、员工与员工之间关系的行为规范。它渗透于企业的各个方面，通过评价、教育、指导、示范、激励、沟通等方式对上述关系起调节作用，在一定程度上改变或维护企业正常的活动秩序。职业道德强调人们通过职业生活的实践，确立正确的人生观、价值观。把职业道德建设纳入企业伦理道德建设有两方面的作用：一方面，职业道德不再仅仅是一个道德概念，而是属于企业"人本管理"的范畴，即全面认识人，关注人的理智、情感、信仰和知识，强调满足人的多种需求，从这样一个高度来塑造人；另一方面，职业道德作为企业精神的一个因素，与其他的观念意识、价值取向共同铸造人格化的企业精神。

（四）由上层开始推动企业伦理道德建设

事实上，令人尊敬的优秀企业通常是合乎高标准伦理道德的企业。它们在处理劳资关系、尊重知识产权、遵守法规等企业文化方面，都有相当高的水准；而成功企业中卓有成就、德高望重的领袖人物，恰恰是最有资格提升社会伦理道德的人物。因此，企业高层领导的重要职责之一就是赋予企业的指导价值观以生命，建立一个支持各种伦理道德行为的环境，并在员工中灌输一种共同承担的责任感，让员工体会到遵守伦理道德是企业积极生活的一面，而不是权威强加的限制条件。领导要敢于承诺，敢于为自己所倡导的价值观念采取行动，并且当伦理道德与义务存在冲突时，敢于以身作则。

华为的反腐败和反商业贿赂

华为对贿赂和腐败行为持"零容忍"态度。华为在各国有关公平竞争、反贿赂、反腐败的法律框架下开展业务，将公司的反贿赂和反腐败义务置于公司的商业利益之上，确保公司业务建立在公平、公正、透明的基础上。

其一，华为从合规文化、治理与监督、合规风险评估及防范—发现—应对、持续运营等四个方面，构建有效的反贿赂、反腐败体系，通过定期开展合规风险评估，全面识别业务场景中可能存在的风险点，优化相关的业务政策和流程，并监督落实。

其二，华为重视诚信文化氛围的营造和合规能力的构建。对于员工，要求员工学习、签署并遵守商业行为准则及反腐败政策。对于合作伙伴，要求所有合作伙伴在向华为提供服务和履行合同义务时，或代表华为向华为客户或其他第三方提供服务和履行合同义务时，都应遵守所有适用的法律法规，遵从业界通行的道德标准，遵守和维护华为公司合作伙伴反腐败政策、华为供应商社会责任行为准则、合作伙伴行为准则和诚信廉洁承诺等相关要求。

其三，华为提供投诉举报渠道，鼓励知情者举报违规行为。华为会对相关举报展开调查，并对举报人信息严格保密，不允许对举报人进行威胁或打击报复。

其四，与利益相关方（包括业界及行业公司、顾问、合作伙伴、非政府组织等）开展合规交流，阐明华为反贿赂、反腐败的立场和要求，确保利益相关方清晰理解华为的合规管理政策。

（资料来源：华为公司官网．https://www.huawei.com/cn/）

任务四　企业精神与企业家精神

一、企业精神的含义和特征

（一）企业精神的含义

从企业组织来看，企业精神是指企业在经营管理过程中占统治地位的思想观念、立场观点、精神成果和文化观念。企业精神以价值观念为基础、以价值目标为动力，对企业经营哲学、管理制度、道德风尚、团体意识和企业形象起着决定性的作用。它是企业文化的高度浓缩，是企业文化的灵魂，也是企业全体成员的精神支柱和力量源泉。

企业精神是企业员工群体意识的升华，是企业价值观的精髓，它不可能自发地产生，也不能由外界强加，它需要一个由分散到系统、从现象到本质，不断概括、升华的提炼过程。一般来说，企业精神的表达应遵循准确而深刻、富有个性特色、简洁而生动的原则。

（二）企业精神的基本特征

企业精神是企业在自身发展过程中，历经长期积累与提炼而形成的一种精神状态的外在表现，从其培育和塑造的过程可以发现企业精神具有以下基本特征。

第一，企业精神是企业现实状况的客观反映。企业生产力状况是企业精神产生和存在的依据，企业的生产力水平及由此带来的员工素质、企业家素质，对企业精神的内容有着根本影响。企业精神是企业现实状况、现存生产经营方式、员工生活方式的反映，这是它最根本的特征，离开了这一点，企业精神就不会具有生命力，也发挥不了它应有的作用。

第二，企业精神是全体员工共同拥有、普遍掌握的理念。只有当一种精神成为企业内部的群体意识时，这种精神才可被认作企业精神。企业的绩效不仅取决于它自身有一种独特的、具有生命力的企业精神，而且还取决于这种企业精神在企业内部的普及程度，取决于这种企业精神是否具有群体性。

第三，企业精神具体相对稳定性。企业精神是企业在长期经营实践中沉淀下来的精华，与企业文化精神层中的其他要素一样，企业精神一旦确立，应在一段时间内保持稳定，这样才能让员工去体会、理解和践行。但这种稳定并不意味着一个固定的标准，它也要随着企业的发展而不断发展。竞争激化、时空变迁、技术飞跃、观念更新、企业重组等，都要求企业做出与之相适应的反应，这就反映出企业精神的动态性。只有确保稳定性和动态性的统一，才能使企业精神不断趋于完善。

第四，企业精神具有独创性和创新性。每个企业的企业精神都应有自己的特色和创新，这样才能使企业的经营管理和生产活动具有针对性，让企业精神充分发挥它的统帅作用。企业家的创新体现在他的战略决策上，中层管理人员的创新体现在他怎样调动下属的劳动热情上，工人的创新体现在他对操作的改进、自我管理的自觉性上。可以说，卓越的企业无不是其创新精神的结果。

第五，企业精神要有务实和求精精神。企业精神的确立，旨在为企业员工指出方向和目标。所谓务实，就是从实际出发，遵循客观规律，注意实际意义，切忌凭空设想和照搬照抄。所谓求精，就是要求企业经营上高标准、严要求，不断致力于企业产品质量、服务质量的提高。

第六，企业精神具有鲜明的时代性。企业精神是时代精神的体现，是企业个性和时代精神相结合的具体化。优秀的企业精神应当能够让人从中把握时代的脉搏，感受到时代赋予企业的勃勃生机。充分体现时代精神应成为企业精神的重要内容。

二、企业精神的内容及命名方式

（一）企业精神的内容

随着经济全球化和世界经济一体化趋势的不断增强，优秀的企业精神的内容趋于相同。从其内容上分析，企业精神的内容主要由对个性和共性特征的体现、对传统和时代的继承与发展、对未来的理想与希望三个层次构成。

1. 企业精神是个性和共性特征的体现

企业精神的个体特征是指每个企业都有独特的企业精神。由于企业哲学、价值观念、行为准则、道德规范各有不同，企业精神也必然各有特点。企业的个性特征与企业的领导者价值取向、行业特色、企业特点及员工的构成有着密切联系。例如，新兴的信息技术型企业，其企业精神通常强调创新精神、开拓精神，而传统制造行业的企业精神则重视高效、艰苦奋斗等内容。

企业精神的共性特征是指企业精神对企业全体员工信念和追求的高度概括，同时又将这种共同信念和追求根植于每个员工的心中，从而产生共同的思想和行为。共性特征和企业所处的体制、文化及行业有着直接关联。个性和共性特征是企业精神最本质的特征，是认识企业精神的起点。

2. 企业精神是企业优良传统、时代精神和个性融合的具体反映

企业文化的形成不是一朝一夕的，而是一种文化与习俗的积淀。在企业文化形成的过程中，被企业及员工所认同并继承的习俗会对企业的共同信念、作风和行为准则产生深远影响。例如，大庆油田的"铁人精神"就是大庆员工不畏艰辛、艰苦奋斗的信念和作风的体现。

企业在尊重习俗的同时还应结合时代发展形成符合时代特点的新的精神，作为奋斗目标和经营理念。例如，中华老字号同仁堂的企业精神为"同修仁德，济世养生"，它不仅继承了中医敬业、爱人、仁术、医德的传统思想，更符合服务社会、服务民众、报国为民、弘扬传统的时代精神。

3. 企业精神是对企业未来抱有的理想和希望

企业精神是企业家和全体员工达成的一种共识，这种共识一旦达成，就会具有长期的稳定性，成为几代人共同遵守和奉行的信念。企业精神不单纯是对传统的积淀，还是对未来的展望，是企业未来发展的精神支撑。所以，企业精神除了是对传统的继承和对现实的反映之外，还是对企业未来的规划和企业终极目标的表现。例如，海尔的第四代企业精神"诚信生态，共赢进化"，共赢进化就是和用户一起进化，这体现了区块链的一个很重要的特征——去中心化的用户自信任。去中心化之后，用户之所以信任你，是因为他和你共赢进化，从某种意义上说，用户也是一个创造者。链群合约体现了区块链的另一个很重要的特征——去中介化的价值自传递。因为在链群合约里，所有的价值，所有的节点，都是融合在一起的。从海尔"诚信生态，共赢进化"的企业精神可见，企业精神中的理想与抱负，是企业对未来发展的信心与展望。

（二）企业精神的命名方式

提炼出企业精神后，还应该给其命名（有的企业精神十分简单明了，不另外取名也是正常的），命名的方式主要有以下几种。

1. 企业名称命名式

这种方法最普遍、最常见。一般以企业名称的简称命名企业精神。如"宝钢精神"

"一汽精神""华为精神"等。这种命名方式明确了企业精神的归属，不至于让人搞混。

2. 产品商标命名式

如果企业产品商标的社会知名度较高，可采用这种命名方式。当然，有些企业的商标与企业名称是一致的。如"康佳精神""蜜蜂精神"等。

3. 形象比喻命名式

以形象生动的比喻方式表达企业精神。如燃料公司的"火炬精神"、纺织行业的"春蚕精神"、铁路系统的"火车头精神""铺路石精神"等。这种命名方式能突出企业的性质和属性，容易给人留下深刻的印象。

4. 内涵提炼命名式

将企业精神的内涵反复提炼，以其精髓命名。如中国中铁的企业精神"勇于跨越，追求卓越"、深圳地铁的企业精神"厚德载运，深铁为民"等。这种命名法概括力强，能对企业精神的全部内涵做直观的提纲挈领式的提示。

5. 人名命名式

以企业创始人、英雄人物的姓名命名企业精神。如鞍山钢铁公司的"孟泰精神"、日本松下电器公司的"松下精神"等。

三、企业家精神

（一）企业家的概念

"企业家"（entrepreneur）一词最早出自西方，它源于法语单词"entreprendre"，意思是"敢于承担一切风险和责任而开创并领导一项事业的人"，含有冒险家的意思。从经典定义来看，对企业家作出明确定义的是"创新理论之父"熊彼特（Joseph Alois Schumpeter）（1912），他认为企业家即创新者，是"经济发展的带头人，实现生产要素重新组合的创新者"。创新是企业家的最重要特征，企业家的创新有五种类型，即引入新产品、引入新的生产方法、开辟新的市场、夺取原材料或半成品的新供应来源和创立新的工业组织。"现代管理学之父"德鲁克（Peter F. Drucker）继承并发展了熊彼特的观点，认为企业家是能开拓市场、引导新需求、创造顾客的人，是一批别出心裁、独具匠心、与众不同的人，是不愿过舒服日子的人。企业家的工作就是要标新立异。但是德鲁克认为成功创新者并不是追逐高风险的，而是力图将创新的风险降到最低，德鲁克称他们为"保守的创新者"。

在现代企业中，企业家大体可分为两类：一类是企业所有者企业家，作为所有者，他们仍从事企业的经营管理工作；另一类是受雇于企业所有者的职业企业家。在大多数情况下，企业家只指第一种类型，第二种类型被称作职业经理人。

企业家通常是企业的主要领导者，但是，并不是企业中的所有领导都是企业家。企业家是在管理实践中自我造就，且得到社会、行业、企业认可的领导者。除了职权之外，企业家的个人魅力和专长权会在实践中产生重要的影响。与一般领导者相比较，企业家的思维习惯、行为方式、领导风格都具有自己基本的特征。企业家的特征主要表现在以下方面。

一是拥有战略家的眼光。企业家应该是高瞻远瞩、深谋远虑的战略家，而不是急功近利、目光短浅的投资家。他可以从烦琐的日常工作中超脱出来，对企业的未来发展进行战略构思，指引企业前行。

二是具有冒险家的精神。企业家应具有不拘泥于过去与现在，敢于尝试创新的冒险精神，且善于总结经验，寻求发展，努力学习先进的科学技术和管理方法，为企业的未来发展开辟新路。

三是具有领导艺术才能。在新的时代下，企业家不单单面临着经营环境，还要面对包含企业与社会、企业与行业、企业与政府、企业与员工等在内的诸多因素。面对错综复杂的现实，企业家要谙熟各种领导方式、原则和规律，具有非规范化的经验和创造性的领导艺术。

四是具有出色的管理技能。评判一位企业家，经营绩效和管理水平是最直接的依据。企业家应该做到善于组织、知人善用、善于沟通、勤于思索，能够在经营活动中解决企业经营管理中的各种问题，帮助企业以最合适的经营方式实现组织的目标与愿景。

五是别具特色的领导风格。企业家的领导风格很大程度上受到其性格的影响，在管理实践中，有相似的领导，但不存在相同的领导。优秀的领导者不在于具有什么样的风格，而在于风格与企业是否适应。所以，优秀的企业家具有审时度势的权变思维，在工作中形成了独具特色的领导风格。

（二）企业家精神的内涵

最早正式提出企业家精神这一概念的是弗兰克·奈特（Frank Knight），本意指企业家的才能、才华，后来人们将企业家具有的某些特征归纳为企业家精神。

近年来，关于企业家精神的研究文献不断增多，企业家精神内涵也在不断丰富与扩充，但并没有一个统一的、公认的定义。企业家精神既是企业家个人素质、信仰和行为的反映，又是企业家对本企业生存、发展及未来命运所抱有的理想和信念。就企业家精神的内涵而言，企业家精神是一种内在的精神气质，可从个体特性和行为特性两个方面进行解读。个体特性指个体所具有的人格特征，即企业家是什么，应该具备什么样的人格特征，如创新、诚信、责任、冒险、进取、敬业、合作、执着等。行为特性指个体在具体行为中所表现出来的共性，即企业家做什么，应该具有哪些行为。无论是创新创业，还是把握市场机会、创造价值等，都表明企业家的行动能力是企业家精神的本质。

当然，我们并不能孤立地理解企业家精神的内涵，而应当从特定的社会文化背景、制度背景、企业不同发展阶段等内外环境方面进行综合考量，从更广的组织层面、社会层面即企业家精神的外延来总体把握。事实上，企业家精神在社会各个层面同时发生并产生影响。正因为如此，企业家精神自提出以来就一直受到经济学、社会学、心理学、管理学等众多学科不同学者的关注，未来的研究将进一步深化企业家精神内涵和外延的交互作用。概括而言，企业家精神是指企业家这个特殊群体在企业管理活动中形成的以企业家个性特质为基础、以创新精神为灵魂、以诚信为基石、以责任为支柱的一种综合性的精神品质。对于企业家群体而言，企业家精神表现为这个特殊群体的共同行为特征。

创新是企业家精神的灵魂。无论是熊彼特关于企业家是从事"创造性破坏"的创新者观点，还是德鲁克关于企业家"总是寻找变化，并对变化做出反应，且将其视为机遇而加以利用的人"及"创新是展现企业家精神的特殊手段"的观点，都凸显了创新是企业家精神的实质和灵魂。企业家的创新表现在产品创新、技术创新、市场创新、组织创新、制度创新、商业模式创新等众多方面。如亨利·福特是世界上第一位使用流水线大批量生产汽车的人，流水线的生产方式使汽车成为一种大众产品，不仅革新了工业生产方式，而且对现代社会和文化产生了巨大的影响；"苹果教父"史蒂夫·乔布斯凭借敏锐的触觉和过人的智慧，以"活着就为改变世界"为使命，勇于变革，不断创新，引领全球资讯科技和电子产品的潮流；杰夫·贝佐斯创办了全球最大的网上书店Amazon（亚马逊），是互联网行业货真价实的革新者，颠覆了传统的商业模式。这些例子强有力地说明，创新是企业家活动的最典型特征，是企业家精神的灵魂。

诚信是企业家精神的基石。《孟子》曰："诚者，天之道也；思诚者，人之道也。"诚信之于企业如同诚信之于个人，一个不讲诚信的人，无法立足于社会；一个不讲诚信的企业，也无法获得生存。市场经济是法治经济，更是信用经济、诚信经济，诚信是市场经济机制正常运转的重要基础。没有诚信的商业社会，充满极大的道德风险，会显著抬高交易成本，造成社会资源的极大浪费。因此，诚信守法应当是企业家在商业活动中坚守的底线。

责任是企业家精神的支柱。从经济公平的角度来看，企业之所以会存在，是因为在市场经济条件下，各利益相关者能够通过彼此之间订立合约的平等交易方式参与企业行为，从而满足各自的需要。因而可以说，企业是一个由外部协作和内部协作构成的利益关系集合体。因此，企业家在商业活动中必须保障利益相关者的基本权益，保护和发展社会的整体利益。企业家通过企业经营管理活动向政府纳税、吸纳就业人口、满足市场需求、创造价值、从事慈善公益活动等，本身就是社会责任的承担者。从这个意义上说，企业家不仅是社会财富的创造者，更是社会责任的担当者。

此外，企业家精神还包括冒险精神、合作精神、实干精神、进取精神、敬业精神、执着精神等。

项目二　企业精神文化

小贴士

张謇企业家精神的内涵

清末状元张謇（1853—1926）一生亦政亦商，秉持"父教育而母实业"的理念，创办了20多家企业、近400所学校，从事众多的慈善、公益事业，是中国早期现代化的先驱者，被誉为"状元实业家"。

张謇企业家精神的主要内涵包括：家国天下，经世济民；开拓创新，敢为人先；重义守信，强毅力行。它体现在三个层面：主体的中观层面为张謇在企业生产、经营、管理活动中所体现出来的精神，宏观、微观层面则分别为与中观层面相关的爱国主义、家国情怀，及其个人道德修养和意志品质。

[资料来源：杨伟. 张謇企业家精神及时代传承［J］. 南通职业大学学报，2021（3）.]

永钢集团的企业文化建设

江苏永钢集团有限公司（以下简称"永钢集团"）坐落于江苏省张家港市南丰镇永联村，初创于1984年，现为永卓控股有限公司钢铁制造板块的经营主体。经过近40年的发展，永钢集团形成了建筑、交通、机械、能源四类产品集群，是全国重要的建筑用钢、优钢线材、特钢棒材生产企业。产品国内市场覆盖29个省（自治区、直辖市），销往113个国家和地区，其中33个"一带一路"沿线国家和地区，被应用到港珠澳大桥等知名工程。2022年7月，永钢集团成为江苏省首家全面完成超低排放改造和公示的钢铁企业。2021年度，永钢集团实现营业收入1 205.6亿元，位列"2022中国企业500强"榜单第211位、"2022中国民营企业500强"榜单第70位。

永钢集团在企业发展过程中积极探索实践，提炼形成了一套独特的企业文化，即"钢劲铁骨到永远"的企业使命，"永创千秋业，联结四海友"的企业愿景，"诚信、共赢、实干、创新"的企业价值观。

一、确立文化体系，发挥文化引导力

（一）"钢劲铁骨到永远"的使命

从钢铁属性来看，永钢产品守得住品质，经得起检验，耐得住使用，永钢集团不断创新发展思路，努力追求成为中国钢铁行业的钢劲铁骨。从人的属性来看，永钢集团是锤炼人才的熔炉，致力于磨砺拥有"钢的劲道、铁的骨头"的员工，使他们能够凭借一身钢劲铁骨，迎难而上，锐意进取，成为家庭与社会的中坚力量。

（二）"永创千秋业，联结四海友"的愿景

从时间角度来看，永钢集团志存高远，把实现"永续经营，基业长青"作为远大抱负；从空间维度角度，这一愿景一方面表明了永钢集团"走出去"开拓全球市场的决心，把壮大发展规模、拓展业务空间、联结四海客户作为基业长青的保障；另一方面也表明了永钢集团发展的态度和价值导向，即整合各类资源，团结大家，联合起来，抱团发展，共同进步。

（三）"诚信、共赢、实干、创新"的价值观

近40年来，永钢集团以诚信立企，重视诚信经营并以此指导、约束企业行为。对员工，"说了算，定了干"；对合作伙伴，重合同守信用，重质量优服务；对社会，依法经营，依法纳税，厉行节能环保，承担社会责任。

以共赢为目标。长期以来，永钢集团与股东、员工、客户、永联村等利益相关方在协作中谋求共赢，构建利益共同体，形成了"众人拾柴火焰高，众人能移万座山"的强大合力。

以实干为抓手。永钢集团干部职工"不唯上、不唯书、只唯实"，形成重实干、强执行、抓落实的工作作风，使企业在机遇面前赢得了主动权。

以创新为驱动。永钢集团之所以能够实现由小到大、由弱到强，离不开思想观念创新、工艺技术创新、体制机制创新和发展模式创新，正是由于植入了创新的基因，这使得永钢集团在大浪淘沙般的行业竞争中存活了下来，连续多年跻身全国民营企业100强。

二、坚持党建引领，加大文化影响力

（一）筑牢"红色堡垒"

永钢集团坚持以党建为载体，以党建的先进核心理念，升华员工的内在精神需求；树立"用文化管企业""以文化兴企业"的理念和信念，采取抓上层带基层、抓党员带骨干的方式，域内域外培训相结合，突出理想信念教育。前后组织党群条线干部职工前往北京香山纪念馆、恩来干部学院、南湖革命纪念馆、古田干部学院、苏州市初心馆、苏州革命博物馆等地接受红色教育。把党支部工作与文化建设工作有效结合，充分发挥党委在企业文化建设中的的核心和引领作用。

（二）锻造"红色队伍"

永钢集团要求全体党员做到"三个先"，即学习在先、攻关在先、服务在先，并积极构建党员创先争优长效机制。要求"重大任务有党员，困难面前有党员，关键时刻有党员，推动创新有党员"，对照"四有四无"，引领和保证每个党员在企业文化建设中、在各自的岗位上奋发有为，创新进取，自觉长久地发挥党员的先锋模范作用。

（三）依托党群力量，加强阵地文化建设

永钢集团积极开展群团系列文化活动，如庆祝建团百年"永钢好青年"评选活动，

以及"青春百年路，永远跟党走"主题团课及团委工作推进会等活动；打造职工书屋、党员先锋书架、党员干部学习网等阵地，常态化开展读好政治理论、管理科学、人生导向、专业技术"四本书"活动，激发文化建设活力和持久力。

三、丰富文化生活，注入内在鲜活力

（一）常态化学习教育

为丰富员工的精神文化生活，激发文化活力，永钢集团积极开展"书香企业"创建活动，建有藏书4万余册的24小时图书馆，该图书馆曾被中华全国总工会命名为"全国最美职工书屋"。2020年10月，永钢集团重新打造了"青年学习社"，配备必要的学习资料、宣讲器材、电脑网络等设施设备，用于理论宣讲、学习研讨等活动的开展。大力开展读好政治理论、管理科学、专业技术、人生导向"四本书"活动，每年列出书目，根据员工需求集中采购学习书籍，定期开展心得交流活动，确保学习能落地、有效果。

（二）多样化文体活动

为丰富员工业余文化生活，增强员工凝聚力，永钢集团建设了永钢文体俱乐部、金手指广场等场所，并与张家港网球学院、张家港市文体中心等运动场所建立长期合作关系，供员工开展篮球、足球、羽毛球、乒乓球等体育健身活动，不断满足职工文化生活场地需求。以员工的兴趣爱好为纽带，为员工搭建展示才艺的平台，开展多样化文娱活动，组建了体协七个分会及合唱队、锣鼓队、龙狮队、舞蹈队四支文艺队伍，先后参加永联龙虾节、张家港市第二届职工才艺大赛、中国农民丰收节、建厂35周年文艺晚会、第十九届全国"村长"论坛永联宣言发布仪式及颁奖晚会等演出十余场次。

四、助力乡村振兴，增强发展源动力

（一）坚守"强企富民"初心

永钢集团秉承共建共享的发展理念，保持企业稳健发展，造福永联村民。2000年企业转制时，永钢集团为永联村集体保留了25%的股权，永联村每年从集团获取分红不低于8000万元，在永联村的基础设施建设、产业发展、住房改善、教育医疗、就业帮扶、慈善养老等事业上发挥了重要作用。永钢集团以企业高质量发展推动永联村各项社会事业的进步，成为永联村乡村振兴的"源动力"，打造了村企合作模式的新境界。

（二）推进文化共建共享

为加强文化建设，夯实脱贫攻坚、乡村振兴的思想根基，助推中西部地区脱贫攻坚结出硕果，2020年9月，永钢集团与新疆阿克苏地区乌什县库尔干村合作开发"情暖库尔干——石榴籽帮扶工程"项目；2022年7月18日，帮扶库尔干村推进文化润疆的标志性项目——库尔干村爱国主义教育基地落成投用，为当地精神文明建设、文化休闲生活注入了新的活力。永钢集团还与新疆巩留县合作举办"新疆巩留风情节"，把新疆的风情民俗、美食等引入永联村，加强民族间的文化交流，增强民族文化自信。

永钢集团至今已获"中华慈善奖""全国工会帮扶工作先进集体"、江苏省"红石榴家园"、"苏州市民族团结进步创建示范基地""张家港市民族团结进步创建示范企业"等多项荣誉。

(资料来源:江苏永钢集团有限公司)

案例思考题

1. 永钢集团企业文化体系有什么特色?
2. 永钢集团企业文化建设有哪些经验与启示?

项目训练

【训练内容】企业精神文化建设方案。

【训练目的】通过实地调研企业,进一步增强对企业精神文化建设的感性认识,提升对企业精神文化建设的分析能力。

【训练步骤】

1. 学生每4—6人划分为一个小组,以小组为单位选择一家本地著名企业为调研对象。

2. 事先收集和整理该企业文化建设内容、新闻报道等资料,根据实训内容整理该公司企业精神文化建设情况。

3. 结合调研资料,对比同行业优秀企业的精神文化建设现状及相关理论探讨,进行小组讨论,分析该公司精神文化建设的不足之处并提出建议,制作PPT及电子文档进行交流,完成实训报告。实训报告格式如下:

_____实训报告		
实训班级:	项目小组:	项目组成员:
实训时间:	实训地点:	实训成绩:
实训目的:		
实训步骤:		
实训成果:		
实训感言:		
不足及今后如何改进:		
项目组长签字:	项目指导教师评定并签字:	

4. 班级小组讨论与交流,教师总结点评并进行成绩评定。小组提交案例分析报告。

自测题

1. 简述企业使命及其构成要素。
2. 什么是利益相关者？它有哪些类型？
3. 简述企业价值观及其构成。
4. 请结合实际分析如何进行企业伦理道德建设。
5. 如何理解企业精神与企业家精神？

【延伸阅读】

彼得·德鲁克. 创新与企业家精神［M］. 朱雁斌，译. 北京：机械工业出版社，2018.

项目三

企业制度文化

【学习目标】

1. 掌握企业领导体制的内容
2. 了解企业组织机构的发展趋势
3. 理解企业管理制度及其制定原则
4. 知晓企业制度文化建设的内容

 引导案例

苏州轨道集团的员工文化

苏州轨道集团不断营造良好的企业环境,提高员工的文化素养和道德水准,不断增强员工的归属感、责任感、荣誉感,提高企业的核心竞争力。

一、文体活动精彩纷呈

苏州轨道集团坚持"文化育人,文化强企"的发展方向,成立集团文联、集团体育协会两支骨干队伍。集团文联于2014年创立,是苏州市第一家行业文联,下设音舞、戏曲、文学、摄影、书画等5个协会,会员人数超过200人。集团文联推出"文化之窗"惠民演出,开设书法公益班,开办轨道大讲堂,选拔"才艺之星",为职工提供施展才艺、展露风采的舞台。有2名职工加入江苏省书法家协会,1人加入苏州市摄影家协会。经过数年发展,2020年,集团文联获评苏州市4A级社会组织。集团体育协会涵盖篮球、足球、龙舟、乒乓球、羽毛球等多个领域,集团龙舟队多次代表苏州出征跨区域比赛。体育协会举办"轨道工程杯"体育比赛、古道徒步、夏日冰上跑、趣味运动会等形式新颖的体育活动,职工参与率、满意度实现"双增长"。

二、劳模选育激励人心

苏州轨道集团大力弘扬劳模精神、劳动精神、工匠精神,广泛开展各类职工技能竞

赛，提振鼓舞职工士气。每年组织各类竞赛超百次，参与人次达万余，如连续10年承办苏州市职工职业技能竞赛，23个专业近4 600人次参与比赛，51名职工获得"苏州市五一劳动奖章""苏州市技术能手"荣誉。围绕重大项目、重点工程，开展"百名建设功臣"评选。邀请时代楷模王仕花、全国劳模常德盛走进集团，编印内部刊物《铸道——先锋篇》《铸道——多彩青春》，激发基层职工对标学优、展现作为。鼓励劳模先进深处扎根、实处作为，成立15家劳模（技师）创新工作室，制定《劳模（技能名师）创新工作室管理办法》。注重基层首创作用，获国家专利认证19项、省部级荣誉14项，16名员工获得国赛荣誉，成果转化实现经济效益超千万元。江苏省劳模张烨成立"启程"工作室，首创"五心工作法"，在全阵线推广，获中组部督查调研组领导肯定。乘务一车间聚焦安全驾驶、提升运营质量，获评"全国工人先锋号"。全国铁路系统劳模尚峰成为省内首位，也是迄今唯一的城市轨道交通行业特级技师。

三、职工关爱暖心入怀

苏州轨道集团注重"以人为本"的企业文化建设，自2019年起推行"员工关爱计划"，开通"24×7"全天候心理热线，每年组织心理体检，开展线上线下健康讲座，为司机、调度等重点岗位开展针对性团队辅导，帮助员工了解自身心理状况、学会自我调整。持续完善EAP（员工心理援助项目）专业设施设备，建设11处心灵减压室，增配跑步机、沙袋、心理健康自助仪等设备，做好心理服务阵地建设。启动"青年职工职场生涯培训项目"，帮助员工客观全面地认识自己，找到自身优势。培训项目包括员工胜任力测评、生涯规划主题课程、项目制学习及线上阅读打卡等四个部分，目的是使青年员工理解职业生涯规划的意义，明晰职业发展的路径，学会科学地调整工作状态，保持持续的工作动力，实现自我价值，为职工成长成才提供多维度的关怀和帮助。

四、文体育建设凸显内涵

苏州轨道集团积极推进文化集群的全面覆盖，持续抓好"书香企业"建设，和苏州图书馆携手建设职工图书馆3座，广泛开展读书漂流月、阅读节等活动，获得"苏州市书香企业""职工读书示范点"等荣誉。建成开放职工书画艺廊，结合庆祝中华人民共和国成立70周年、庆祝中国共产党成立100周年、集团建设15周年运营10周年等重要节点，开展职工书画摄影展、书画公益班等活动，面向市民乘客赠送"笔尖纸上"的美好祝福。扎实推动医务室、心理减压室、"妈妈驿站"等系列工作，为职工的身心健康和美好生活保驾护航。按需建设文体中心、活动中心，范围覆盖全部场段和办公区域，常态化开展健身休闲课程，全国模范"职工之家"、省模范"职工小家"等荣誉鼓舞人心，阵地建设工作取得显著成效。

（资料来源：苏州市轨道交通集团有限公司）

[案例思考] 苏州轨道集团是如何用制度打造"员工文化"的？

任务一　制度与制度文化

任何企业的运转都需要有制度作为保障和支撑，只有将制度管理与人文管理有机结合起来，营造出良好的企业制度文化氛围，才能使制度文化成为一种习惯性意识根植于每一位员工的头脑中，从而打造出一种具有特色的企业优势资源并最终转化为生产力。

一、制度的含义

什么是制度？诺贝尔经济学奖获得者道格拉斯·诺斯（Douglass North）认为，制度是社会的游戏规则，更规范地讲，它们是为决定人们的相互关系而人为设定的一些制约。制度可分为三种类型，即正式规则、非正式规则和实施机制。正式规则又称正式制度，是指政府、国家或统治者等按照一定的目的和程序有意识创造的一系列的政治、经济规则及契约等法律法规，以及由这些规则构成的社会的等级结构，包括从宪法到成文法与普通法，再到明细规则和个别契约等，它们共同构成人们行为的激励和约束；非正式规则是人们在长期实践中无意识形成的，具有持久的生命力，并构成世代相传的文化的一部分，包括价值信念、伦理规范、道德观念、风俗习惯及意识形态等因素；实施机制是为了确保上述规则得以执行的相关制度安排，它是制度安排中的关键一环。这三部分构成完整的制度内涵，是一个不可分割的整体。

一般认为，制度是通过权利与义务来规范主体行为和调整主体间关系的规则体系。从这个定义的内涵上看，制度作为一种权利与义务的分配规则体系，规定了人们在现实生活中的实际活动范围，以及基本行为方式或模式；从外延上看，制度作为一种社会的规范形态，是通过特定组织的强制力来保证实施的制约主体行为和主体间关系的特定规范。而企业的制度是企业为保证各项活动有序进行而制定的规章、规程和规范，集中体现了企业理念对员工和企业组织的行为要求，是企业行为识别系统的重要内容。

二、制度体系的内容构成

企业是一个系统，组成企业系统的子体系包括生产运作体系、资源管理体系、财务体系、技术研发体系、质量管理体系、职业健康安全体系、信息化体系、制度体系、营销体系等若干大小体系。这些体系之间相互作用、相互支撑，共同构成企业这一有机整体，为企业的核心业务目标服务。但是，对企业来说，制度体系的范围可大可小，有不同的维度及层次。

（一）按"卓越绩效模式"维度分类的制度体系

卓越绩效模式是 20 世纪 80 年代后期美国创建的一种企业成功的管理模式，其核心是强化组织的顾客满意意识和创新活动，追求卓越的经营模式。制度体系按"卓越绩效模式"维度分类，包括以下五方面的内容。

1. 战略与文化品牌

此类制度的内涵是决定企业长期表现的一系列重大管理决策和行动方案，是为实现总目标而做的重点部署和资源安排，包括公司战略方针与目标管理、文化建设、品牌管理、中长期规划、纲领性文件等制度。

2. 顾客与市场

此类制度是为了增强顾客与市场方面的持续满足能力，积极了解顾客需求，满足顾客需求和开展顾客关系管理的决策和行动方案，包括经营计划管理、营销管理、合同管理、市场分析、顾客信息管理等制度。

3. 组织人事活动

此类制度是为了保障企业实现持续经营，推进企业人力资源管理体系建设，有效实施组织战略及分解计划，提升和改进活动过程的效率而制定的决策和行动方案，包括组织设计、人力资源管理、员工考勤、办公、会议、接待、车辆、安全、卫生、宿舍、食堂、组织活动等相关制度。

4. 过程资源控制

此类制度是为了确保组织战略及实施计划的落实，在关键过程和资源配置中，对过程识别、设计、实施与改进的情况，以及评价财务信息、知识、技术、基础设施和相关方关系等资源的管理，包括项目与工程管理、财务与会计管理、预算管理、产品进出口管理、物资与采购管理、产品开发、项目研究、生产运行管理、生产安全与环保管理、产品质量控制、质量目标管理、生产、检测设备等制度。

5. 测量分析改进

此类制度是对运营绩效进行测量、统计与分析，识别改进项，以实现持续的改进，包括公司日常的经营数据、财务数据、质量数据、人力资源数据、生产数据等各种数据的收集与分析、趋势的评价等相关制度。

（二）按企业内部活动分类的制度体系

不同的企业有不同的管理活动。通常企业内部有两种活动，即直接给客户提供价值的业务活动和间接给客户提供价值的职能活动，它们都是保证企业组织目标得以实现的手段和方式。

1. 职能制度

职能制度是对业务活动进行计划、协调、组织、控制及领导的工作内容。根据企业的管理职能，可以确定职能制度的分类。例如，中石化集团管理、服务与支持制度共计30大类，涵盖公司全部业务领域和管理职能领域。这30大类业务根据其业务流程或管理职能，主要包括决策与综合协调管理制度、发展计划管理制度、资本运营管理制度、生产经营管理制度、集团财务管理制度、股份财务管理制度、企业改革管理制度、人力资源管理制度、科技管理制度、工程管理制度、信息化管理制度、健康安全环境管理制度、法律事务管理制度、纪检监察管理制度、审计管理制度、外事管理制度、后勤服务管理制度、党群工作与企业文化管理制度等。当然，每家企业的职能不尽相同，这就需要企业根据各职能的关键性、职能制度的数量等因素确定各项制度的内容，力求做到无交叉、无遗漏、无重复，使之涵盖管理职能的方方面面。

2. 业务制度

业务制度是直接为客户创造价值的工作内容。根据企业的业务主流程，将相似、相近、相关的经营职能活动进行归并，可以确定业务制度的分类。例如，中石化集团主营业务、配套业务及相关业务制度也分为30大类，主要包括油气勘探开发业务制度、炼油业务制度、化工生产与销售业务制度、油气与非油销售业务制度、石油工程业务制度、炼化工程业务制度、原油和产品贸易业务制度、物资供应业务制度、科技与研发业务制度、金融服务业务制度、公用工程业务制度、其他业务制度等。难以判断内容属性的制度，均纳入业务管理制度范畴。有些活动既属于业务活动，也属于职能活动，如业务领域选择、投资项目决策等。

《城市轨道交通技术规范》框架

现行城市轨道交通基本技术制度（法制）框架由全文强制性标准《城市轨道交通技术规范》（GB50490—2009）确定。规范共有8章233条（不包括术语）。2016年，根据国家发展和环境条件的变化及标准化改革的要求，住建部发出《住房和城乡建设部关于印发2016年工程建设标准规范制订、修订计划的通知》（建标函〔2015〕274号），第一起草单位是中国城市规划设计研究院。《城市轨道交通技术规范》包括目标层、基本层和技术安全层，其框架见图3-1。

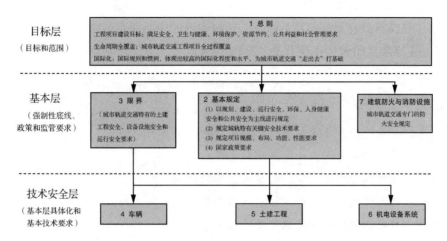

图 3-1 《城市轨道交通技术规范》框架（章节）图示

（资料来源：陈燕申. 中国城市轨道交通安全监管制度、中外比较借鉴及启示［J］. 城市轨道交通，2021（7）.）

三、企业制度文化的概念

制度文化本身是个中性概念，没有褒贬之分，而这里我们所讲的企业制度文化是企业中制度意识形态，以及与之相适应的社会规范、制度及组织机构和设施等的总和。

企业制度文化是指具有本企业文化特色的各种规章制度、道德规范和行为准则的总称，也包括企业内部长期形成的企业风俗，反映出特定企业组织的"游戏规则"，具有将精神文化转化为物质文化的功能。

企业制度文化是企业在长期的生产、经营和管理实践中形成的一种文化特征和文化现象，它是企业文化中人与物、人与企业运营制度的中介和结合，是一种约束企业和员工行为的规范性文化。它使企业在复杂多变、竞争激烈的经济环境中处于良好的状态，从而保证企业目标的实现。它既是企业为了保证实现目标而形成的一种管理形式和方法的载体，又是企业从本身价值观出发形成的一种制度和规则。

企业制度与企业制度文化不是同一概念，企业制度是企业为了达到某种目的，维持某种秩序而人为制定的程序化、标准化的行为模式和运行方式，它仅仅归结为企业的某些行为规范；而企业制度文化强调的是在企业生产经营的活动中应建立一种广大员工能够自我管理、自我约束的制度机制，这种制度机制使广大员工的生产积极性和自觉能动性不断得到充分发挥。当企业制度的内涵未被员工接受时，其仅仅是管理规范，至多是管理者的"文化"，对员工只是外在的约束，只有当企业制度的内涵被员工从心里接受并自觉遵守时，制度才变成一种文化。

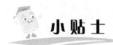

小贴士

华为十六条"军规"

第一条　永远不要低估比你努力的人,因为你很快就需要追赶他了。
第二条　如果你的声音没人重视,那是因为你离客户不够近。
第三条　最简单的是讲真话,最难的也是。
第四条　你越试图掩盖问题,就越暴露你的问题。
第五条　造假比诚实更辛苦,你永远需要用新的造假来掩盖上一个造假。
第六条　公司机密跟你的灵魂永远是打包出卖的。
第七条　从事第二职业的,请加倍努力,因为它将很快成为你唯一的职业。
第八条　在大数据时代,任何以权谋私、贪污腐败都会留下痕迹。
第九条　不要因为小圈子而失去了大家庭!
第十条　如果你想跟人站队,请站在客户那队。
第十一条　忙着站队的结果只能是掉队。
第十二条　那个反对你的声音可能说出了成败的关键。
第十三条　如果你觉得你的主管错了,请你告诉他。
第十四条　讨好领导的最好方式,就是把工作做好。
第十五条　所有想要一夜暴富的人,最终都一贫如洗。
第十六条　遵纪守法,磨好自己的豆腐,发好自己的豆芽。

(资料来源:习风. 华为兵法[M]. 深圳:海天出版社,2022.)

任务二　企业制度文化的内容

一、企业领导体制

企业领导体制的核心内容是用制度化的形式规定组织系统内的领导权限、领导机构、领导关系及领导活动方式。任何组织系统内的领导活动都不是个人随意进行、杂乱无章的活动,而是一种遵循明确的管理层次、等级序列、指挥链条、沟通渠道等而进行的规范化、制度化和非人格化的活动。

(一)企业领导体制的特征

企业领导体制是指独立的或相对独立的组织系统进行决策、指挥、监督等领导活动的具体制度或体系。它用严格的制度保证领导活动的完整性、一致性、稳定性和连贯性。它是领导者与被领导者之间建立关系、发生作用的桥梁与纽带，对于一个集体的发展具有重要意义。

企业领导体制除了具备自然属性与社会属性这两种根本属性之外，还具备以下几种基本特征。

1. 系统性

领导体制作为一个系统，是一个包括各级各类领导机构职责与权限的划分、各级各类领导机构的设置、领导者的领导层次与幅度，以及领导者的管理制度在内的有机整体。

2. 根本性

任何领导活动，其成败归根结底取决于领导者的思想与活动是否符合社会生产力发展的客观规律。

3. 全局性

领导者作为个体，虽然在自身所属的单位或部门中起着统御全局的关键性作用，但在总体上必须受到领导体制的规范与制约。

4. 稳定性

领导者或领导集体是经常变动的，每个领导者的思想作风与行为方式也因人、因时、因地而异，而领导体制相对而言则是长期稳定的，一旦形成，就会在较长时期内保持基本内容不变。

（二）企业领导体制的内容

企业领导体制包括领导的组织结构、领导层次和领导跨度、领导权限和责任划分，以及领导体制的构成要素。

1. 领导的组织结构

领导的组织结构是指领导机构内部各部门之间的相互关系和联系方式。它包括两种基本关系：一是纵向的关系，即隶属的领导关系；二是横向的关系，即平行的各部门之间的协作关系。它一般包括直线式组织结构、职能式组织结构、混合式组织结构和矩阵式组织结构等四种结构。

2. 领导层次和领导跨度

所谓领导层次，是指组织系统内部按照隶属关系划分的等级数量，即该组织系统设多少层级进行领导和管理。领导跨度又称领导幅度，是指一个领导者直接有效地指挥下级的范围和幅度。

3. 领导权限和责任划分

领导权限和责任划分的中心内容是建立严格的从上而下的领导行政规章制度和岗位责任制，对不同领导机构、部门之间及领导者之间的职责权限做出明确的规定。

4. 领导体制的构成要素

领导体制的构成要素包括决策中心、咨询系统、执行系统、监督系统与信息反馈系统等五个部分。

二、企业组织结构

（一）企业组织结构的概念

企业组织结构是指企业为了有效实现企业目标而筹划建立的企业内部各组成部分及其关系。如果把企业视为一个生物有机体，那么组织结构就是这个有机体的骨骼。因此，组织结构是否适应企业生产、经营、管理的要求，对企业生存和发展有很大的影响。不同的企业文化有着不同的组织结构。影响企业组织结构的不仅是企业制度文化中的领导体制，而且，企业文化中的企业环境、企业目标、企业生产技术及企业员工的思想文化素质等也是重要因素。组织结构形式的选择，必须有利于企业目标的实现。

（二）企业组织结构的内容

企业组织结构包含以下三个方面的内容。

1. 单位、部门和岗位的设置

企业组织单位、部门和岗位的设置，不是把一个企业组织分成几个部分，而是企业作为一个服务于特定目标的组织，必须由几个相应的部分构成。它不是由整体到部分地进行分割，而是整体为了达到特定目标必须有不同的部分。

2. 单位、部门和岗位角色相互之间关系的界定

这是界定各个部分在发挥作用时，彼此如何协调、配合、补充、替代。组织结构划分、相互关系界定、规范设计是紧密联系在一起的，在解决第一个问题的同时，实际上就已经解决了后面两个问题。但作为一项工作，三者存在一种彼此承接的关系。我们要对组织结构进行规范分析，其重点是第一个问题，后面两个问题是对第一个问题的进一步展开。

3. 企业组织结构设计规范的要求

企业组织结构设计规范化要求，是指企业组织结构设计要达到企业内部系统功能完备、子系统功能分配合理、系统功能部门及岗位权责匹配、管理跨度合理这四个标准。

（三）企业组织结构的发展趋势

1. 新型组织结构形态

信息技术和互联网在企业经营实践中的广泛应用及高度渗透，不仅改变了企业的交易运作流程，而且对企业组织结构产生了深远的影响。企业组织结构发展呈现出新的趋势，其特点是重心两极化、外形扁平化、运作柔性化、结构动态化。团队组织、动态联盟、虚拟企业等新型的组织结构形式相继涌现。具有这些特点的新型组织结构形态有：

第一，横向型组织结构。横向型的组织结构，弱化了纵向的层级，打破了刻板的部门边界，注重横向的合作与协调。其特点有：① 组织结构是围绕工作流程而不是围绕部门职能建立起来的，传统的部门界限被打破；② 减少了纵向的组织层级，使组织结构扁平化；③ 管理者更多的是授权给较低层次的员工，重视运用自我管理的团队形式；④ 体现顾客和市场导向，围绕顾客和市场的需求组织工作流程，建立相应的横向联系。

第二，无边界组织结构。这种组织结构寻求的是削减命令链，成员的等级秩序降到最低点，拥有无限的控制跨度，取消各种职能部门，取而代之的是授权的工作团队。无边界就是打破企业内部和外部边界，其特点有：打破企业内部边界，主要是在企业内部形成多功能团队，代替传统上割裂开来的职能部门；打破企业外部边界，则是与外部的供应商、客户包括竞争对手进行战略合作，建立合作联盟。

第三，组织结构的网络化和虚拟化。无边界组织结构和虚拟组织结构是组织结构网络化与虚拟化的具体形式。组织结构的虚拟化，既可以是虚拟经营，也可以是虚拟的办公空间。

2. 企业组织结构的扁平化趋势

为了适应经济环境和竞争环境的变化，企业组织结构呈现出多样性，但其发展方向和趋势是扁平化。所谓企业组织结构扁平化，是指通过减少管理层次、压缩职能机构、裁减人员，使组织的决策层和操作层之间的中间管理层级越少越好，以使组织最大可能地将决策权延至最远的底层，从而提高企业效率的一种紧凑而富有弹性的新型团队组织结构。它具有敏捷、灵活、快速、高效的优点。

扁平化的真正意义在于：外围扁平状组织决策重心的不断下移，让组织决策尽可能产生于产生信息的地方，减少决策在时间与空间上的滞后。实行扁平化，可以有效提高企业效率，这是因为从控制跨度的角度来看，在其他条件相同的情况下，控制跨度越宽，组织效率越高。

总之，企业组织结构由科层制向扁平化转变，是一个长期的、渐进的过程，不会一蹴而就。随着信息技术的日益普及、经济全球化和管理民主化的深入发展，未来扁平化企业组织结构将成为主流形式。

一种新的组织结构

作为一家全球性制药公司，辉瑞（Pfizer）不断寻找方法，提高员工的工作效率和效果。负责组织效率的高级主管深有感触地说："我们招聘的哈佛MBA毕业生现在不是在酝酿战略和进行创新，而是在搜索资料，做PPT演示文稿。"事实上，公司对宝贵的人才到底花多少时间做琐碎的工作进行了内部调研，结果大大出人意料。辉瑞的员工平均花20%—40%的时间做辅助工作（建立文档、输入文稿、做调查、处理数据、安排会议），仅用60%—80%的时间从事知识工作（战略、创新、网络联系、协作、批判性思考）。并且，这样的问题不只存在于基层，它已经波及最高层员工。以全球工程管理执行董事戴维·凯恩（David Cain）为例，他的工作包括评估不同环境中不动产的风险、管理设施以及控制数百万美元的预算，这些他都很乐意做，但他不喜欢处理电子表格和演示文稿之类的东西。现在好了，辉瑞公司有了"魔力按钮"，这些事情都可以交给公司以外的人做。

"魔力按钮"到底是什么？它最初的名称是"未来办公室"（Office of the Future，简称OOF），后来改为"辉瑞工坊"（Pfizer Works）。辉瑞的员工通过点击电脑桌面的这个按钮，把手头单调乏味而又耗费时间的任务交给别人去做。他们把任务要求写在一张在线表格上，然后发送给印度的两家服务外包公司。印度公司接到任务后，会有一个团队成员打电话给辉瑞发出任务的员工，核实任务要求和完成时间，然后将完成工作所需的费用细目通过电子邮件发给辉瑞的员工，如果辉瑞的员工决定请对方来做，相关费用就计入该员工的部门。这种独特的工作制度，凯恩喜欢把它称为"个人咨询机构"，他很愿意与之合作。

（资料来源：斯蒂芬·P. 罗宾斯，戴维·A. 德森佐，玛丽·库尔特. 管理的常识［M］. 赵晶媛，译. 成都：四川人民出版社，2020.）

三、企业管理制度

现代企业管理制度是对企业管理活动的制度安排，包括企业经营目标、战略、管理组织，以及各业务职能领域活动的规定。企业管理制度是企业员工在企业生产经营活动中必须共同遵守的规定和准则的总称，其表现形式或组成包括企业组织结构设计、职能部门划分及职能分工、岗位工作说明、工作流程、管理表单等管理制度类文件。

（一）企业管理制度的规范性

1. 企业管理制度的规范性是制度发挥作用的前提

（1）企业管理制度本身就是一种规范。企业因为生存和发展的需要而制定的系统性与专业性相统一的规定和准则，就是要求员工在职务行为中按照企业经营、生产、管理相关的规范与规则统一行动和工作。如果没有统一的、规范性的企业管理制度，企业就不可能在企业管理制度体系下正常运行并实现企业的发展战略。

（2）企业管理制度由专业或职能方面的规范性标准、流程或程序，以及规则性的控制、检查、奖惩等因素组合而成。在很多场合或环境里，规则＝规范＋程序。就具体的企业管理制度的内涵及其表现形式而言，企业管理制度主要由编制企业管理制度的目的、编制依据、管理制度的适用范围、管理制度的实施程序、管理制度的编制形成过程、管理制度与其他制度之间的关系等组成。其中，属于规范性的因素有编制企业管理制度的目的、编制依据、管理制度的适用范围、管理制度的构成等。属于规则性的因素有构成管理制度实施过程的环节、管理制度实施的具体程序、控制管理制度实现或达成期望目标的方法及程序、形成管理制度的过程、完善或修订管理制度的过程、管理制度生效的时间、与其他管理制度之间的关系等。

（3）规范实施企业管理制度需要规范性的环境或条件。第一，编制的制度是规范的，符合企业管理科学原理和企业行为涉及的每一个事物的发展规律或规则。第二，实施规范性制度的全过程是规范的，而且全员的整体职务行为或工作程序是规范的。只有这样，企业管理制度体系的整体运作才有可能是规范的，否则将导致管理制度的实施结果呈现出不规范的状态。

2. 企业管理制度的规范性是稳定性和动态性的统一体

一成不变的规范不一定是适应的规范，经常变化的规范也不一定是好的规范，规范的稳定或变化应该与企业发展的需要保持一致。在企业的发展过程中，企业管理制度应具有相应的稳定周期与动态时期，这种稳定周期与动态时期是受企业的行业性质、产业特征、人员素质、企业环境、企业家的个人因素等相关因素综合影响的。企业应该依据这些影响因素的变化，控制和调节企业管理制度的稳定性与动态性。引起规范性的企业管理制度发生动态变化的情况一般有三种。

（1）企业经营环境、经营产品、经营范围、全员素质等是经常发生变化的，这些因素的变化相应地会引发组织结构、职能部门、岗位及员工队伍、技能的变化，继而会导致使用、执行原有企业管理制度中的规范、规则等的主体发生变化，企业管理制度及其所含的规范、规则等因素必然要因执行主体的变化而做出相应的改变，或者修改，或者完善。

（2）产品结构、新技术的应用导致生产流程、操作程序的变化，生产流程、操作程序相关的岗位及其员工的技能必然也要随之变化，与之相关的企业管理制度及其所含的规范、规则等因素必然要做出相应的修改或完善。

（3）因为发展战略及竞争策略的原因，企业需要不断提高工作效率、降低生产成本、增加市场份额等。当原有的管理制度及其所含的规范、规则等成为限制提高生产或工作效率、降低生产成本等的主要因素时，就有必要重塑企业机制，改进原有企业管理制度中不适合的规范、规则等。

（二）企业管理制度制定的原则

1. 适用性原则

制定制度要从企业的实际出发，从企业的规模、业务特点、行业类型、技术特性及管理沟通的需要等方面来考虑。制度要体现企业特点，保证制度规范具有可行性、适用性，切忌不切实际。

2. 科学性原则

制定制度应遵从管理的客观规律。制度化的管理必须服从管理学的一般原理和方法，违反科学性原则只会导致失败，所以必须遵从客观规律才能将管理引向科学、理性、规范的轨道，实现管理的稳定性和有效性。

3. 必要性原则

制定制度要从需要出发，必要的制度一项都不能少，不必要的制度一项也不可要，否则会扰乱组织的正常运行。例如，当企业中的一些非正式行为规范或习惯能很好地发挥作用时，就没有必要制定类似内容的行为规范，以免伤害企业员工的自尊心和工作热情。

4. 合法性原则

法律规章是全社会范围内约束个人和团体行为的基本规范，是企业组织正常生存发展的基本条件和保证，制定制度时切不可忽视这一方面，应予以重视。

5. 合理性原则

制定的制度要合理，一方面要体现制度的严谨性、公正性、高度的制约性和严肃性，另一方面还要避免不近人情、不合理等情形出现。在制度的制约方面，要充分发挥自我约束、激励机制的作用，避免过分使用强制手段。

6. 完整性原则

企业管理制度要完整，因为企业管理制度是一个体系，制度内容要求全面、系统、配套。也就是说，要考虑周全，不能疏忽大意、出现漏洞或衔接不当，更不能出现前后矛盾或相互重复、要求不一的情况。

7. 先进性原则

制定制度要从调查研究入手，在总结本企业经验的同时还要吸取其他企业的先进经验。不论是本企业的制度还是其他企业的制度，只要是过时的就要坚决舍去，是不合理的就要坚决废除；反之，是成功的、先进的就应该保留和发扬。

小贴士

京东会议"三三三原则"

京东于2004年正式涉足电商领域。2014年5月，京东集团在美国纳斯达克证券交易所正式挂牌上市，是中国第一个成功赴美上市的综合性电商平台。京东定位于"以供应链为基础的技术与服务企业"，奉行客户为先、诚信、协作、感恩、拼搏、担当的价值观，以"技术为本，致力于更高效和可持续的世界"为使命，目标是成为全球最值得信赖的企业。京东内部会议要求：会议核心内容不超过3页PPT，会议时间不超过30分钟，决策会议不能开超过3次。同一问题超过两次会议决策不了，就上升一级做决策，3次会议必须解决问题。

（资料来源：周斌. 企业文化理论与实务［M］. 北京：中国人民大学出版社，2021.）

（三）企业管理制度设计

企业管理制度既是实现企业目标的有力措施和手段，又是维护员工共同利益的一种强制手段。它作为员工的行为规范，能使员工个人的活动得以合理进行。因此，企业各项管理制度是企业进行正常生产经营所必需的，它是一种强有力的保证。企业管理制度总体上可以分为规章制度和责任制度。规章制度侧重于工作内容、范围和工作程序、方式，如管理细则、行政管理制度、生产经营管理制度。责任制度侧重于规范责任、职权和利益的界限及其关系。一套科学完整的企业管理制度可以保证企业的正常运转和员工的合法权益不受侵害。

企业管理制度的制定要依照企业自身的实际情况进行。制定制度的目的是让企业更加高效、稳定地运行，但由于每个企业在行业、组织结构、人员结构等方面存在差异，所以不可能有适用于所有类型企业的管理制度。企业管理制度的设计和实施要着眼于企业管理的需要，并要应对环境的变化。定位和审视企业内部管理制度主要应着眼于以下几个方面。

1. 基础制度的形式

企业管理有三个层次：① 高层管理，即对企业业务和资源在整体上的一种把握和控制，包括组织架构、资源配置和企业战略等；② 中层管理，即业务管理中的控制、组织和协调，决定企业各种业务是否能有效地开展；③ 基层管理，即业务处理的过程管理。基础制度也相应地分为高层、中层和基层三种形式。

2. 管理制度需要员工的认同

管理制度的定位不能仅仅源于管理者的主观期望，它必须得到管理制度约束的主体部分——员工认同，与员工的利益和期望相适应。这是源于管理制度的设计预期和执行成本必须紧紧依赖员工的认同这一理念的。因此，只有消除了员工中存在的制度是对员工的"威胁"的疑虑，才能最大限度地实现制度设计的目标。要达到此目标可以从以下几个方面入手。

（1）制度避免单纯强调惩罚。例如，有的企业规定完不成定额，就会有某种形式的处罚；如果在考核评价中处于落后状态，就会影响到未来的晋升与工资水平等。惩罚是需要的，但只强调惩罚，肯定是管理不好企业的。

（2）管理制度体现、倡导的工作标准和管理模式，不能造成人际关系紧张。组织中人际关系（上下级之间、部门之间、一线人员和参谋人员之间）是否存在信任和合作，是能否调动员工积极性的主要条件。组织内部员工间利益的竞争会使员工感到这是对自己最大的威胁。

（3）管理制度不能对员工的自我实现、成长路线、个人安全或情绪产生不利影响。

当管理制度对员工的自我实现、成长路线、个人安全或情绪产生不利的影响时，员工就会感到威胁的存在。

上述现象产生的制度原因，主要是企业传统的管理控制体系设计存在多种标准，如成本控制标准、预算标准、工作绩效标准等，这些标准对员工形成了多重压力。在管理者看来，如果建立了压力结构，仍有不服从的现象，那就只好增加压力。此外，传统控制体系的责任制度往往只包含对没有达到标准的员工的一套惩罚办法，而缺乏对达到或超过标准的员工的激励办法。在这种情况下，员工会更加对抗规章制度，使之失效。这又会导致管理者采取反应式的管理措施，设法制定出更严格的规章制度，结果势必耗费巨大的管理成本。而且，员工对制度的抵抗情绪也会阻碍正常的企业文化的形成。

3. 规范企业内部管理环境和条件

管理制度的定位不仅源于管理者的主观期望，它还必然受到管理制度的推行环境——企业内部管理环境和条件的限制。因此，在制度设计的最初就需要在企业中创造规范的制度环境和条件，以减轻将来在制度执行中可能遇到的阻力，避免管理制度扭曲。

总之，管理者首先要清晰地定位管理制度的设计类型和步骤；然后根据企业的员工情况，审定合理的制度预期；最后，要整治规范企业内部的环境，让管理制度在合适的环境中生存下来，进而推动环境的改善。

任务三　企业制度文化建设

制度是一种行为规范，它包括思想原则、权力实体、语言符号、物质方法和技术手段等要素，是任何一个社会及组织团体正常运转必不可少的因素之一。它是为了达到某种目的、维持某种秩序而人为制定的程序化、标准化的行为模式和运行方式。企业制度文化是人与物、人与企业运营制度的结合部分，它既是人的意识与观念形态的反映，又是由一定物的形式所构成，它是精神和物质的中介，是一种约束企业和员工行为的规范性文化。

对于企业而言，现代企业制度是现代企业正常运行必不可少的保证条件，它是随着现代企业的形成发展而逐步形成完善起来的。它同任何制度一样，既产生于一定的文化背景之上，又影响着社会文化的许多方面。制度建设就是指要在企业活动中建立起一种能够使广大员工的自觉能动性得以充分发挥的制度机制。缺乏制度约束的企业肯定是混乱的企业；而对于一些企业，如果有制度而不严格执行，企业将在顾客面前失去信誉，管理者将在员工面前失去威望，企业内部也将陷入混乱状态；若制度本身缺乏潜能，严格执行虽然能够保证"秩序"，但不一定有效率；若制度本身符合"人性化"，它就一定能够激发员工的工作激情和无限潜能。

一、企业制度文化建设的内容

企业制度文化建设通过制度创新来实现和提高员工对制度的认同,继而达到最大限度地挖掘员工潜能的目的。从本质上看,制度文化建设就是制度变迁或制度创新的过程。制度创新就是为了提高制度认同。"认同"就成为创新的直接目的,是衡量新制度好坏的标准;同时,制度认同也是为了挖掘人的潜能。根据制度建设的本质及其必要性,可从以下几方面推进企业制度文化建设。

(一)价值观理念化

所谓价值观理念化,就是要把组织统一的价值观转变为各个部门的具体理念。从发生学的角度来看,价值观是"源",制度是"流",价值观之"源"要转化为制度之"流",要经历这样一个过程。组织是一个系统,在它下面还有许多子系统,每个子系统承担着不同的责任,充当着不同的角色,员工在一定程度上可以选择具体角色,却无法选择角色要求。角色要求的差异意味着处于不同角色位置的人的理念上要有差异。就企业而言,一个企业在其价值观的指导下,不同的职能部门和子公司要提出符合自己角色要求的经营理念,同时也要制定与本部门和子公司经营理念相对应的管理制度。

概括地讲,企业价值观与管理制度存在着四种关系,如图3-2所示。

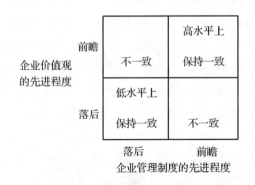

图 3-2 企业价值观与管理制度的关系

这四种关系分别是:① 组织价值观与管理制度都具有前瞻性,并保持一致;② 组织价值观与管理制度都落后,并保持一致;③ 组织价值观落后,但管理制度先进;④ 组织价值观具有前瞻性,但管理制度落后。制度化的目的是使企业价值观与管理制度保持"均衡"或"一致",但这并不意味着"均衡"或"一致"就是制度化的全部,只有实现两者在高水平上的"均衡"或"一致",才能充分调动员工的工作激情。在低水平上的"均衡"或"一致"甚至比"不均衡"或"不一致"的情况更糟。只有那些具有一定前瞻性,结合企业实际,同时又能反映市场变化要求的价值观才容易为广大员工接受。制度化就是要根据这样的价值观来全面审视和调整组织现有的管理制度,使两者在高水平上达到"均衡"或"一致"。

（二）制度的系统化

企业组织的制度化是企业文化形成过程中的一个步骤，但它本身也是一个包含有许多因素和环节的系统。从构成因素上看，制度化需要制度观念、制度执行机构、制度条文等来保证。其中的观念指的是有关指导思想与原则，观念为制度化指引着方向，是制度化的灵魂所在。机构指的是制定和执行制度的机构，是制度化的组织保证。条文指的是具体的制度内容，是制度文化的集中体现和外部标志。从制度化的运转过程来看，制度化建设包括确立指导思想、制定制度条文、执行、检查总结、修订发展等环节。

（三）制度的科学化

在确立了正确的指导原则后，可着手制定具体的制度、规章及实施细则。在这个过程中要注意以下几个方面：一是应从全面修订企业现存管理制度入手。企业现存制度是企业以前价值观念的沉淀，是一种现实和惯性力量。在制度化时要考虑到现存管理制度，结合社会和组织变化的现实修订现存管理制度。二是应以民主程序来制定制度。民主原则是重要的指导原则，只有通过民主程序才能使广大员工积极参与到制度化建设中来，才能制定出最切合实际的制度，才能使制度观念与条文深植于员工头脑之中。因此，在制度化的过程中要发动广大员工积极参与，集思广益，反复酝酿讨论。三是制度化必须循序渐进，不可一蹴而就。文化社会学家爱德华·希尔斯（Edward Shils）认为，能够流传三代的东西就能成为传统，一旦成为传统，就积淀为集体无意识。无意识在深层次上支配人的行动，这种无意识形成之后，要让它做出改变则相当困难，改革者不仅需要坚强的决心，更需要耐心，急于求成往往欲速而不达。四是制度必须体现出义务、职责与权利相统一的原则。按照这个原则，制度的目的在于使广大员工从义务与权利两个方面体会到自己的主人翁地位，这是制度科学性的要求。

（四）完善制度实施机制

从制度的执行力度来看，普适性是制度充分有效的前提，企业中的任何人都应受到制度的约束。从理论上讲，制度不被执行可能是因为制度本身的局限（如缺乏公正），制度本身存在的规定性与选择性、稳定性与变化性的矛盾引起的，但从实际意义上讲，制度的严格执行比制度更为重要。因此，制度化的核心在于如何把新制度落到实处，即如何严格地执行新制度。要想使新制度得到不折不扣的执行，除了制度本身要公平公正、体现价值观的要求外，还必须在组织内营造一种重视执行的"执行文化"。决策层必须大力支持，中间管理层要加以引导和推进，否则将会事倍功半或难以达到制度的预期效果，造成管理制度有等于无，形同虚设，领导者的所有其他工作都会变成一纸空文或一场空谈。

（五）完善制度评估机制

制度本身的好坏也影响制度的执行，对制度进行评估及完善的评估机制非常重要。

从制度本身的角度看，制度不被执行大致有以下几种情况。首先，制度的违约成本太低，以至于人们不怕违反制度后的惩罚。这又包含两种情况：一是违反制度的行为被发现和追究的可能性很小；二是违反制度的惩罚的严厉程度很低。其次，要么指导制度的价值观或理念不正确，要么制度没有完全反映价值观或理念的要求。再次，制度不被认同说明制度本身存在缺陷，如制度自身存在的规定性与选择性的矛盾。最后，制度不被执行也反映了制度的稳定性与变化性之间的矛盾。所以，制度评估机制必须根据制度的执行情况及时做出判断，确定制度的违反成本，防止制度与价值观或理念脱钩，防止制度变化过于频繁等。

需要注意的是，制度是企业文化的重要部分，但不是全部。在企业文化建设中，强调制度的建设无疑是必要的，但企业文化建设不能仅仅局限于制度，更不能迷信于制度的制定而忽视企业文化的其他部分建设；企业文化建设不能仅仅局限于完善制度本身，而应同时强调制度的执行和调整，从而确保制度的科学性、可行性和有效性。

总之，企业制度文化是将文化理念转化为员工自觉行为的关键，也就是把企业倡导的价值观转化为具有可操作性的管理制度的过程。价值观必须转化为制度，否则，企业文化管理就会因缺少制度保证而最终导致组织的失败。在将价值观转化为制度的同时，一定要关注制度与价值观的联系，防止两者脱节。只有把制度文化建设放到重中之重的位置，使企业有了应变各种环境的个性文化底蕴，企业才能真正具有提高竞争力的制度文化优势。

◆ 二、制度范例：企业文化建设管理规定

表3-1是企业文化建设管理规定范例，供读者参考。

表3-1 企业文化建设管理规定范例

章节	内容
第1章 总则	第1条 为进一步加强××集团公司（以下简称"集团公司"）企业文化建设，增强企业凝聚力，为集团公司总体发展思路落地实施提供支撑和保障，促进集团公司高质量发展，特制定本制度。 第2条 集团公司企业文化建设应坚定文化自信，加强文化建设，推进文化强企，以营造良好氛围，打造企业核心竞争力，努力建设具有推动力、影响力和凝聚力的集团企业文化为目标，以满足广大员工精神文化需求为落脚点，为建设世界一流企业提供强大的思想基础和精神动力。 第3条 集团公司企业文化建设遵循系统性、继承与创新相结合，遵循围绕中心、服务大局，以人为本、全员参与，突出共性、发展个性的原则，重点开展企业文化识别工程、传播工程、落地工程、评价工程等企业文化建设四大工程。 第4条 集团公司企业文化建设在集团公司党委的领导下，在企业文化建设与宣传思想（外宣）工作领导小组的直接指导下开展工作。领导小组下设办公室，办公室设在企业文化部。

续表

章节	内容
第2章 适用范围与基本原则	第5条　本制度适用于集团公司总部及所属各二级企业。 第6条　集团公司企业文化建设管理遵循以下原则： 　① 系统性原则。集团公司企业文化建设是一项科学完整的系统工程，集团各部门及所属各二级企业要尊重企业文化建设的内在规律，牢固树立全局意识，密切配合，相互协调，系统推进。 　② 继承与创新相结合的原则。集团公司企业文化建设既要继承优秀传统文化基因，又要与时俱进，在实践中丰富企业文化建设的内容和载体，使集团公司企业文化始终充满生机与活力。 　③ 围绕中心、服务大局的原则。要把企业文化建设同企业改革发展中心任务紧密结合，发挥企业文化对企业发展战略的支撑和保障作用，推进集团公司改革发展各项目标任务的完成。 　④ 以人为本、全员参与的原则。员工是企业文化建设的主体力量，要集中员工智慧，通过员工的生动实践推进企业文化建设，把核心文化理念变为每一位员工的行为准则和自觉行动。 　⑤ 突出共性、发展个性的原则。在统一集团公司企业文化核心理念的前提下，所属各二级企业可根据自身情况补充、细化和丰富企业文化，增强个性和特色。
第3章 职责与分工	第7条　集团公司企业文化部是集团企业文化建设的归口管理部门，承担企业文化建设与宣传思想（外宣）工作领导小组办公室的工作职责： 　① 负责集团公司企业文化建设，编制、修订集团公司企业文化建设总体规划并组织实施。 　② 推动集团公司企业文化落地，指导、推进所属各二级企业的企业文化建设，以及规划的制定、落实和宣传。 　③ 负责起草集团公司企业文化建设的基本工作制度、年度工作计划、年度工作总结、工作方案等。 　④ 负责制定集团公司企业文化建设考核评价办法，推动并参与所属各二级企业的企业文化建设考核评价工作。 　⑤ 负责集团公司企业文化手册等企业文化材料和宣传册的组稿、制作、设计、发行，并组织对集团公司企业文化建设成果进行宣传和推广。 　⑥ 负责集团公司的品牌建设和视觉形象识别系统（VI）建设。 　⑦ 负责集团公司企业文化建设专项工作的开展及相关活动的策划、协调、组织和推动，并做好相关文件材料和工作素材的整理、备档和统计。 　⑧ 负责组织、协调、推动集团公司企业文化培训、理念宣传贯彻推广、宣传载体建设等工作。 　⑨ 承办领导小组交办的其他工作。 第8条　集团公司总部各部门、所属各二级企业是企业文化建设的主体。总部各部门要做集团公司企业文化建设的推进者、践行者、示范者，在本部门和本系统推进、践行、宣传企业文化，并发挥总部部门的示范引领作用。所属各二级企业要做企业文化建设的实践者、传播者、创新者，在本企业落地实施企业文化，充分调动和发挥每位员工传播、实践企业文化的积极性、主动性和创造性，深度挖掘基层文化建设经验，创新企业文化建设。 其主要职责如下： 　① 贯彻落实集团公司党委关于企业文化建设的决策部署，并组织推进。

续表

章节	内容
	② 遵循集团公司企业文化建设原则，并贯彻落实到具体工作中。 ③ 组织宣传贯彻集团公司的企业文化手册。所属各二级企业组织编印本企业的企业文化手册并进行宣传贯彻，同时报送集团公司备案。 ④ 按照集团公司企业文化建设指导手册，组织在本部门、本企业贯彻落实。 ⑤ 按照集团公司企业文化建设规划和管理制度，所属各二级企业制定本企业的企业文化建设实施规划、计划和制度并组织实施。 ⑥ 按照集团公司企业文化年度工作计划，制定本部门、本企业年度企业文化建设工作计划并组织实施。 ⑦ 组织实施企业文化识别工程、传播工程、落地工程和评价工程。 ⑧ 结合本部门、本企业的实际创新性地开展企业文化建设相关工作。
第4章 具体管理 内容	第9条 实施企业文化识别工程。 ① 构建理念识别。确立集团公司的企业使命、愿景、核心价值观、精神、工作作风和企业形象等企业文化核心理念。所属各二级企业要将集团公司的核心价值观、企业精神、工作作风作为本企业的核心理念，充分发挥集团文化凝聚人心、鼓舞士气、促进认同、形成习惯的作用。 ② 构建视觉识别。集团公司实行单一品牌战略，建设科技创新型企业品牌形象。总部各部门、所属各二级企业要树立统一品牌意识，以突出品牌为重点，采用统一规范的集团视觉形象。 ③ 构建听觉识别。制作集团公司企业文化司歌，使企业员工在听到或传唱时，加深对企业文化的理解和认同，形成文化引领和精神导向的标杆，引领员工遵循企业文化，并为之身体力行。 ④ 构建行为识别。规范员工行为，督促员工遵守集团公司行为准则等规章制度，自觉维护国家利益和企业利益。推进企业伦理道德建设，落实社会责任准则，推进社会责任管理，建设和谐企业。 第10条 实施企业文化传播工程。 ① 开展企业文化宣传。构建企业文化传播平台，组织开展企业文化宣传工作，宣传建设和弘扬集团公司企业文化的重要意义、基本内涵，认同和遵循集团公司企业使命、愿景、核心价值观、企业精神、工作作风和企业形象。宣传先进典型，营造良好氛围，引导广大员工自觉实践企业文化。 ② 开展企业文化培训。把企业文化培训工作纳入企业培训体系，对各级领导干部、员工、企业文化建设管理人员开展企业文化培训。 ③ 开展企业文化活动。组织开展企业文化主题活动，开展群众性精神文明创建活动。组织开展丰富多彩的员工文化体育活动，不断满足广大员工日益增长的精神文化需求。 ④ 开展品牌传播。推进企业文化环境建设，在办公、会议、生产经营和项目部等场所，弘扬集团公司企业文化，营造良好的文化氛围。加强品牌传播，在企业与政府、利益相关方、社会公众间建立价值认同基础上的信任关系，为集团公司发展构建良好的外部环境。 第11条 实施企业文化落地工程。 ① 推进执行力建设。各级领导干部带头学习、宣讲、践行集团公司企业文化。用企业文化武装人、凝聚人、鼓舞人、塑造人，建设一支政治素质良好的领导班子队伍、专业素质强的管理者队伍、文明素质高的员工队伍，提升执行力、创新力和战斗力。

续表

章节	内容
	② 推进激励体系建设。把对集团公司企业文化的认可度和践行情况作为干部选拔使用、人才招聘、薪酬管理和评选各类先进典型的标准之一；把建设和弘扬企业文化落实情况作为各级领导干部业绩考核的内容。 ③ 推进制度建设。把集团公司企业文化融入企业标准和规章制度建设全过程，贯彻执行集团公司管理标准、技术标准和工作标准；及时清理、修订不符合集团公司企业文化要求的规章制度。 ④ 落实集团文化建设规划。围绕集团文化建设规划主要内容，推进企业文化建设和管理，抓好规划落地落实，确保集团公司企业文化融入改革发展全过程，渗透到经营管理的各个环节。 第12条　实施企业文化评价工程。 ① 开展企业文化建设考核评价。根据集团公司企业文化建设考核评价办法，开展企业文化建设考核评价工作，及时发现问题，抓好整改落实。 ② 开展企业文化建设和管理评选表彰工作。按年度做好企业文化建设工作优秀单位的评选工作。
第5章 管理措施	第13条　实行企业文化建设规划和工作计划管理。 所属各二级企业落实集团公司企业文化建设规划和工作计划，编制企业文化建设规划、阶段性工作实施意见和专项方案，并报送集团公司备案后执行。 第14条　开展企业文化建设工作督导与检查。 严格实行规范管理，抓好集团公司企业文化建设督导检查工作。按照集团公司企业文化建设工作要求，综合运用各种方式，对各部门、所属各二级企业的企业文化建设工作情况进行督导检查。所属各二级企业落实集团公司企业文化建设工作要求，对所属单位工作情况进行督导检查。 第15条　实行企业文化建设重大事项通报。 所属各二级企业组织大型企业文化活动，编印企业文化论文集、案例集、画册和教材，参加企业文化会议、研讨交流及评奖活动等，通报集团公司后执行。 第16条　报送企业文化建设工作信息。 所属各二级企业按照集团公司要求，及时报送企业文化建设工作信息，做好企业文化建设信息交流工作。
第6章 考核与奖惩	第17条　企业文化建设年度考核评价坚持客观公正原则、企业自评与集团检查相结合的原则、定量与定性相结合的原则。 第18条　企业文化建设年度考核评价从企业文化建设工作评价体系、建设状况评价体系、建设效果评价体系三个方面进行。 第19条　集团公司将所属各二级企业的企业文化考核评价结果纳入年度党建考核体系，同时对考核评价结果进行通报。 第20条　集团公司对违反企业文化建设管理要求的单位和个人予以通报批评，并视情况追究相关责任。
第7章 附则	第21条　本制度由集团公司企业文化部负责解释并监督执行。 第22条　所属各二级企业可根据业务特点，依据本制度制定实施意见，报送集团公司备案后执行。 第23条　本制度自印发会签之日起实施。
起草人	审核人　　　　　　　　审批人

案例分析

《华为基本法》解读

华为公司创立于1987年,是全球领先的ICT(信息与通信)基础设施和智能终端提供商。目前华为约有19.5万名员工,业务遍及170多个国家和地区,服务全球30多亿人口。华为致力于把数字世界带入每个人、每个家庭、每个组织,构建万物互联的智能世界:让无处不在的连接,成为人人平等的权利,成为智能世界的前提和基础;为世界提供多样性算力,让"云"无处不在,让智能无所不及;所有的行业和组织,因强大的数字平台而变得敏捷、高效、生机勃勃;通过AI(人工智能)重新定义体验,让消费者在家居、出行、办公、影音娱乐、运动健康等全场景获得极致的个性化智慧体验。

华为坚持每年将10%以上的销售收入投入研究与开发。2021年,华为研发费用支出为人民币1 427亿元,约占全年收入的22.4%。近10年累计投入的研发费用超过人民币8 450亿元。截至2021年年底,华为在全球共持有有效授权专利4.5万余族(超过11万件)。华为在中国国家知识产权局和欧洲专利局2021年度专利授权量均排名第一。

《华为基本法》从1995年萌芽,到1996年正式定位为"管理大纲",到1998年3月审议通过,历时数年。《华为基本法》共6章103条,是中国企业第一个完整系统的对其价值观的总结,对中国的企业文化建设起到了很大的推动作用。

一、企业要对管理进行系统性思考

企业管理者都能看到企业的月度经营分析、各职能部门的专业报告、营销业绩专题分析等,但是,这些报告基本是分层、分级、分专业职能的,更要具体情况具体对待。而《华为基本法》由公司最高决策者发起,是对企业整体思考内容的系统化展露。从《华为基本法》的各个模块与内容来看,《华为基本法》是任正非需要企业统一认识而发起的:"……公司内部思想混乱,主义林立,各路'诸侯'都显示出他们的实力,公司往何处去,不得要领……""如何将我们10年宝贵而痛苦的积累与探索,吸收业界最佳的思想与方法后,再提升一步,成为指导我们前进的理论,以免陷入经验主义,这是我们制定公司基本法的基本立场。"

这种针对企业现实的体系化思考、管理思想建设、管理理念沉淀积累、战略思考,使《华为基本法》成为一部优秀的企业管理大纲。任正非说:"制定一个好规则比不断批评员工的行为更有效,它能让大多数员工努力分担你的工作、压力和责任。"

二、直指企业发展目标,在内部形成心理契约

我们常见的目标是企业的业绩目标、财务目标、市场目标等。这些数据能对一年或各短期阶段进行目标与具体计划的匹配,而《华为基本法》明确了企业未来5—10年的发展目标。企业有了明确的发展目标,并与各级管理者达成共识,形成心理契约,那么未来的工作就有了明确的指引。这样,制定规章制度、具体执行目标,以及匹配资源能

力就能迈开步子，有的放矢。

《华为基本法》的诞生让华为上下在多个方面达成共识：创建公司共同理念和未来发展思路；解决企业经营管理的"道"与"术"；明确企业经营发展的精髓；建立全员心理契约。任正非指出，《华为基本法》是华为公司为宏观上引导企业中长期发展而建立的全员心理契约。每个员工都要投入到对《华为基本法》的研讨中，群策群力，达成共识，为华为的成长做出共同承诺，以指导未来的行动，使基本法融入每个华为人的行为、习惯。

三、企业要突出管理重点，取得发展的主要路径

虽然《华为基本法》是系统性思考，但从总体来看，其中还是有着非常清晰的工作重点的：始终以客户为中心；聚焦主航道；干部打造，领导力培养；技术创新并在国际领先；奋斗精神；科学管理；等等。

任正非对企业未来发展的思考重点是影响企业未来成功的关键要素。整体来看，任正非认为最大的管理权是思想权、文化权，所以主要通过《华为基本法》将一些原则、方针等重点列出，为各级管理层制定更精细的经营策略、方案奠定基础。任正非说，思想权和文化权是企业最大的管理权，这次讨论修改的华为公司基本法管理大纲，就是探索一个科学的假设。

四、企业要对规章制度与部门职能进行强力指引

虽然每个企业都有规章制度，但多数企业有部门墙，导致部门目标与企业目标不一致。也有不少部门并不全是在为企业生存、发展、成长服务，而是封闭自己的部门，仅为本部门服务。

有《华为基本法》对职能部门的强力指引，以及设定的企业发展目标，才有了华为的一致性价值观、企业定位、企业目标、企业宗旨的有效落地。所以，坚持"主航道""以客户为中心、以奋斗者为本""人力资本大于财务资本""力出一孔""让听见炮声的人决策"等，制度和职能才有保障。任正非说："高、中级干部学不好基本法，就没有做干部的资格，不会在工作中应用基本法潜移默化的导向，工作会偏离目标。"

《华为基本法》无处不闪耀着对企业经营管理的深刻理解，以及对企业经营发展在商业文明、企业发展逻辑、管理理念、管理思想方面的深刻洞察，还有对未来战略、企业文化、人力资源、组织、团队建设、考核等的前瞻性打造。它不是一份高堂之上的漂亮报告，而是用企业内部语言、方式写出的实实在在的纲领性文件。

[资料来源：① 华为公司官网. https://www.huawei.com/cn/；② 谭长春. 读懂《华为基本法》[J]. 企业管理，2019（9）.]

案例思考题

1. 结合《华为基本法》，谈谈企业制度文化对企业发展的作用。
2. 阅读完《华为基本法》全文，你有何启发？
3. 结合案例材料，你认为企业制度如何才能有效落地实施？

项目训练

【训练内容】企业制度文化调查和研讨。

【训练目的】加深理解企业制度文化建设。

【训练步骤】

步骤一：各小组（4—6 人）选择当地一家企业，调研该企业的组织及管理制度等情况，针对所调查的企业制度文化案例材料展开讨论。

步骤二：整理并制作企业案例分享 PPT。

在讨论基础上，形成本小组的案例分析思路，并制作 PPT。PPT 内容涵盖企业背景、企业制度文化建设情况、存在问题与改进建议等。

步骤三：小组汇报并讨论。

小组代表（至少 4 人）上台汇报制作的企业案例分析 PPT。可采取小组比赛方式，小组汇报后请参加比赛的小组同学提出问题或建议，进一步丰富对该案例所分析的企业制度文化建设的认识和理解。最后完成以下问题，巩固学习成果：

1. 简述调研的企业制度文化案例分析报告。
2. 通过总结案例，谈谈你对该企业制度文化建设的认识。

步骤四：对本次实训中实训者的表现和能力进行教师评价、小组互评和个人评价。

步骤五：以小组为单位提交本次案例分析报告。

自测题

1. 企业制度文化包含哪些内容？
2. 简述企业领导体制的内容。
3. 概述企业组织机构的发展趋势。
4. 企业管理制度制定的原则有哪些？
5. 企业制度文化建设包含哪些内容？

【延伸阅读】

王维滨. 没有退路就是胜利之路：华为文化之道［M］. 北京：机械工业出版社，2022.

项目四 企业行为文化

【学习目标】

1. 掌握企业行为文化的含义、分类
2. 理解企业伦理行为的一般原则
3. 理解企业社会责任的界定及其内容

中国中铁的社会责任

中国中铁工程集团有限公司成立于1950年3月,是集勘察设计、施工安装、工业制造、房地产开发、资源矿产、金融投资和其他业务于一体的特大型企业集团。2007年9月12日,中国铁路工程总公司独家发起成立中国中铁股份有限公司,并于2007年12月3日和12月7日分别在上海证券交易所和香港联合交易所上市。2017年12月由全民所有制企业改制为国有独资公司,更名为"中国铁路工程集团有限公司"(以下简称"中国中铁")。作为全球最大的建筑工程承包商之一,中国中铁连续17年进入世界企业500强,2022年在《财富》世界500强企业中排名第34位,在中国企业500强中排名第5位。

中国中铁"开路先锋"文化是中国中铁企业文化的总称,企业使命、愿景、核心价值观、企业精神等核心价值理念,企业品牌宣传语,经营理念、管理理念、安全理念、质量理念、环保理念、人才理念、廉洁理念、品牌理念等具体工作理念,构成了中国中铁"开路先锋"文化理念系统的"四梁八柱"和基本框架。

作为中央企业控股"A+H"上市公司、建筑行业的领军企业,中国中铁高度重视社会责任管理,始终以成为企业社会责任的实践者、推动者和引领者为己任,把履行社会责任作为企业的重要使命,努力在履行社会责任中发挥表率作用。同时,把履行社会责任作为企业持续发展的内在需要,以充分履行社会责任来推动公司形成良好文化,促进企业向现代型、法治型、国际型转变;推动公司与市场的密切联系,赢得良好的市场信誉;推动公司统筹兼顾股东、客户、员工等各方面利益,为长远发展营造良好环境;推动公司加强与政府、公众、媒体、社会组织的交流沟通,彰显企业良好的品牌形象。

一、不断加强社会责任管理

作为建筑行业的领军企业,中国中铁始终以成为企业社会责任的实践者、推动者和引领者为己任。自2008年起,中国中铁着手建立科学、规范、系统、有效的企业社会责任管理体系,制定了《关于中央企业履行社会责任的指导意见》,从依法治企、优质服务、创造效益、员工发展、安全监管、科技进步、环境保护、公益事业、合作共赢、海外责任等10个方面进行社会责任规划,并从公司总部到各子公司全面开展了一系列社会责任管理实践活动,每年披露年度优秀十佳社会责任实践。公司已连续对外发布14份社会责任报告。

二、开展利益相关方沟通和关键议题重要性评估

中国中铁通过与各利益相关方多渠道的沟通,积极了解其对公司履行企业社会责任的期望和要求,力求在提升自身环境、社会与治理表现的同时,切实回应和满足利益相关方需求。在与利益相关方沟通的基础上,中国中铁对环境、社会与治理的实质性议题及行业热点议题进行了识别和重要性评估,将评估结果以关键议题重要性评估矩阵的方式呈现,并据此结果在报告中对各项重要议题予以回应。

三、切实加强节能减排和环境风险管控

公司坚持"绿水青山就是金山银山"的理念,落实"3060""双碳"目标,助力推动碳达峰、碳中和进程,加强生态环境保护,提倡绿色低碳生活方式,加快企业绿色转型升级。持续完善环境管理工作体系,坚持"属地管理""预防为主,防治结合""谁污染谁治理"的原则,实行公司统一领导,各子公司、分公司逐级负责的管理模式,确保环境保护工作有序可控。

公司制定《中国中铁股份有限公司节能减排标准化工地评选办法》,每年针对全公司申报的节能减排标准化工地的管理制度、施工组织设计、节能减排专项措施、能源及材料原始记录台账、指标分解、统计分析、技术创新等资料进行检查考核,并定量打分。在考核目标上,制定了中国中铁"十四五"节能环保规划,确定总体目标为:到2025年,适应生态文明建设要求的绿色中铁体系建设取得显著进展;能源利用效率不断提高,能源消费结构得到明显改善;万元产值二氧化碳排放量与万元营业收入综合能耗实现同步下降,万元营业收入综合能耗在2020年的基础上下降15%,万元产值二氧化碳量排放在2020年的基础上下降18%。基于系统化的环境管理,公司获得华夏认证中心有限公司颁发的ISO 14001环境管理体系认证。

四、广泛开展社会责任实践活动

中国中铁发布的年度社会责任报告"社会篇"包括创造价值、人力资本管理、维

护员工权益、保障员工健康与安全、关注员工成长与发展、产品责任、供应商管理、社区投资等方面。

在创造价值方面，中国中铁致力成为国民经济发展的支柱。2021年，公司通过完成全球市场，特别是中国市场的铁路、公路、轨道交通、港口、市政、机场等基础设施建设，拉动了全球和地方经济增长，促进了经济发展和社会进步，不断为社会创造和积累优质物质财富。公司始终把促进就业作为履行企业社会责任的一项关键内容，结合企业自身发展战略，稳定扩大招聘毕业生规模，持续加强推动高校毕业生人才引进工作，同时加大国家重点领域、重点产业科研人才及"碳达峰、碳中和"相关专业等急需紧缺人才的招聘力度。

在维护员工权益方面，公司严格遵守《中华人民共和国劳动法》《中华人民共和国劳动合同法》《禁止使用童工规定》《女职工劳动保护特别规定》和运营所在地、所在国的其他对公司员工管理有重大影响的法律法规，不断强化契约化管理，制定了《中国中铁股份有限公司人才引进管理办法》《加强劳动合同管理的指导意见》《中铁薪酬管理制度》等。公司各级企业每年都召开一次职工代表大会，持续推进四级职代会规范化建设。公司切实保障职工合法社保权益，及时为职工参加基本养老保险、基本医疗保险、工伤保险、失业保险及生育保险。公司建立企业职工终身重疾保障体系，在全公司推行团体长期重大疾病补充医疗保险，最大限度地为广大员工提供全生命周期的健康保障，确保全体员工每年至少进行一次健康体检，不断提高检查标准和检查质量。公司推广实施员工健康关爱计划，加强内部专员队伍建设，指导有条件的项目部积极建设员工心灵驿站，有效促进员工身心健康。

在保障员工健康与安全、关注员工成长与发展方面，公司努力为员工提供健康安全的工作环境，减少工伤事故，落实安全责任，完善安全管理体系，强化安全施工管理，保护劳动者的合法权益。

在产品责任方面，公司致力于奉献精品工程、精良产品和精益服务，目前工程项目遍布我国除台湾地区以外的各省、自治区、直辖市以及全球90多个国家和地区。

此外，公司积极推动供应商履行社会责任，注重社区投资。中国中铁在自身发展的同时高度重视回馈社会，积极主动承担社会责任，活跃在抗灾抢险第一线，鼓励员工参与志愿活动，支持基础教育，重视中华文化的传承和保护，为构建和谐美好社会持续贡献力量。

[资料来源：① 中国中铁官网. http://www.crecg.com/；② 中国中铁社会责任报告（2019—2021）. http://www.sse.com.cn/]

[案例思考] 结合案例材料，分析中国中铁是如何实现企业文化与社会责任融合的。

任务一　企业行为文化及其分类

一、企业行为文化的含义和作用

企业行为文化是指企业员工在生产经营、学习、文体活动、人际关系等活动中产生的文化，也称为企业文化的行为层。它是企业经营作风、伦理道德、精神面貌、人际关系、社会责任的动态体现，也折射出企业精神和企业价值观。

企业行为文化建设的好坏，直接关系到企业员工工作积极性的发挥，关系到企业经营管理活动的开展，关系到整个企业未来的发展方向。企业行为文化集中反映了企业的经营作风、经营目标、员工文化素质、员工的精神面貌等文化特征，它直接影响着企业经营业务的开展和经营活动的成效。

企业行为文化是企业文化的重要组成部分，是企业文化的重要层次。企业行为文化的作用主要有以下方面。

首先，行为文化是企业文化的重要载体。没有行为文化，企业文化就无法实现。人作为企业的构成主体，其行为当然蕴含着丰富的企业文化信息，是企业文化的重要载体，是企业文化最真实的表现。企业文化的优劣、企业文化建设工作的成败，通过观察员工的日常精神面貌、做人做事的态度、工作中乃至社交场合的行为表现，就可以做出大致准确的分析判断。理念说得再美，制度定得再完善，都不如做来得实在。

其次，行为文化建设是企业文化落地的关键环节。没有行为文化，理念和制度都是空谈。在企业文化构成的层次关系中，理念是企业文化的核心，是指导一切的思想源泉，制度是理念的延伸，对行为产生直接的规范和约束力，物质文化是人能看到、听到、接触到的企业具象的表现形式，但是这三个层次都是通过行为文化来表现的。企业行为是企业核心价值观和企业制度共同作用的结果，如果行为与企业精神、价值观和制度不一致，理念就成了海市蜃楼，制度也将是一纸空文；物质文化是行为的表现，有什么样的行为文化就会有什么样的物质文化。

最后，行为文化建设是实现价值观管理的必经之路。行为规范不是制度，而是倡导。制度是硬性的，而行为规范会根据不同的行为主体、不同对象采取不同的手段。如企业制度不会写上司用什么样的态度与下属谈话，而行为规范就可以写出来。行为文化就是通过文字规范进行约束，慢慢变成员工的习惯，不符合企业核心价值观的行为会被文化无形的力量纠正，不认可这种规范的人会被企业排斥。当员工已经完全接受了企业的核心价值观时，员工的行为会超越制度的要求。所以当员工的价值观与公司的核心价值观一致后，规章制度就退后了，制度约束的行为已经变成了员工的自觉行为，这就是以价值观为本的组织控制，是价值观的巨大力量。

二、企业行为文化的分类

（一）企业整体行为

企业整体行为是指那些以企业整体形式表现出来的行为，是指企业为了实现一定的目标而采取的对策和行动。

1. 根据行为作用的范围进行分类

根据行为作用的范围，企业整体行为可分为以下两种：一是企业内部行为，包括教育培训、研究发展、生产管理、人事安排、奖金或福利分配、内部沟通、文体活动等；二是企业外部行为，包括人员招聘活动、市场开发、促销活动、广告宣传、资金筹集与投资活动、消费者权益保护、公益活动、环境保护等。企业在参与各种行为活动的过程中，又会形成相应的子文化。如在企业内部活动中，企业会产生安全文化、沟通文化、感恩文化等；在企业外部活动中，会产生诚信文化、品牌文化、责任文化等。

2. 根据行为科学理论进行分类

根据行为科学理论，以行为动机为划分标准，企业整体行为可分为以下四种：

第一，目标合理行为，即为达到企业目标经过科学决策的行为。

第二，价值风险行为，即为企业获取更多价值的冒险行为。

第三，日常经营行为，即满足企业日常经营活动需要的行为。

第四，传统行为，即沿袭传统上业已习惯的行为。

3. 影响企业整体行为的因素

影响企业整体行为的因素主要取决于企业的治理结构、企业外部环境和企业家等三个方面，具体包括市场环境的变化、政府的政策导向、科学技术发展水平、投资环境和资金使用状况、企业内部的利益分配、企业领导的素质水平等。

（1）企业治理结构对企业行为的影响。企业是所有者、经营者、生产者、消费者等不同利益主体的组合。所有的相关利益主体都要求企业目标和本身利益一致。不同的利益主体可能产生不同的企业目标，不同的企业追求产生不同的企业行为。在社会主义市场经济条件下，企业要想兼顾多方利益实现企业目标，最好的途径是建立现代企业制度、明晰产权关系，并建立与之相应的组织结构。合理的治理结构，可以使所有者、经营者、生产者之间权责分明、互相制衡，可以充分调动三方积极性，促使企业行为合理化，避免短期行为和唯利是图的倾向。

（2）企业外部环境的变化对企业行为的影响。企业外部环境的变化往往是企业行为的直接诱因。这些外部环境包括政治、经济、社会、技术、文化等多方面内容，会对企业的决策、战略的制定和执行、企业的经营活动等产生直接切实的影响。如受全球金融危机影响,中国制造行业尤其是外贸依赖性的企业经营模式开始发生一系列显著的变化,至于企业的裁员、降薪等行为也是外部环境作用的直接结果。每个企业面对的外部环境都有一定的特性,它在一定时期大致是稳定的,但从长期来看,外部环境也是不断改变的。企业在做出管理决定时,要充分考虑外部环境的因素,并根据变化适当做出调整。

(3) 企业家对企业行为的影响。企业家作为企业的灵魂人物,他们的知识能力和个性品质等是企业文化生成的重要基因,往往主导着企业文化的特质和风格,并制约和引导着企业文化的个性和发展,尤其在企业初创和企业文化形成阶段起着决定性作用。但是,很多企业家往往忽视个人与企业的密切关系,在不合适的时机和不合适的场合展开一些不合适的行为活动,其结果对企业的影响往往是深重的甚至是毁灭性的。

(二) 企业人的行为

企业人的行为是指包括全体企业员工在内的所有人的行为。从高层的企业家到中层的管理者,从企业的模范人物到普通员工,他们的行为都是企业行为文化的具体体现。因此,企业人的行为可分为企业家行为、企业模范人物行为和企业员工群体行为等。

1. 企业家行为

企业的经营决策方式和决策行为主要来自企业家,企业家是企业经营的主角。中外许多企业的成功经验告诉我们:好的企业家是企业成功的一半。优秀的企业家在经营决策时总会当机立断地选择自己企业的战略目标,并一如既往地贯彻执行,直至实现企业战略目标。

在企业决策行为中,创新性是十分重要的。企业家独立自主地经营企业,不仅具有独立的生产决策权——企业生产什么、怎样生产、为谁生产的基本决策权,而且要对生产要素进行新的组合,要开发新产品、采用新工艺、开辟新市场、获得新原料、建立新组织,所有这些都需要有创新的意识和勇气。要创新,就要"多谋"和"善断"。所谓"多谋",除了企业家自己开动脑筋外,还要集思广益,吸收广大员工的智慧。所谓"善断",就是对这些谋略进行正确的筛选,要"断"得正确、"断"得及时。有些时候,虽属正确的判断和决策,但因延误了时机,也得不到应有的效果,所以及时和正确的判断对企业家来说特别重要。

2. 企业模范人物行为

企业模范人物是企业的中坚力量,他们的行为在整个企业行为中占有重要的地位。在有优秀企业文化的企业中,最受人敬重的是那些集中体现了企业价值观的企业模范人物。这些模范人物使企业的价值观"人格化",他们是企业员工学习的榜样,他们的行为常常被企业员工作为行为规范进行仿效。这些模范人物大多是从实践中涌现出来的、被广大员工认可的普通人,他们在各自的岗位上做出了突出的成绩和贡献,因此成为企业的模范。企业模范人物在不同的企业中有不同的称呼,如"劳动模范""工作标兵"

"先进工作者""杰出青年"等。

企业模范人物行为又可以分为企业模范个体行为和企业模范群体行为。企业模范个体行为标准包括卓越地体现企业价值观和企业精神的某个方面，和企业使命追求相一致，在其卓越地体现企业精神等方面取得了比一般职工更多的成绩，具有先进性，他们的所作所为离常人并不遥远，可以成为人们仿效的对象。一个企业中所有的模范人物的集合体构成企业模范群体，卓越的模范群体必须是完整的企业精神的化身，是企业价值观的综合体现。企业模范群体行为是企业模范个体典型模范行为的提升，具有全面性。因此，它在各方面都应当成为企业所有员工的行为模范和学习榜样。

企业模范人物行为可分为领袖型、开拓型、民主型、实干型、智慧型、坚毅型等类型。

（1）领袖型。领袖型企业模范具有很高的精神境界和远大的理想追求，有比较完善的符合社会主义企业发展规律的价值观念体系，有卓越的管理能力，常常从一个企业调到另一个企业担任领导。

（2）开拓型。开拓型企业模范永不满足现状，勇于革新，锐意进取，开创新领域。他们具有创新意识，自身充满创新的活力和竞争的意识。

（3）民主型。民主型企业模范善于处理人际关系，善于发挥大家的聪明才智，集思广益，能把许多小股力量凝聚成为无坚不摧的巨大力量。

（4）实干型。实干型企业模范总是埋头苦干，默默无闻，数十年如一日，如老黄牛般贡献出自己的全部力量。

（5）智慧型。智慧型企业模范知识渊博、思路开阔、崇尚巧干，常有锦囊妙计，解决问题的好点子层出不穷。

（6）坚毅型。坚毅型企业模范越是遇到困难干劲越足，越是危险越能挺身而出，关键时刻挑大梁，百折不挠。

3. 企业员工群体行为

企业员工是企业的主体，企业员工的群体行为决定企业的精神风貌和企业文明的程度，因此，企业员工群体行为的塑造是企业文化建设的重要组成部分。

有人把企业员工群体行为塑造简单地理解为组织职工思想政治学习、企业规章制度学习、科学技术培训，以及开展文化、体育及读书活动等。诚然，这些活动都是必要的、不可或缺的，但员工群体行为的塑造并不仅仅局限于此，至少还应包括以下几方面的内容：

第一，激励全体员工的智力、向心力和勇往直前的精神，为企业创新做出实际的贡献。

第二，激励员工把个人的工作同自己的人生目标联系起来。这是每个人工作主动性、创造性的源泉，它能够使企业的个体产生组合，即超越个人的局限，发挥集体的协同作用，进而产生"1+1>2"的效果。它能唤起企业员工的广泛热情和团队精神，以达到企业的既定目标。当全体员工认同企业使命，每个员工都能体会到共同的目标中有自己的一份时，他就会感到自己所从事的工作不是临时的、权宜的、单一的，而是与自己的人生目标相联系的。当个人目标和企业目标之间存在着协同关系时，个人实现目标的能力就会因为有了企业而提升，把这种组合转变成员工的个体行为，就会有利于员工形成事业心和责任感，建立起对企业的信念。

第三，企业应该让每个员工认识到企业文化不仅是企业的精神财富，也是自身宝贵的资源，从而激励他们以积极的人生态度从事各项工作，以勤劳、敬业、奋进、惜时等行为准则指导自己的行为。

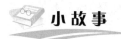

苏州地铁站里的"厕所革命"

更换或增设排风扇，增加异味处理设备，加密保洁清扫频次……近一个月来，苏州轨道交通站点悄然兴起了一场"厕所革命"，迄今已有劳动路站、桐泾北路站、临顿路站等14个车站的卫生间完善了设施，消除了难闻的异味。

2号线劳动路站的男用卫生间刚刚更换了排风扇，墙上新安装了一台异味净化智能处理设备，其主要功能是分解异味、消毒杀菌。墙上还有一个自动喷香罐，每隔半小时会喷洒一次空气清新剂。这里除了时隐时现的阵阵香气之外，几乎闻不到其他气味。对乘客反映的部分车站卫生间异味较重的问题，苏州轨道集团十分重视，第一时间研究部署整改工作，制定整改措施。通过调研排出15个重点车站，组织人员对其卫生间的换气设备逐一检查，对存在问题的卫生间更换或者加装小型排风扇等，并添置异味处理设备，净化空气。

与此同时，苏州轨道集团运营分公司优化了车站卫生间保洁作业标准，提高了保洁深度和范围。目前，各车站卫生间的保洁清扫频次在原来1小时全面清洁1次的基础上，增加了每半小时巡视保洁1次，同时站台员工还会不定时巡视，发现异味及时通知保洁人员处理，为市民提供更加整洁干净的乘车环境。

（资料来源：徐蕴海. 轨道交通车站兴起"厕所革命"[N]. 苏州日报，2019-12-10.）

任务二　企业伦理行为的一般原则

企业伦理行为原则是贯彻在企业管理活动中的基本准则和伦理关系的集中表现，它不仅应当成为组织活动的基本伦理准则，而且应当成为衡量组织成员道德行为与品质的基本道德标准。企业伦理行为的一般原则主要有：人道原则、公平与效率原则、平等原则、民主原则、竞争与合作原则。这些一般原则反映的是人性和社会最基本的伦理要求与管理活动特殊要求的统一，它们贯穿于企业管理的所有活动，指导人们的全部管理实践。

一、人道原则

人道是管理的本质要求，管理本质上是对人的管理。人不是机器，而是具有意志、理性和情感的。一切管理的根本目的，都是为了人类自身的利益，而非人的异化。管理的这一最终目的决定了贯彻在管理活动中的必然是人道原则。人道虽有广义与狭义之说，但其总原则是将人当人看与使人成为人。

诚然，作为经济活动主体的人，在经济活动中要追逐其自身的经济利益，不得不受制于特定的经济规律，但人作为社会的一分子，又受制于特定的文化背景，受制于特定的价值理念和道德观念。因此，无论是个别人、群体人还是企业人、社会人，都应该是经济人和道德人的统一，其行为都应该是经济求利行为和道德求善行为的统一。只有合理的获利行为，才是道德的行为。这种"道德人"是人道原则在经济行为中的具体体现和道德要求。只有组织成员间相互平等、关心爱护和尊重，才能使组织成员成为组织的真正主人，才能更有效地调动人的积极性。

人道原则的基本内容包括以下几个相互关联的方面。

第一，尊重人的价值和尊严。人道原则认为，人是世界的主体或者说人具有主体性，是一切管理活动的最高目的。人们的一切管理实践，无论是调整人与自然界的关系还是调整人与人的关系，都是为了人自身的生存和发展，为了人类的利益。当然，人为了实现自己的价值和利益，必须艰苦奋斗，从这个意义上讲，人又是手段，它表明人的价值和目的的实现只能依靠人自身去争取。因而，尊重人的价值和尊严是人生目的最基本的体现。

第二，树立人本管理理念。人道原则不仅把管理活动看成是一种经济活动，还认为它是一种人文活动。企业管理的目的是关于物的目标和关于人的目标的二重系统，最终应以人的全面发展为最高目标。人本管理的出发点有三："企业即人""企业为人""企业靠人"。人本管理的核心是突出人的主观能动性，挖掘人的潜力，谋求人本身的发展、完善及自我实现，即"使人成为人"，这正是人道主义精神的集中体现。

第三，谋求人的正当利益的合理性。人道原则对人的合理欲望的肯定，既包括对现实的感性欲望的肯定，也包括对理性生活的肯定。人道原则要求全面满足人的多层次的生活需求，使人的生活丰富多彩、充实高尚。管理者必须采取一切可能的办法，关心劳动者的生活、学习、工作、劳动，并改善他们各方面的条件，特别是对在艰苦环境下或有害条件下工作的劳动者，更要从各方面关心和保护他们的健康。一切管理方式不仅要具有相当的效率，能更好地实现组织的目标，还要有利于劳动者的身心健康，否定以缩短劳动者的绝对与相对生命期为代价的残酷的管理方式。

二、公平与效率原则

公平，又称为公正或正义，它是人类社会具有永恒价值的基本理念和基本的行为准则。按照不同的解释，公平或者是指收入分配的公平，或者是指财产分配的公平，或者是指获取收入与积累财产机会的公平，它们全都涉及价值判断问题。效率则是指资源的有效利用与有效配置。在经济学中，效率的高低升降是根据资源使用或配置的效率变化来计算的。在经济领域内，任何资源都是有限的，不同的资源只是有限供给的程度不一而已。如果资源的使用和配置得当，则有限的资源可以发挥更大的作用；反之，使用和配置不当，有限的资源只能发挥较小的作用，甚至可能产生副作用。这就是高效率与低效率的区别。

公平与效率是企业管理伦理方面的一对矛盾。管理本身就是对各种资源进行分配，在分配和管理时，必然遇到如何解决公平和效率的矛盾问题。从文化形态上说，西方文化追求卓越，强调效率至上。但是，单一追求效率的结果往往忽略公平，由此造成社会极不公平，矛盾重重，运行成本提高，人们不得不重新关注社会公平问题、均衡问题，以效率和公平的均衡协调发展为伦理价值取向。

由于公平的根本问题是权利与义务的交换，因此，在企业管理中坚持公平原则，首先要坚持人身权利与义务的统一。不仅要承认个人权利的合法性和合理性，还要坚持个人承担的社会道德义务。其次还要建立合理公平的利益分配机制。义务和权利两者之间是对等的，社会成员在承担一定的社会义务的同时，通常会得到社会一定的报偿。这就要体现"惠顾最少数最不利者"的"最起码的"利益。对于管理者来说，有三种可供选择的公平原则：一是"广泛公正"，即对待不同的人不应当带有任何个人偏见，每个人都应当受到相同的待遇；二是"程序公正"，它强调了"执法"的公正性；三是"补偿公正"，即如果由于集体的原因而对个人造成伤害，个人应当得到赔偿。

从企业伦理的角度看，如果不把效率放在优先地位，而去追求所谓的公平，可能会导致整个组织的瘫痪。而且，在很多情况下，很难做到绝对公平，或者每个人都认为公平。而将效率放在优先地位，就是把个人努力程度放在优先地位，才有助于更好地调动每个人的主动性和积极性，使组织中每个成员获得机会的概率增大，换句话说，这本身就是一种公平。

总之，公平与效率的关系是相互促进、相辅相成的互动关系。我们主张效率优先，并不是绝对提倡效率至上，也不是主张以明显不公平或不道德的方式去追求效率，而是在注重效率的同时兼顾公平。只有正确处理好公平与效率这一对伦理原则，才能使组织内的人际关系日趋和谐，并使组织获得健康发展。

三、平等原则

平等原则是一项与公平原则既相区别又相联系的伦理原则，其基本的含义是同样情况下应当同样地对待。平等是公平的外在形式表现，它直接涉及人类生存和生存质量。但是按照形式公平的原则，每个时代的人对公平的具体内容和规则都有着不同的解释。根据卢梭的观点，人类的平等和不平等有两种类型：一种起源于自然，是自然造成的，比如性别、肤色、相貌、身材及天赋，是人自身无法选择的，不能进行伦理评判，也无所谓善恶或应该不应该，这是自然的平等与不平等。另一种起源于人的自觉活动，是人为因素造成的，是可以加以选择的，可以进行伦理评价，可以区分善恶和应该不应该，比如贫富悬殊、贵贱差别等，这是社会的平等与不平等。应该说，自然平等和社会平等都与人们的利益有关，但是自然平等仅仅是利益问题，没有涉及应不应该的问题；社会平等不仅是利益问题，更为主要的还是应不应该的问题，是一种权利的平等。平等原则作为一项伦理原则，只是针对社会平等而不是自然平等。所以我们谈论的平等原则实质也就是权利平等原则。

平等原则的具体要求体现在以下方面。

（一）基本权利平等

所谓基本权利亦即人权，是人类生存和发展最为基本的、最低的、最起码的权利。从现代人权的角度看，个人所拥有的权利十分广泛，按照《经济、社会及文化权利国际公约》的规定，个人的基本权利有：自由选择工作以谋生的权利；享有社会保障的权利；免于饥饿的权利；参加文化活动的权利；享有公正和良好的工作条件的权利；等等。《公民权利和政治权利国际公约》规定，公民享有生命权、人身自由权、思想和宗教信仰自由、和平集会和结社自由、参与公共事务等基本权利。

（二）自由权利平等

自由权利平等认为，人是生而平等的，社会应以人格平等为前提，尊重和保护个体之间的差异。自由权利的主要内容包括：自由是人不可剥夺的权利，无论职位高低、财富多寡，每个人都具有自己独立的人格，每个人都是自己的主人；保护个人的自主性，这意味着一个人不受其他人或自身心理、天赋等局限，自主性体现了对自主的人的人格和他人自主性的尊重；尊重个人本身合理的差异；思想与感情的自由，发表意见的自由，相互联合的自由等；自由应该以理性为准则。人的自由应该是有节制的自由，所以需要理性的指导。自由的平等原则以不妨碍他人的自由权利为度，它逻辑地包含自由权利平等是以对公众利益的关心、维护为前提的，因此任何人行使自由权利时，不应当损害组织、公众和社会的利益。

（三）机会平等原则

机会是指社会成员和个人发展的可能性空间。它包含两个层面的含义：共享机会，即每个社会成员都应有大致相同的基本发展机会；差别机会，即社会成员之间的发展机会不可能是完全平等的，存在程度不同的差别。根据平等原则，每个社会成员应当有相同的发展权利，因而在发展机会面前，应该是人人平等的。但是机会的平等并不是机会的绝对平等，在社会现实生活中，社会资源具有有限性，无法完全满足个人的机会发展需要；社会机制也无法对社会进行均等化处理，甚至个人对机会的看法不一样及成员本身天赋、出身等方面的差别，也造成了不平等的发展起点和发展潜力。同时，追求绝对的均等，肯定会压抑、损伤整个社会的活力。因此，机会的绝对均等是不可能实现的。

（四）分配平等

在社会财富等资源形成的过程中，每个成员投入劳动的质量和数量是不可能相同的，因而对于社会的具体贡献也是有差别的。根据成员的贡献进行有差别分配，一方面体现了平等原则，另一方面也充分体现了个人对于社会各自不同的贡献。按照贡献进行分配，把个人贡献与个人利益紧密联系，有利于调动社会成员的积极性，激发社会活力。

（五）互利平等

社会成员在享受权利的同时，必然要承担一定的责任，尽一定的义务。社会成员有责任对分配过程中出现的差距进行互利帮助，以促进整个社会的发展。互利平等原则主要表现在以下几个方面：第一，构成一切社会现实关系的双方都应充分尊重双方的权利与利益；第二，双方的权利和利益是平等的，除非出于资源的原因，否则双方的权利和利益转让应该建立在对等的基础上；第三，对分配平等中的"不幸者"进行帮助是互利的特殊形式；第四，社会管理和组织管理中的政策制定和实施，应当使社会成员和组织成员都受益。

四、民主原则

民主与集权是企业管理行为中经常发生的一对矛盾，也是管理领域重要的伦理范畴。在管理的组织结构上，对于民主与集权的问题曾经有过多种尝试。最初的管理，其组织结构就像高度集权的军队那样，实行的是直线制组织结构形式。对需要高度集权的军队而言，直线制的组织结构是十分有效的，它可以保证整个军队的高度统一。在工业生产初期，或当企业规模较小、生产较简单时，直线制的组织形式也有较好的效果。但随着社会生产的日益复杂化和企业规模的不断扩大，对管理的专业化要求越来越高，于是企业里开始设立一些职能部门，直线职能制的组织形式随之出现。当今世界，在全球化和信息化大潮的背景下，组织环境一方面呈现出复杂多变的发展趋势，另一方面又为组织应对这种趋势提供了一定的技术工具和组织手段。组织手段中除了计算机网络系统外，员工的民主管理和自我管理越来越强。企业管理中的民主原则主要表现为员工参与决策，通过协商、讨论的方式解决矛盾和冲突，并相互监督、彼此制约。

五、竞争与合作原则

竞争与合作是一对永恒性的矛盾，尤其体现在企业竞争的过程中，因而也是企业管理伦理行为不可回避的重要课题。

竞争是市场经济永恒的主题，只要有市场就会有竞争。从某种程度上讲，市场经济就是竞争经济。只不过在不同的历史时期，由于企业所处的内外环境不同，所采取的主要竞争方式也就不同。在20世纪80年代以前，市场竞争一直体现为一种"你死我活"的激烈斗争，竞争的目的是击败竞争对手。但随着经济的发展、社会的进步，人们逐渐认识到，那种以消灭竞争对手或击败竞争对手为目标的做法并不能带来最大的成效。只讲竞争而不讲协作，背离了矛盾统一体的天然法则。事物的发展必须有一个相对稳定的环境和条件，一直处于竞争状态，其内在的各要素就会始终处于流动状态，从而失去自身的发展机遇。人类文明之所以超脱于动物界，主要是因为人类文明有一个不断积累和进步的过程，其中关键在于人类社会以其"均衡原则"取代了动物的"优胜原则"，实现了自身内在各种要素的积累。由此可见，企业要在竞争中取胜，需要既有竞争又有合作。

"竞合"这一概念是由拜瑞·内勒巴夫（Barry J. Walebuff）和亚当·布兰登勃格（Adam M. Brandenburger）在1995年出版的《合作竞争》一书中最早提出来的。他们认为，创造价值当然是一个合作过程，而攫取价值自然要通过竞争。这一过程，不能孤军奋战，必须认识到要相互依靠，就要与顾客、供应商、雇员及其他人密切合作。而传统的商业战略大多注重竞争，而忽视了互补性。由此，他们将竞争与合作组合成一个新范畴，即竞合。当然，强调竞合并非否定竞争。事实上，所谓"双赢模式"或"多赢模式"，就是要将存在于传统竞争关系中的非赢即输、针锋相对的关系改变为更具合作性、共同为谋求更大利益而努力的关系。竞合的管理伦理意蕴在于：企业的生存和发展不是一种被动适应其外部环境的过程，而是一种充分发挥自身能动性，并与周围环境一起共同进化的过程。适度的竞争在某种程度上虽然是有益的，但一心只以竞争为目的，势必会使个人主义失控、利己主义过度滋长，因而竞争必须是良性的。

企业伦理判断

企业伦理判断也称为企业道德评价，指人们依据一定的企业道德原则，运用相应的方式方法，对他人或自身的企业行为进行善恶的判断，一般可以分为道德的企业行为和非道德的企业行为，或称企业道德行为与企业失德行为。

道德的企业行为是指人们在一定的道德意识支配下有利于或有害于他人和社会的企

业行为；或者说，企业道德行为是指具有道德意义、可以进行道德评价的企业行为。道德的企业行为具体是指可以以道德评价的企业行为。非道德的企业行为是指不受一定道德意识支配，也不涉及有利或有害于他人和社会的无道德意义、不能进行道德评价的企业行为。比如，由不可抗力而产生的企业违约行为。

（资料来源：叶陈刚，等. 企业伦理与会计道德 [M]. 3 版. 大连：东北财经大学出版社，2016.）

任务三 企业社会责任

一、企业社会责任的界定

企业社会责任（Corporate Social Responsibility，简称 CSR）概念滥觞于 20 世纪初美国关于企业对其所有利益相关者负责的观念。一般认为，美国学者鲍恩（H. R. Bowen）是现代企业社会责任研究领域的开拓者。鲍恩于 1953 年在其著作《商人的社会责任》中提出"商人应该为社会承担什么责任"的问题后，给出了商人社会责任的最初定义：商人有义务按照社会所期望的目标和价值来制定政策、进行决策或采取某些行动。这个定义正式提出了企业及其经营者必须承担社会责任的观点，从此开创了企业社会责任研究的领域，他也因此被誉为"企业社会责任之父"。20 世纪 50 年代以来，由于时代的变化和企业社会责任涵盖问题的广泛，持续吸引了不同学科领域和具有不同价值取向的学者参与讨论，有关企业社会责任的理论探讨和实践也逐步走向深入，并形成了企业社会责任国际标准。

在经历了大半个世纪的"是否应该承担社会责任"之争后，社会各界普遍认为企业应该承担社会责任，企业本身也开始注重承担社会责任。显然，企业承担社会责任已经成为不可逆转的趋势，这不仅是企业发展的需要，也是社会经济持续发展的要求。在《财富》和《福布斯》全球企业排名体系中，"社会责任"标准被列为重要标准之一。在经济全球化背景下，企业履行社会责任既是企业融入国际市场的需要，也是应对国际竞争的必然选择。

20 世纪 90 年代，企业社会责任其他相关互补性的概念得到持续发展，尤其是"企业公民"成为与企业社会责任关系密切的概念。"企业公民"的观点是：企业与自然人一样也是公民，享受法律赋予的权利并承担相应的义务，与其他公民共同形成社区，因而企业应该为创建稳定和谐的社会做出贡献。学术界研究了企业社会绩效与财务绩效的关系，得出了两者间存在正相关、负相关、不相关和非线性等结论，且总体上认为两者间存在显著的正相关关系。

对企业社会责任的界定主要有以下几种代表性的观点：

第一种是以外延的方法对企业社会责任进行界定。依此种界定方法，企业社会责任这一概念被具体化为企业对社会负责的一系列行为或任务，通过直接罗列一些可视为履行企业社会责任的行动，勾画"企业社会责任"的语义轮廓，而不刻意追求其内涵的确定性。以外延式方法界定企业社会责任的著名范例是美国经济发展委员会对企业社会责任的表达。

在1971年发表的《工商企业的社会责任》报告中，美国经济发展委员会列举了为数众多的旨在促进社会进步的行为，并要求公司付诸实施。这些行为涉及10个方面，它们是：①经济增长与效率；②教育；③用工与培训；④公民权与机会均等；⑤城市改建与开发；⑥污染防治；⑦资源保护与再生；⑧文化与艺术；⑨医疗服务；⑩对政府的支持。概括而言，可称之为"三个中心圈"：内圈代表企业的基本责任，即为社会提供产品、工作机会并促进经济增长的经济职能；中间圈是指企业在实施经济职能时，对其行为可能影响的社会和环境变化要承担责任，如保护环境、合理对待雇员、回应顾客期望等；外圈则包含企业更大范围地促进社会进步的其他无形责任，即企业必须保证越来越多地参与改善社会环境的活动。该定义属于操作层面的定义。

第二种是在"企业责任"这一属概念下进行界定。依此种思路探讨企业社会责任含义的学者认为，企业社会责任可划分为四种，即企业经济责任、企业法律责任、企业道德责任和企业社会责任。企业经济责任乃企业传统的和固有的责任，它主要以企业股东的利益为关注对象。企业法律责任被界定为法律所明定的义务。作为企业责任组成部分的"企业道德责任"，在既往的理论中并无直接的界说，大多是从探究企业道德责任的构成来把握其基本意义的。企业社会责任体现和强调的是更为广泛的社会公众的利益和愿望。

第三种是把企业社会责任看作与企业责任相等同的属概念。在持这种观点的学者中，又以著名管理学教授阿奇·B.卡罗尔（Archie B. Carroll）提出的"金字塔模型"最为著名，如图4-1所示。

卡罗尔认为，企业社会责任乃社会寄希望于企业履行的义务；社会不仅要求企业承担其经济上的使命，而且期望其能够遵法度、重伦理、行公益。因此，完整的企业社会责任包括企业的经济责任、法律责任、伦理责任和慈善责任。在卡罗尔看来，企业负有的上述四种责任尽管含义有别，但都是社会希望企业履行的义务，因而都是企业社会责任的组成部分；只有力争谋利、遵守法律、重视伦理并乐善好施的企业，方堪称为真正对社会负责的企业。

卡罗尔对企业社会责任进行经典概括的"金字塔模型"对企业社会责任的研究影响深远，此后很多学者在此理论框架下提出了众多的理论及方法。

图 4-1 企业社会责任"金字塔模型"

第四种是"三重底线"的概念。它是约翰·埃尔金顿（John Elkington）于 1995 年提出的。该观点认为，企业的行为不仅要考虑经济底线，还应当考虑社会底线和环境底线。这意味着企业要考虑所有责任对象的需求，包括股东、客户、雇员、商业合作伙伴、政府、当地社区及公众等。从经济学角度来说，"底线"指的是在投资或经济资本上的回报，"三重底线"可以定义为"沿着资金、环境和社会三个维度来评价和衡量对资本投资的回报"。从企业角度来说，"三重底线"是企业谋求可持续发展的一种战略管理模式，可持续性应该是基于这三个资本来源而产生的积极和平衡的回报。

21 世纪以来，学者们试图将企业社会责任相关的各种衍生概念整合起来，使用多学科视角和方法，构建一体化的核心范式或理论框架。2010 年 11 月 1 日，国际标准化组织（ISO）在瑞士日内瓦国际会议中心举办了社会责任指南标准（ISO 26000）的发布仪式，该标准正式出台。这是首个国际社会责任标准，第一次在全球范围内统一了社会责任的定义并阐明了社会责任的特征属性。ISO 26000 对社会责任进行了如下定义：组织的决策和活动对社会、环境产生影响并应负有责任，可采取透明的、道德的行为：促进可持续发展，包括社会的健康和福利；考虑利益相关方的期望；遵守相应法律并符合国际行为规范；将责任融入组织并落实到组织关系中。

总体来看，企业的社会责任要求企业必须超越把利润作为唯一目标的传统理念，强调要在生产过程中对人的价值的关注，强调对消费者、对环境、对社会的贡献。从企业社会责任的对象来看，企业社会责任除了传统的对企业股东负责外，还要对企业的利益相关者负责任。

企业得以可持续经营，仅仅考虑经济环境对股东负责是远远不够的，必须同时考虑到环境和社会因素，承担起相应的环境责任和社会责任，并考虑到利益相关者的利益。企业履行社会责任有助于保护资源和环境，实现可持续发展。企业作为社会公民，对资源和环境的可持续发展负有不可推卸的责任，而企业履行社会责任，通过技术革新可首先减少生产活动各个环节对环境可能造成的污染，同时也可以降低能耗，节约资源，降低企业生产成本，从而使产品价格更具竞争力。企业可通过公益事业与社区共同建设环保设施，以净化环境，保护社区及其他公民的利益。企业也可通过慈善公益行为帮助落后地区的人民发展教育、社会保障和医疗卫生事业，既可解决当地政府因资金困难而无力投资的问题，又可提升企业的形象和消费者的认可程度，提高企业社会影响力。

二、企业社会责任的内容

关于企业社会责任的内容，尽管学者们还有一定的分歧，但卡罗尔的社会责任"金字塔模型"得到了普遍认可。卡罗尔认为企业社会责任是某一特定时期社会对组织所寄托的经济、法律、伦理和自由决定的期望，因此，完整的企业社会责任是企业的经济责任、法律责任、伦理责任和慈善责任之和。根据卡罗尔的"金字塔模型"理论，企业社会责任从下往上包括四个层次的内容，即经济责任、法律责任、伦理责任和慈善责任。

（一）经济责任

企业是为社会成员提供产品与服务的基本经济单元，满足消费者需求并盈利是发展企业的主要激励。因此，企业的经济责任要素包括股东盈利、经济效益、竞争能力、经营效率、效益持续性等方面的最大化。企业经济责任是企业其他责任的基础。

（二）法律责任

社会认同企业的营利宗旨，同时期待企业遵守政府的法律法规，在经济框架内追求经济目标。因此，企业的法律责任要素包括政府与法律期待、遵守法律法规、成为守法企业公民、履行法律义务、产品和服务符合满足最低法定要求。企业法律责任反映法典伦理，体现公平运营观念，与经济责任并存，构成自由企业制度的基本规则。

（三）伦理责任

伦理责任包括那些尚未纳入法典的、期待的或防止的活动与实践，反映了消费者、雇员、股东、社区等对于公平、公正和道德权利的关注。伦理价值与道德规范随时间而演化，反映有关公正、人权和功利等道德哲学原理，是法律法规的先导及驱动力。伦理责任一般体现出比现有法律法规要求更高的绩效标准，多具有法律上的争议性。

（四）慈善责任

慈善责任是社会期待一个良好企业公民应采取的行动，包括企业为促进人类福祉或善意而在财务资源或人力资源等方面对艺术、教育和社区的贡献。慈善责任属于企业自主决定的责任，具有自愿性。

小知识

ESG（环境、社会和治理）

ESG 是环境（environmental）、社会（social）和治理（governance）的缩写，是一种关注环境、社会、公司治理绩效而非仅仅关注财务绩效的价值理念、投资策略和评价工具，是用来评估企业可持续发展的金融价值的关键指标。其中：E 关注的是企业所需要的资源、使用的能源、排放的废物，以及企业经营活动和投资行为对环境的影响；S 关注的是企业与其利益相关者之间的内外部关系，以及企业能否与其利益相关者之间做到协调与平衡；G 关注的是包括企业结构、管理层薪酬及商业道德等在内的内部机制规范性。ESG 已成为国际企业界和金融界的重要管理和投资理念，是国际主流的企业非财务信息披露体系，受到人们越来越多的关注。

[资料来源：王凯，张志伟. 国内外 ESG 评级现状、比较及展望［J］. 财会月刊，2022（2）.]

三、企业社会责任管理

（一）企业社会责任管理的属性

随着经济的发展和社会的变迁，企业社会责任战略意义日益突出。越来越多的企业已经意识到，要实现持续发展，就必须将社会、环境及利益相关者的责任成功融入企业。在一定程度上，可以说企业社会责任已经成为企业未来的战略竞争工具和方法。这也要求现代企业必须从战略的高度对待企业社会责任，制定战略时不仅要考虑股东的利益，还应注重利益相关者的利益，把社会责任纳入企业战略管理。

企业社会责任管理可以从管理的一般属性和自身的独特属性两个方面来理解：企业社会责任管理的一般属性是符合企业管理 PDCA 循环［将质量管理分为四个阶段，即 plan（计划）、do（执行）、check（检查）、act（处理）］理论，它是一种有目标、有计划、有执行、有评估、有改进，系统性地展开对企业社会责任实践活动进行管理的过程。企业社会责任的本质属性是企业有效管理其决策和活动所带来的经济、环境和社会影响，是一个提升责任竞争力，最大化地为利益相关方创造经济、环境和社会综合价值的过程，是对企业管理理念、管理目标、管理对象和管理方法等进行重新塑造的过程。

（二）企业社会责任管理的内容

企业社会责任管理内容就是要把社会责任和可持续发展理念完全融入企业的运营过程，融入每个管理职能，融入每个员工的日常工作，直至融入公司文化、公司使命和公司的核心价值观，提升企业经营理念，转变企业经营管理方式，实现企业可持续发展，促进企业与社会的共同可持续发展。由此，我们可以考虑企业社会责任管理三个方面的内容，即企业社会责任理念管理、企业生产运营过程社会责任管理以及企业职能部门社会责任管理。

1. 企业社会责任理念管理

企业使命、愿景和核心价值观，不仅仅是一种口号和宣言。企业使命定义了企业存在的理由和价值，也定义了它的一些发展、运营和决策的原则。企业社会责任理念有可能带来企业使命、愿景、核心价值观、治理理念等一系列的变化。企业社会责任理念管理首先可形成企业社会责任理念或者社会责任观，然后逐步融入企业使命、愿景、核心价值观等企业核心理念。社会责任融入企业的使命、愿景和价值观，实际上就改变或者优化了企业存在的理由，以往公司存在的理由就是为了股东利益的最大化，现在我们很少看到这样的表述，而更多的是考虑利益相关方。

2. 企业运营过程社会责任管理

企业运营过程社会责任管理就是将社会责任理念、目标、方法和绩效融入企业的研发、设计、采购、生产、销售和售后服务等生产运营全过程，确保企业实现负责任的生产运营，不断提升自身的可持续发展能力。

（1）研发环节社会责任管理。研发环节社会责任管理就是将社会责任理念融入研发环节，也就是对企业的研发理念、行为、目标和成果进行重新塑造的过程。比如，以前企业在研发一种产品时，核心理念都是利润最大化，以最小的成本投入创造最大的经济价值，这是企业研发过程中追求的终极目标。但是，融入社会责任思想之后，企业研发不能只考虑经济价值，还要同时考虑社会和环境价值。企业的研发核心理念转变为可持续发展、和谐共生的理念，追求的目标是经济、社会、环境效益的综合价值，最终的研发成果也是对企业及利益相关方都有益的产品。

（2）采购环节社会责任管理。采购环节社会责任管理就是从理念、目标、方法、绩效等四个方面融入社会责任的理念，最终实现经济、社会和环境效益的综合价值。一是在采购理念、方法、目标、绩效等方面都考虑到社会责任因素；二是责任采购管理不仅仅是对供应商的约束，同时也是对企业自身的约束，如果企业为追求利润最大化，采购价格低廉、不负责任的产品，那么这也是不负责任的行为。此外，企业在采购过程中也有责任向供应商提供相应的社会责任培训、咨询服务，帮助供应商提升履责能力。

（3）生产环节社会责任管理。生产环节社会责任管理是指在生产环节，从理念、目标、方法、绩效等四个方面考虑社会责任的因素。也就是说，企业在产品生产过程中，有没有遵循社会责任或者可持续发展的理念？在生产工艺和方法上有没有考虑到社会和环境因素？企业的生产行为会不会给社会及消费者带来健康、安全等方面的威胁？有没有破坏环境？此外，企业的最终目标是否实现经济、社会、环境共赢的局面？这些都是融入社会责任理念后，企业在生产环节会考虑的问题。

（4）销售过程社会责任管理。销售过程社会责任管理是指将社会责任理念融入企业销售环节，从而改变企业的销售理念、目标、行为。

（5）售后服务环节社会责任管理。售后服务环节社会责任管理是指企业将社会责任融入售后理念、目标、行为之中。

3. 企业职能部门社会责任管理

无论是企业社会责任理念管理（企业社会责任融入核心价值观、使命与愿景），还是企业运营过程社会责任管理（企业社会责任融入研发、采购、生产、销售及售后等生产运营全过程），都离不开职能部门（战略管理部门、人力资源部门、财务部门、公关品牌部门等）承担起相应的社会责任管理。牵头的社会责任管理部门及各个职能部门，应根据社会责任的要求，明确职责，优化相关流程和制度，建立相关社会责任管理指标和考核指标，将社会责任要求真正纳入本部门的日常管理，保证社会责任真正融入生产运营各个环节，落实到每个员工的日常工作中。职能部门社会责任管理应主要考虑以下几个要点。

第一，建立组织机构。一般通过新建社会责任部门或赋予原有职能部门社会责任管理职责的方式明确社会责任管理部门。同时还可设立由中高层管理者组成的社会责任工作委员会等协调机构。

第二，赋予职能部门相关社会责任职责。社会责任管理不是凌驾于企业管理之上的，也不是独立于企业管理的，它是企业职能管理新的重要组成，是将社会责任的理念和工具融入原有企业管理内容，使得原有体系或制度更丰富、更优化、更科学、更符合企业发展规律。社会责任管理职责与现有的质量、环境管理等，并不是相互排斥、互不相容或者取代的关系，这些管理体系各有管理侧重、各有管理范围，同时又有机地融入现有的职能管理。

第三，建立社会责任指标体系。职能部门社会责任管理最终要落到社会责任管理指标上，这些管理指标一方面是企业社会责任管理的方向，另一方面也是衡量职能部门及企业社会责任管理成效的尺度，同时也是考核相关业务部门和员工的重要指标。

对现代企业来说，社会责任管理不仅是一种自律性的"软"约束，更是一种他律性的"硬"约束；社会责任不仅是企业家的社会责任，更是企业必须履行的基本义务；企业履行社会责任绝不是增加负担，相反它是企业基业长青的前提。因此，把企业社会责任融入核心业务流程和企业管理体系，是一项涉及企业使命与愿景、发展战略和经营模式的系统工程。

深交所发布 ESG 评价方法和 ESG 指数

2022 年 7 月 25 日，深交所全资子公司深圳证券信息有限公司（以下简称"深证信息"）正式推出国证 ESG 评价方法，发布基于该评价方法编制的深市核心指数（深证成指、创业板指、深证100）ESG基准指数和ESG领先指数。这是深交所全面贯彻新发展理念，充分发挥资本市场平台功能，持续完善深市特色指数体系，积极满足市场多元化ESG投资需求，更好服务绿色低碳和高质量发展的务实举措。

国证ESG评价方法旨在提供适应我国市场的ESG评价工具，在环境、社会责任、公司治理这三个维度下，设置15个主题、32个领域、200余个指标，全面反映上市公司可持续发展方面的实践和绩效，为深交所进一步推动ESG指数及指数产品发展创新提供坚实基础。评价方法遵循"立足本土、借鉴国际、特色鲜明、动态完善"原则，聚焦碳达峰、碳中和、创新驱动发展、乡村振兴、共同富裕等国家战略目标，将国际ESG评价实践与深证信息长期研究经验相结合，探索构建了特色指标体系。指标数据覆盖全部A股公司，指标评分基于客观规则和公开信息，评价结果每季度更新。

（资料来源：深圳证券交易所官网．http://www.szse.cn/）

苏州轨道集团的社会责任实践

"人民地铁为人民"，轨道交通是城市重要的公共交通基础设施，关系着城市发展，关系着民生福祉。苏州轨道集团积极践行国企担当，履行社会责任。

一、组建苏州轨道交通志愿者联盟

集团践行"奉献、友爱、互助、进步"的志愿服务理念，成立敬老、关爱特殊儿童、绿色环保、助残、宣传服务等12支苏州轨道交通志愿服务队，共计8 000余名职工成为志愿者，志愿项目连续3年入选苏州市百个重点志愿服务项目。"关爱特殊儿童志愿服务小队"7年来每季度前往苏州工业园区博爱学校开展志愿服务，累计开展志愿服务23次，参与志愿者595人次，服务特殊儿童517人次。

二、踊跃参与各类慈善公益活动

苏州轨道集团热衷慈善事业，2017—2021年为"同在蓝天下——慈善一日捐"活动总计募捐善款411.5万元。集团牵头发起苏州市企业社会责任助残联盟，优化设置无障碍助板、无障碍电梯、AED（自动体外除颤仪）等无障碍出行设施及急救设备，针对特殊乘客推出优惠政策，"爱心卡"客流总量已达196万人次。成立爱心帮困基金，救助需要帮助的集团职工和社会人士，先后参与"梦想改造+""为爱续航——听障儿童人工耳蜗电池捐助""盲人就医爱心陪护"等公益项目。"为爱续航——听障儿童家庭助困计划"被评为"2021年最具影响力助残项目"，苏州轨道交通助残志愿者小队获评"2021年度助残优秀志愿者团队"。集团先后获得"江苏省文明单位""苏州市最具影响力助残爱心企业""全市助残先进集体"等荣誉。

三、促进无偿献血事业健康发展

苏州轨道集团积极组织广大干部职工参加无偿献血，近五年来，参加献血的干部职工超 4 000 人次，累计献血量超过 100 万毫升，涌现出了 73 次献成分血的物业员工徐超、坚持献血的退伍军人袁帅等先进典型。与市中心血站合力打造苏州首个建在地铁出入口的献血屋——"乐桥爱心献血屋"，成为采血量名列苏州市前列的"采血大点"。集团荣获"全国无偿献血促进奖"，并连续 4 次获评"苏州市无偿献血先进集体"。

四、助力乡村振兴——"村企共建"

苏州轨道集团积极参与村企共建，开展季度走访、农产品采购等活动。先后与苏州市相城区十图村、苏州市吴中区元山村、张家港市东港村建立挂钩帮扶关系，通过帮扶产业项目等途径，为美丽乡村建设提供新的增长点。持续对口支援贫困村，5 年来累计救助 109 人次，捐助善款超 600 万元。

五、不断完善惠民设施，提升幸福感

苏州轨道集团在车站设置爱心服务驿站、地铁图书馆、妈妈驿站等惠民设施。每逢传统节日，开展"迎新春，送春联""七夕-遇见"等主题活动，获评苏州市"我们的节日"主题活动一类优秀项目。"轨道云图书馆"上线免费电子图书 5 000 册，超 13.2 万人次免费借阅。"苏 e 行"APP 在国内率先上线地铁乘客碳排放管理账户系统，10 万市民通过"苏 e 行"APP 开通碳减排服务业务。集团拍摄的"水韵姑苏最美窗口"公益广告获评"理想照耀中国地铁——2021 中国地铁十大公益广告"。

（资料来源：苏州市轨道交通集团有限公司）

案例思考题

1. 苏州轨道集团是如何开展企业社会责任与行为文化建设的？
2. 结合案例材料，分析苏州轨道集团开展社会责任实践活动的经验与启示。

项目训练

【训练内容】竞聘班组长。

【训练目的】加深对企业行为文化建设的理解和应用。

【训练步骤】

1. 学生每 4—6 人划分为一个小组，小组分工讨论，撰写班组长竞聘演讲稿。
2. 每个小组推选一名代表参加竞聘演讲。
3. 组织班组长竞聘演讲会，其他小组及教师可针对演讲小组提问。
4. 教师总结点评并进行成绩评定。小组提交班组长竞聘演讲稿。

评分标准（总分 10 分）：

(1) 竞聘前小组有收集资料。(2 分)

(2) 竞聘讲演稿内容完整，有对班组建设的设想，并且设想内容可行。(3 分)

(3) 竞聘者语言流畅，小组观点表达清晰。（2分）

(4) 班组成员间有协作。（3分）

自测题

1. 简述企业行为文化的含义和作用。
2. 企业行为文化的分类有哪些？
3. 企业伦理行为遵循的一般原则有哪些？
4. 如何理解企业社会责任及其内容？
5. 企业社会责任管理有哪些内容？

【延伸阅读】

王大地，黄洁. ESG 理论与实践［M］. 北京：经济管理出版社，2021.

项目五

企业物质文化

【学习目标】

1. 了解企业标识的内容和要求
2. 了解企业环境和建筑物的内容
3. 理解企业产品文化的内涵
4. 把握企业广告文化的属性和功能
5. 了解企业工具文化的内容

苏州地铁公共艺术与地域文化的融合

地铁公共艺术以其自由的表现形式及丰富的美学内涵,直接鲜明地展示着地域人文精神,越来越受到重视。但由于缺乏相关的理论指导,目前地铁公共艺术表现形式单一化、创作手法同质化、设计理念教条化,甚至照搬照抄的状况,使得其作为地域文化展示的"橱窗"功能得不到很好的实现。苏州地铁公共艺术创作在传承城市文脉、展示城市文化等方面进行了一定的探索。

一、地铁公共艺术及苏州地铁建设现状

公共艺术是社会政治思想、人文精神的一种艺术表达,主要有绘画、影像、雕塑和装置等表现形式,具有公共性、开放性、公平性和公益性等特点。公共艺术必须具有服从美化城市空间、展示城市文化、象征公共精神的目标与追求。而地铁公共艺术以地铁空间为物质承载,具备公共艺术的一切特征。作为城市公共文化服务的重要组成部分,地铁公共艺术由政府为组织实施主体,艺术家、公众等参与设计,并长期放置在地铁空间内。地铁内各类标志吊牌、导视系统等,具有艺术功能与社会性功能,也是公共艺术的一种展示形式。

近年来,苏州社会经济繁荣发展,GDP 总量长期稳居全国前 10 名。据 2021 年全国第七次人口普查数据，苏州常住人口达1 275万人。截至2021年，苏州完成轨道交通建设线路5条，在建线路3条。据《苏州市轨道交通线网规划（2035年）》显示，到2035年苏州将建成轨道交通线路22条、运行总里程1 086千米，使苏州线网规模和密度都处于国内领先水平。轨道交通建设速度的加快，为苏州地铁文化的发展提供了机遇，目前苏州地铁公共艺术发展生机勃勃，创作出了大批具有区域文化特色的公共艺术作品，美化了城市空间，丰富了公众审美，提升了城市形象，增强了公众对于城市的认同感及归属感。

二、苏州地域文化特征

苏州地处太湖流域吴文化中心，有着深厚的历史文化底蕴。苏州的基本文化特征表现为：（1）上善若水、兼容并蓄：苏州作为江南水乡的代表，城市河道纵横、湖荡密布，水域占总面积的近二分之一，人民食鱼稻菱藕、住枕河人家、行舟桥两便、业渔殖蚕桑。（2）崇文重教、经世致用：水是苏州的命脉，也赋予了苏州人崇文的性格特点。（3）柔中蓄劲、雅不废俗：吴地长期繁荣，市井文化与士大夫文化互为影响，雅俗并举。"柔"体现为寒山寺、重元寺、北寺塔、报恩寺、灵岩山寺佛家宗教文化的善者仁心；"刚"指有着顾炎武"天下兴亡，匹夫有责"的责任担当；"雅"指有苏州园林文人雅士的一步一景；"俗"指有昆曲、评弹市井生活的百啭春莺、余音绕梁。（4）惟精惟新、人巧天工：苏州传统手工艺门类繁多，工艺技法精湛，据统计，苏州有6项代表作入选人类非物质文化遗产名录，占全国的20%；入选国家级、省级非遗名录的共有130余项，如苏绣、缂丝、宋锦、核雕、玉雕等。这些文化名人、历史典故、特色建筑、传统手工艺等皆可作为苏州地铁公共艺术创作的灵感源泉。

三、苏州地铁公共艺术融合地域文化的实践

（一）传承历史文脉，记录城市记忆

城市的文脉是历史传承的延续，苏州地铁公共艺术创作在尊重历史、保护历史、还原历史的前提下，合理植入历史文化元素。如地铁2号线苏州火车站站点的艺术作品《园林意象·人家枕河》，"园林意象"将苏式漏窗、太湖石、竹子等苏州园林中的经典元素运用现代构成的手法制作出立体的水墨作品，让公众直观了解苏州园林的高雅与经典。"人家枕河"则将苏州江南水乡各类元素组合成一个立体的装饰画，河道、驳岸台阶、乌篷船，将古朴的石桥与粉墙黛瓦的江南民居有机结合起来。这组公共艺术作品用交叠呼应、水乳交融的文化场景，再现了苏州历史文化的时空隧道，唤醒了公众对苏州历史文化的记忆。

（二）保留地域特色，突出新时代城市精神

苏州在保护古城方面一直走在全国前列。如轨道交通1号线乐桥站艺术墙《重教崇文》，作品中间以镂刻的宋代平江图与现代苏州地图为底纹，两端底纹为抽象的水乡题材，苏州培育出的古今文化名人范仲淹、叶圣陶、费孝通、章太炎、钱伟长等的手迹及

事迹介绍穿插进整个画面，生动展示着这座城市"崇文、融合、创新、致远"的新时代城市精神，彰显了城市文化与精神的传承性、群众性和时代性。

（三）注重人文与生态和谐发展，关照公众现实文化需求

有"文化旅游专线"之称的苏州轨道交通5号线串联了山塘街、灵岩山、木渎古镇、盘门景区、金鸡湖景区、阳澄湖景区、太湖旅游度假区，囊括了苏绣、缂丝、玉雕、苏扇、核雕、明式家具等非遗元素，所有站点公共艺术作品将人文资源与自然资源有机结合，关注当下公众休闲度假、文化娱乐等现实需求。以游客集散中心站为例，公共艺术墙重点突出太湖自然风光，提炼太湖芦苇荡的意象元素与鱼形象融合，运用现代浮雕玻璃工艺，营造多弧面的多层次感，通过LDE灯光科技手段，描绘出早、中、晚不同时段太湖波纹起伏的光影效果，增强了公众与公共艺术作品交流互动的乐趣及绿色生态意境。

［资料来源：徐飞扬. 苏州地铁公共艺术与地域文化构建［J］. 城市轨道交通研究，2021（12）.］

［案例思考］结合案例材料，谈谈对苏州地域文化特征与地铁公共艺术融合的认识。

企业物质文化又称为企业器物层文化，是指企业创造的产品和各种物质设施等构成的器物文化，是企业文化在物质上的体现。企业物质文化是企业文化的重要组成部分，是整个企业文化的物质基础，也是企业生存发展的前提要素，包括企业标识、企业产品结构、企业环境和建筑物、企业产品和服务文化、企业广告文化、企业工具文化等。它是企业行为文化和精神文化的显现及外化结晶，反映出企业的大众传播形象。

任务一 企业标识

企业标识是企业文化的表征，是体现企业个性化的标志，包括企业名称、标志、标准字、标准色、吉祥物等。它必须具有自身特色，能达到让人留下深刻印象的效果。

一、企业名称

在企业识别要素中，首先要考虑的是企业名称。企业名称一般由专用名称和通用名称两部分构成。前者用来区别于同类企业，后者说明企业的行业或产品归属。名称不仅是一个称呼、一个符号，而且体现企业在公众中的形象。企业可以由国名、地名、人名、品名、产品功效等形式来命名，企业命名还应考虑艺术性，应当尽可能运用寓意、象征等艺术手法。

（一）企业名称的基本要素

构成企业名称的四项基本要素：行政区划、字号、行业或经营特点、组织形式。行政区划是指县以上行政区划的名称，企业名称一般应冠以企业所在地行政区划名。字号是构成企业名称的核心要素，应当由两个或两个以上的汉字组成。企业名称是某一企业区别于其他企业或其他社会组织的标志，而企业名称的这一标志作用主要是通过字号体现的。企业应根据自己的经营范围或经营方式确定名称中的行业或经营特点字词，以具体反映企业生产、经营、服务的范围、方式或特点。企业应当根据其组织结构或者责任形式，在企业名称中标明组织形式。企业名称中标明的组织形式，应当符合国家法律、法规的规定。

（二）确定企业名称的规范要求

企业法人必须使用独立的企业名称，不得在企业名称中包含另一个法人名称；企业名称应当使用符合国家规范的汉字，民族自治地区的企业名称可以同时使用本地区通用的民族文字；企业名称不得含有有损国家利益或社会公共利益、违背社会公共道德、不符合民族和宗教习俗的内容；企业名称不得含有违反公平竞争原则、可能对公众造成误认、可能损害他人利益的内容。企业在申请、使用企业名称时，不得侵害其他企业的名称权；企业名称不得含有法律或行政法规禁止的内容。企业名称不仅应符合《企业名称登记管理规定》最新版本的有关规定，同时也应符合其他国家法律或行政法规的规定。

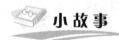 **小 故 事**

"腾讯""QQ""微信"名字的由来

说起腾讯大家都很熟悉，它是当今我国最大的互联网企业之一。马化腾当初起的这个名字饱含着深切的含义。一方面，马化腾的名字里面含有一个"腾"字，表示公司和自身密切相关；另一方面，"腾"字还含有腾飞、发达等意思。而后缀的"讯"字，更多的是因为老东家润迅对马化腾的影响，所以才取其"讯"字。于是，"腾讯"公司便由此而生。

作为最主流的社交软件之一，QQ最早是腾讯借鉴国外一款叫作ICQ的即时通信软件而来。ICQ问世之后，受到了众多网友的喜爱，大批量的用户蜂拥而至。腾讯早先打算将其命名为OICQ，后来被原版ICQ起诉侵权，最后为了更加简洁明了，直接以QQ命名。这也造就了此后闻名于世的QQ。

说起QQ，就不得不说一下微信了。作为QQ的继承者，或者说是替代者，比起QQ，微信在当下明显更受欢迎。那么它的名字又是怎么来的呢？此名字的由来有三个说法。其一，以"微"开头刚好符合当时的Web 2.0小时代，微博在当时十分受欢迎，所以腾讯便将之取名为微信；其二，李白的《梦游天姥吟留别》中有"海客谈瀛洲，烟涛微茫信难求"句，其中"微""信"二字颇有韵味，便以这两个字命名；其三，微信最初就是一个邮箱,但它又快得不像邮箱,马化腾就随便将其起名为"微信"。

(资料来源:吴晓波. 腾讯传[M]. 杭州:浙江大学出版社,2017.)

二、企业标志

企业标志是通过造型简单、意义明确的统一标准的视觉符号,将经营理念、企业文化、经营内容、企业规模、产品特性等要素传递给社会公众,使之识别和认同企业的图案与文字。企业标志代表企业全体。企业标志是视觉形象的核心,它构成企业形象的基本特征,体现企业的内在素质。

(一)企业标志的特征

企业标志的特征主要有识别性、领导性、造型性、延展性、系统性、时代性和艺术性等。

1. 识别性

识别性是企业标志的基本功能,企业借助独具个性的标志来体现本企业及其产品的识别力。企业标志是现代企业市场竞争的利器。

2. 领导性

企业标志是企业视觉传达要素的核心,也是企业开展信息传达的主导力量。

3. 造型性

企业标志图形的优劣,不仅决定了标志传达企业情况的效力,而且会影响到消费者对商品品质的信心及对企业形象的认同。

4. 延展性

企业标志作为应用最为广泛、出现频率最高的视觉传达要素,广泛应用于各种传播媒体。

5. 系统性

企业标志一旦确定,可以用强有力的标志来统一各关系企业,采用统一标志不同色彩、同一外形不同图案或同一标志图案不同结构的方式,来强化关系企业的系统化精神。

6. 时代性

现代企业置身于发展迅速的社会,面对着日新月异的生活和意识形态、不断变化的市场竞争形势,这决定其标志形态必须具有鲜明的时代特征。

7. 艺术性

企业标志图案是形象化的艺术概括,它用特有的审美方式、生动具体的感性描述和表现,促使标志主题凸显,从而达到准确传递企业信息的目的。

(二)企业标志建设应遵循的原则

企业标志的建设要分析研究企业所在的市场,能充分反映企业特性并符合企业定位与形象,能满足消费者的需要与认知,符合时代意识和日新月异的潮流走向。企业标志的建设应遵循适应性原则、知识性原则、可呼性原则、易识性原则、美观性原则和普适性原则。

1. 适应性原则

企业标志建设要符合企业产品营销的法规和风俗,要适应时代潮流。

2. 知识性原则

企业标志形式要根据产品行销地消费者的文化水平和产品性质适当选用图形商标、文字商标或组合商标。

3. 可呼性原则

无论是哪一种类型的企业标志,都应该能被广大客户很容易地用语言来称呼。

4. 易识性原则

无论是哪一种类型的企业标志,都应该简单易识,并且具有明确而强烈的表现力,容易被客户记住。

5. 美观性原则

企业标志必须符合艺术法则,造型优美精致,适应大众审美心理,给人以美的吸引和享受。

6. 普适性原则

在设计企业标志时,应考虑标志在多种场合的使用(企业建筑物、产品的包装、员工徽记和广告媒介等),同时还应考虑在宣传媒介上制作方便,确保普适、统一的企业形象。

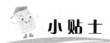

苏州轨道交通标志及其含义

苏州轨道交通标志图形(图5-1)以向左向右的轻轨车头为主要设计元素,如传统回纹般的语汇恰巧形成负形为"S"的图标,代表了姑苏,又似中文的"互"字,一来一回的互动,传达快速、便捷的轨道交通的属性。蓝色象征科技、时尚,红色象征捷运、热情,环抱、融合的标志体现和谐社会下的和谐交通。

图5-1 苏州轨道交通标志

(资料来源:苏州市轨道交通集团有限公司)

三、标准字

标准字指企业名称标准字体、产品名称标准字体和其他专用字体。它是企业形象识别的基本要素之一，往往与商标同时使用，出现频率高、运用广泛，几乎出现于所有的应用设计中。标准字的设计处理不但是信息传达的手段，也是构成视觉表现感染力的不可缺少的要素。标准字包括品牌标准字和企业名称标准字。它们的基本功能都是传达企业精神，表达经营理念。

标准字的设计应当遵循准确性原则、关联性原则和独特性原则。

所谓准确性原则，指标准字应做到最大限度的准确、明朗、可读性强，不会产生任何歧义。

所谓关联性原则，指标准字的设计不只是考虑美观，还要充分调动字体的感应元素，确保标准字和商品的特性有一定的内在联系，唤起大众对商品本质的联想。

所谓独特性原则，指设计标准字要以企业的文化背景和企业经营理念为基础，设计出独具一格、具有鲜明特色、有震撼力的字体，将企业的经营内容或产品特性利用各种方式具体地表现出来。

四、标准色

标准色是企业根据自身特点选定的某一色彩或某一组色彩，用来表明企业实体及其存在的意义。色彩是视觉感知的基本因素，它在视觉识别中的决定性作用，使得企业必须规定出企业的用色标准，使企业标志、名称等色彩实现统一和保持一贯，以达到企业形象和视觉能够被识别的目的。

色彩作为视觉文化中的一个重要因素，能有力地表达情感，在不知不觉中影响着人们的精神、情绪和行为。每一种颜色都能诱发出一定的情感。标准色的选择依据以反映企业的经营理念、经营战略，表现企业文化、企业形象为主，同时还要根据不同消费者的心理感受及年龄，不同企业、行业的特点，颜色的含义及其视觉性来确定。一般说来，幼儿喜欢红、黄两色（纯色），儿童喜欢红、蓝、绿、金色，年轻人喜欢红、绿、蓝、黑色及复合色，中年及老年人喜欢紫、蓝、绿色；男性喜欢坚实、强烈、热情之色，而女性喜爱柔和、文雅、抒情的色调。

标准色设计一般分为企业理念确立、企业形象拟定、色彩设计、色彩管理、反馈发展等五个步骤。设计是有计划的造型行为，色彩设计要考虑用什么颜色才能表现企业形象的特质，为便于识别并取得较好的设计效果，标志色彩的诱目性、明视性要高；同时，设计还要注意配色调和的美感，根据色相、色调的合理组合，传达出正式、安定、高级的感觉。色彩设计确定后，还须制定色彩规范，制作表色符号或贴附色样，并标明色彩误差的宽容度，以便实行标准化管理。色彩设计出效果后，还须追踪考察设计成效，将信息反馈资料作为企业形象更新发展的参考。

五、吉祥物

在整个企业识别设计中，吉祥物以其醒目性、活泼性、趣味性越来越受到企业的青睐。利用人物、植物、动物等为基本素材，通过夸张、变形、比拟、幽默等手法塑造出一个亲切可爱的形象，对于强化企业形象有不可估量的作用。由于吉祥物具有很强的可塑性，设计者往往根据需要设计不同的表情、姿势和动作，较之严肃庄重的标志、标准字，更富弹性、更生动、更富人情味，更能达到令人过目不忘的效果。如米其林集团的"轮胎人"、海尔集团的"海尔兄弟"、旺旺集团的"旺仔"都是家喻户晓的形象，而"QQ企鹅""京东狗"也早已为人们熟知。

苏州轨道交通5号线卡通形象

苏州轨道交通5号线的卡通形象小代言人叫"智小五"。它的头顶上有两个圆盘形触角，代表的是5号线列车配置的"司机眼"系统。5号线是江苏省首条全自动运行线路，"司机眼"系统具备障碍物探测功能和障碍物检测装置监控功能，能进一步提升全自动运行的安全性。脸部周围添加的白色曲线以及脸颊两边的天蓝色四边形车灯等，让"智小五"的头部依然有列车的车体形态，胖胖的身体也凸显出"智小五"是个可爱的"吃货少女"。此外，胸前的白色五边形也暗含了"第五条线路"的意思。

（资料来源：苏州市轨道交通集团有限公司）

任务二　企业环境和建筑物

一、企业环境

企业环境是企业文化的一种外在象征，它体现了企业文化的个性特点。企业环境主要是指与企业生产相关的各种物质设施、厂房建筑及职工的生活娱乐设施，一般包括工作环境和生活环境两个部分。

（一）企业工作环境

企业工作环境的构成因素很多，主要包括两部分内容：一是物理环境，包括视觉环境、温湿环境、嗅觉环境、营销装饰环境等；二是人文环境，主要内容有领导作风、精神风貌、合作氛围、竞争环境等。创造良好的企业内部环境不仅能保证员工身心健康，而且是树立良好企业形象的重要组成部分，企业要尽力营造一个干净、整洁、独特、积极向上、团结互助的内部环境，这是企业展示给社会公众的第一印象。

企业要营造和谐的工作环境。为员工提供安全、舒适的工作环境，配备必要的工作工具和办公设施；建立内部沟通交流制度，加强内部沟通与交流，为员工提供和谐、高效、优质的服务，营造团结奋进、严格管理、不断创新、追求卓越的工作氛围。企业管理者在强调工作纪律与工作效率的同时，不能忽略人与人之间关系的和谐，更不能忽视对普通员工的尊重，要率先垂范，在企业中营造良好的人际关系氛围，体现人与人之间的人格平等；通过开展企业文化建设，培育共同的价值观和行为准则，营造相互鼓励、相互帮助的工作氛围，形成"胜则举杯相庆，败则拼死相救"的团队精神。和谐的工作环境能使每个员工在企业中不但干得好，还干得开心，从而不断增强企业的凝聚力。

改善企业内部环境，要满足员工多层次的需求。贴近员工开展思想政治工作，加强内容和形式的创新，贴近基层、贴近一线、贴近员工。企业内部各种宣传阵地、新闻媒体，都要增强可读性。大力表彰先进，总结先进单位、先进集体的经验，树立典型，大力推广。对各种荣誉的获得者，要给予精神或物质激励，满足员工精神和物质两方面的需求。

（二）企业生活环境

企业的生活环境包括企业员工的居住、休息、娱乐等客观条件和服务设施，以及企业员工本身及其子女的学习条件。这些方面的好坏也会影响企业员工的工作热情和工作质量。因此，在优化企业生产环境的同时，要注重优化企业的生活环境，使员工免除后顾之忧，从而更加专注于工作。

二、企业建筑物

建筑是人类最重要的文化现象之一。一定时期的建筑总是反映一定时期的文化内涵，企业建筑同样也反映了企业文化的内涵。

（一）企业建筑物与企业文化之间的联系

一个企业形成具有个性的、优秀的企业文化体系需要长期的过程。这个过程就是要将企业的核心价值观通过各种途径在员工中进行宣传，使员工由内心逐渐接受进而融入企业文化的塑造。这种传播大多是由上而下的传播，包括听觉、视觉，它是多方位的、长时间的渗透过程。企业建筑物毫无疑问是传播企业精神文化的主要载体，它要为员工创造一种工作的氛围，在这个氛围里，员工时刻都能感受到企业文化的价值内涵。在建筑综合环境效应下，员工的心理和生理会受到影响，在不知不觉中接纳企业的精神理念。所以，建筑与文化这两者有异曲同工之妙。可以说，自从有了企业文化，企业建筑就与之有了密不可分的联系，一定时期的建筑肯定反映了一定时期的文化，而一个企业的建筑也肯定需要反映其企业文化的深刻内涵。

（二）企业建筑物体现企业文化的方式

第一，从传统文化与企业文化的结合中寻找构思源泉。企业建筑物要反映企业文化的内涵，就一定要深刻理解该企业的核心价值观。因为企业文化总是建立在特定的民族文化基础之上，并与该民族物质文明与精神文明的发展水平密切相关。例如，西方大多数企业崇尚个人主义和英雄主义，所以大多数企业文化的提法也比较直接。因此，企业应将企业建筑物所处的民族文化和企业本身的特质理解透彻，这样才能够将企业文化的内涵渗透到企业建筑物中。

第二，将企业的形象战略进行提取、拼贴、变异和进化，应用到企业建筑的造型、色彩及布局设计中。企业的"形象手册"是一个企业为规范企业的对外形象而制定的，包括企业理念、企业行为系统、企业视觉识别系统等内容，特别是企业视觉识别系统部分和企业建筑物有着密不可分的联系。要将企业的形象战略应用到企业的建筑物上，可以对企业的标志、标准色、形象符号等进行提取、拼贴、变异和进化，从而很好地将企业文化体现在企业的建筑物中。

（三）企业文化展馆

一些有历史积淀的企业，为了弘扬企业文化和企业精神，强化外部宣传，建设了一系列以展示为主的企业博物馆或者企业文化展厅。

1. 企业博物馆

博物馆首先为企业服务，馆内藏品与企业密切相关。博物馆展示企业实力、企业文化和企业形象，同时也是企业与消费者沟通、激发消费者热情的平台。企业博物馆在国外有很长的历史，奔驰、波音、可口可乐等跨国企业都有自己的企业博物馆。中国也有不少企业创办了自己的博物馆，如海尔集团创办了家电博物馆，青岛啤酒创办了啤酒博物馆，等等。

2. 企业文化展厅

企业文化展厅是综合展示企业文化的场所，一般有文字、图片、道具、参观者参与项目等，能让参观者从中感受企业文化的整体风貌。可以说，企业文化展厅既是企业员工学习企业文化的场所，也是企业对外宣传企业形象的窗口。

小贴士

苏州轨道交通影像巡回展

在苏州轨道交通建设15周年、运营10周年之际，集团举办了"深情回望，逐梦未来"影像巡回展，在4号线南门站、5号线劳动路站提供为期一个月的"沉浸式"观展体验，与苏州市民共同重温苏州轨道交通15年来的心路历程，回顾那段服务民生的城市记忆。展览从"深情回望""党建引领""领导关怀""感恩同道""拥抱未来"五大方面，精心遴选了52个历史画面。

（资料来源：苏州市轨道交通集团有限公司）

任务三　企业产品和服务文化

　　企业生产的产品和提供的服务是企业生产经营的成果，它是企业物质文化的首要内容。传统的产品及对它的解释，常常局限在产品特定的物质形态和具体用途上，而在现代市场营销学中，产品则被理解为人们通过交换而获得的某种需求的满足，归结为消费者和用户期求的实际利益。由此，产品概念所包含的内容就大大扩充了——产品是指人们向市场提供的能满足消费者或用户某种需求的任何有形产品和无形服务。有形产品主要包括产品实体及其品质、特色、式样、品牌和包装；无形服务包括可以给买主带来附加利益和心理上的满足感及信任感的售后服务、保证、产品形象、销售者声誉等。

一、企业产品与产品文化

　　现代产品的整体概念由核心产品、形式产品和附加产品三个基本层次组成。

　　核心产品是指产品的实质层，它为顾客提供最基本的效用和利益。消费者或用户购买某种产品绝不仅仅是为了获得构成某种产品的各种材料，而是为了满足某种特定的需要。

　　形式产品是指产品的形式层，较产品实质层具有更广泛的内容。它是目标市场消费者对某一需求的特定满足形式。产品形式一般通过不同的侧面反映出来。产品形式向人们展示的是核心产品的外部特征，它能满足同类消费者的不同要求。

　　附加产品是指产品的扩展层，即产品的各种附加利益的总和。它包括各种售后服务，如提供产品的安装、维修、送货、技术培训等。在国内外许多企业的成功经验中，很重要的一条就是良好的售后服务。它们除了提供特定的产品外，还根据顾客和用户的需要提供多种服务。在日益激烈的竞争环境中，附加产品给顾客带来的附加利益，已成为竞争的重要手段。

　　通过企业的产品，人们可以了解其科学合理的企业管理、严格的质量管理、创新的设计理念、精湛的工艺技术、高效的生产管理、完善的售后服务、高超的促销手段、吸引消费者的魅力等，从而进一步明确对该企业文化形象的认知。因此，企业文化形象最终是体现在它的产品和服务上的。

小贴士

法国巴黎国立工艺博物馆地铁站

1994年,为了纪念工艺博物馆建成200周年,漫画艺术家弗朗索瓦·舒腾将法国巴黎国立工艺博物馆地铁站台设计成儒勒·凡尔纳小说《海底两万里》中鹦鹉螺号潜艇内部的形状,让人感觉似乎穿越到了一个科幻的时空。

(资料来源:凯瑟琳·泽登,让-弗朗索瓦·皮特,西尔维·德梅. 地铁简史[M]. 梁岩,译. 北京:中国友谊出版公司,2021.)

二、产品质量文化

(一) 质量文化的含义

质量文化就是企业在长期生产经营实践中,由企业管理层特别是主要领导倡导、员工普遍认同并逐步形成和相对固化的群体质量意识、质量价值观、质量方针、质量目标、质量标准、检测手段、检验方法、质量奖惩制度等的总和。

(二) 质量文化的构成

质量文化由以下四个部分构成。

1. 质量物质文化

它指的是产品和服务的外在表现,包括质量工作环境,产品加工技术,设备能力,资产的数量、质量与结构,科学与技术水平,人力资源状况等。

2. 质量行为文化

它包括在质量管理活动、宣传教育活动、员工人际关系活动等过程中产生的文化现象。从企业人员的结构看,质量行为文化包括领导干部的领导行为文化、企业员工的群体行为文化、质量队伍的专业行为文化等。

3. 质量制度文化

它是约束员工质量行为的规范文化,包括质量领导体制、质量组织机构、质量保证体系、质量奖励与管理制度等。

4. 质量精神文化

它是质量文化的核心文化,包括质量文化理念、质量价值观、质量道德观、质量行为准则等。

三、企业服务文化

在产品同质化日益严重的今天,售后服务作为现代市场竞争的一部分已经成为众厂商争夺消费者的重要领地。售后服务就是商品出售以后所提供的各种服务活动，它是售后最重要的环节，已经成为企业保持或扩大市场份额的要件。良好的售后服务是提升消费者满意度和忠诚度的主要方式，是树立企业口碑和传播企业形象的重要途径。从营销工作来看，售后服务本身也是一种促销手段。在追踪跟进阶段，营销人员要采取各种形式的配合步骤，通过售后服务来提高企业信誉，扩大产品的市场占有率，提高营销工作的效率及效益。

企业服务竞争是市场经济的一种崭新的竞争形式，有别于技术竞争、管理竞争、产品质量竞争、价格竞争、广告竞争、促销竞争等，它是企业为满足顾客需要、提高顾客对产品的满意程度而进行的市场竞争。

售后服务主要包括以下几方面的内容：

第一，代为消费者安装、调试产品；服务的内容多样化。

第二，根据消费者要求，进行有关使用等方面的技术支持与指导。

第三，保证维修零配件的供应。

第四，负责维修服务，并提供定期维护、定期保养。

第五，为消费者提供定期电话回访或上门回访。

第六，对产品实行"三包"，即包修、包换、包退。

第七，处理消费者来信、来访及电话投诉，解答消费者的咨询；同时，用各种方式征集消费者对产品质量的意见，并根据情况及时改进。

从竞争发展趋势来看，企业要想取得持续竞争优势，除了必须把根基扎在技术、质量、价格上外，还要拓展技术服务、维修保养、顾客培训、服务咨询、送货上门、超值服务、电子商务等一系列服务形式，持续打造高效优质的服务文化。

任务四　企业广告文化

一、企业广告文化的内涵

企业广告文化是指蕴含在广告运动过程中的，逐渐被人们所接受和认同的价值观念、风俗习惯等生活方式的总和，是广告中蕴含的独特的文化底蕴，是广告必然的构成要素之一。它是以广告为载体、以营销为动力、以改变人们的消费观念和行为为宗旨的一种文化传播形式。广告的传播过程就是人们共享社会文化的过程，也是企业价值观念不断被传送、强化和被公众接受的过程。

（一）企业广告文化是一种社会文化

广告是现代社会中相对独立的一种文化现象，一方面从不同的角度、用不同的方式丰富着社会文化的内涵，另一方面又同社会要素相互影响，共同推动着社会文化的繁荣。它不仅在很大程度上支配着人们的消费观念、消费方式，而且影响着人们的世界观、人生观和价值观。

（二）企业广告文化是一种经济文化

广告是目前世界上最普遍、最广泛的一种商业活动。它是在现代市场经济高速发展背景下产生的，其创作目的、创作方式、创作内容等诸多环节都离不开社会经济文化；同时，广告文化还能反作用于社会经济，凭借其强大的社会影响力繁荣市场经济，推动生产力的发展。广告既是现代商战的利器，也是品牌传播的工具。

（三）企业广告文化是一种大众消费文化

广告文化是随着市场经济而生的，其创作以大众价值、市场需求为发展导向，并同商品、媒介共同形成了大众消费文化这一独特的意识形态，同时广告文化还反作用于大众文化，引领大众消费文化的发展。它唤起人们的消费激情，潜移默化地影响和改变着人们的消费观念、消费行为和消费方式。

二、广告文化的特征

作为社会生活中一种特殊的文化现象，广告文化既具有一切文化的共性，又有其独特性，这主要表现为以下几点。

其一，商业性。一方面，广告是在商品生产、交换过程中产生的，其根本目的在于商品宣传，推动产品或服务的销售，因此，其在诞生伊始便具备商业性特征。另一方面，广告构思、制作、发布的每一环节，都需要广告主的资金投入及制作公司的参与，因此，其本身便是一种商业活动，具有一定的商业性质。

其二，导向性。一方面，广告通过形象直观的画面、逼真的场景来阐述其消费理念，激发大众的消费欲望，促使大众产生购买行为；另一方面，广告自身还具有一定的价值观念，在反复播放的过程中，以润物无声的方式对大众进行认知渗透，进而说服广大受众认可其宣传理念。

其三，多元性。在当前经济、政治、文化交流日益频繁的背景下，以大众文化为导向的广告文化也日益繁富。一方面，植根于社会文化大环境的广告文化在制作过程中吸纳了来自本土、域外或现代或传统的多元文化，必然会呈现多元的发展态势；另一方面，广告的目的是树立企业形象和引导人们消费，其内容的制作必然要考虑社会不同群体的需求和价值取向，体现社会的主流文化。而且，现代企业广告的发布已形成了比较系统的多元化媒体网络，既有传统的广播、电视、报刊、图书渠道，也有新兴的互联网门户网站、自媒体平台等,这使得广告文化具有载体多、传播广、影响力大等多元特点。

其四,民族差异性。广告文化作为一种文化现象,受经济环境、风俗习惯、民族心理、性格特征、思维方式和价值观念的影响。即使是对同一信息,人们也可能产生不同的主观感受,尤其是在跨文化传播中,务必了解和尊重消费者的文化背景,避免产生沟通障碍。某地的文化通常通过当地的语言来呈现,语言几乎承载了文化的全部含义。同理,商品及社会文化也可通过广告语言展示给大众。对于广告语而言,它的主要任务就是感染购买者,让消费者产生消费欲望、做出消费行为,并且提高品牌的实际水平,所以广告语应当有文化底蕴。例如人头马酒是法国生产的一种酒,它的广告语就具有自身的文化底蕴。在欧洲和美国,此种酒的广告语是"干邑艺术,似火浓情"。然而此种酒在东南亚尤其一些华人聚居地的广告宣传标语又不一样,是"人头马一开,好事自然来"。后者体现了中华文化祈求吉祥的深层底蕴。

三、企业广告文化的功能

(一)传播价值观念

企业广告中内含的价值观念、产品理念等文化内涵,可以对大众的人生观、价值观、消费观等产生重要的影响。借助广告宣传这一渠道,能够有效传播先进文化,倡导社会精神文明,培养人们的社会美德。此外,广告还有科普的功能。当前,科学技术迅猛发展,新科技、新产品不断涌现,诸如人工智能、基因、纳米等前沿知识,对于人们来说还相对陌生,甚至紧急救助、仪器操作等看起来是常识的东西,很多人也只是一知半解。而企业广告的宣传可以为大众普及科技产品常识,增长人们的见识。

(二)塑造生活方式

广告的目的在于通过思想文化内容的输出提高受众对广告的理解和认同,广告蕴含的思想价值必然会直接或间接地体现出某一国家、地区的社会准则和行为规范。因此,受众在接受和认同广告的同时,也会接受广告对其生活方式的塑造。在社会主义市场经济刚刚确立的阶段,我国内地还没有休闲的观念;随后,大批外来商品的进驻带来了相关广告的宣传。例如,麦氏咖啡的"享受悠闲一刻"等广告宣传,使得"休闲"这一概念进一步影响了受众的思想。再如,苹果智能手机的第一代广告语"苹果重新定义了手机",让世人为之"疯狂",对广大的消费者产生了巨大的引导作用,甚至改变了世人的生活方式。

(三)实现自我价值

自我价值是人在满足基本的生理需求和安全需求后产生的更高阶的自我需求,是自我对社会做出贡献后社会和他人对作为人的存在的一种肯定关系。自我价值主要通过成功、荣誉、地位、尊严等表现出来。而出于促进消费的目的，企业往往会将这些社会认同的自我价值同自身产品联系起来，于是品牌便成为消费者个人身份、社会地位的象征性符号。

在后现代社会，消费者不再仅仅根据产品的功能做出选择，还会根据产品的象征意义做出选择。产品的象征意义表现在两个方面：向外是构建了社会世界，即社会象征意义；向内则构建了自我身份，即自我象征意义。在消费者个人和社会世界的产生与维持中，消费扮演了提供意义和价值的核心角色。产品的象征意义被传递并赋予品牌，从而使得品牌经常被用来作为建立和维持身份的象征性资源。

地铁广告

地铁广告是指在地铁这一特定公共空间环境中，通过多种展陈方式向空间内人群进行广告传播的活动。地铁广告按照视觉元素可以分为地铁形象广告、导视系统广告、公共艺术广告等，按照目的可以分为商业广告和公益广告。

（资料来源：刘志哲，孙荜．"情感化设计"视域下伦敦地铁广告经验对我国地铁广告发展的启示[J]．现代广告，2022（8）．）

 **企业工具文化**

一、企业服装服饰文化

（一）企业服装服饰的内涵

企业服装服饰包含企业制服和企业工作配饰两个部分。所谓制服，就是上班族在其工作岗位上按照规定必须穿着的，由其所在单位统一制作下发的，面料、色彩、款式整齐划一的服装。制服是为不同的工作需要而特制的服装。企业制服包括经理制服、管理人员制服、员工制服、礼仪制服、文化衫等。企业工作配饰包括领带、工作帽、纽扣、肩章、胸卡等。

制式化的工作服有助于突显企业的纪律性，增强企业的凝聚力，营造有序的企业氛围，提升员工的企业归属感。制服凝聚着企业的标准与规范，体现了协调与和谐的团队精神，对外传递着企业尊严与企业信心。

（二）企业制服的价值

企业制服的价值体现在以下几个方面。

第一，企业制服可以增强企业的凝聚力。穿制服能够提升员工对企业的归属感和员工之间的认同感，从而提升企业和团队的凝聚力，以及员工和员工之间的协作力。

第二，企业制服有助于树立企业形象。员工穿制服既是企业对员工形象的管理，也是企业形象的体现。成功企业的经验告诉我们，一家具有优秀形象的企业更容易在商海的竞争中脱颖而出。

第三，企业制服可以创造独特的企业文化。企业制服是穿在员工身上的，不仅能反映员工的精神风貌，更能体现出企业的文化内涵。比如，深色调和款式保守的制服体现的是企业稳健的作风，而颜色亮丽、款式时尚的制服则能表现企业的创新和开拓精神。

第四，企业制服可以规范员工行为。穿上制服后，员工可以迅速进入工作状态。制服是自律、专业及忠于职守的体现，这无疑能起到规范员工行为、增强员工纪律观念的作用。

（三）企业制服的设计要求

1. 适用性原则

适用性原则指既要考虑员工的岗位，也要考虑季节因素，设计多套制服。制服要能反映员工的精神风貌，体现企业的文化内涵。根据特定对象系统、完整设计的制服是企业或群体核心精神理念的体现。优秀的企业制服设计能够使企业或群体的形象更具特色，是展现企业精神风貌的"风景线"。

2. 体现企业特色

企业制服设计要基于企业理念，表现出企业的形象属性。在注重功用的同时，企业制服还要充分考虑到设计的原创性和艺术性。

3. 体现行业特色

企业制服是企业文化的形象标识。随着公司的发展，统一企业形象、着装一致的重要性已经被众多行业认同并实施。企业制服设计要基于行业特色，表现出诸如航空、铁路、地铁、银行、宾馆酒店等已为大众认同的服装设计模式。

4. 体现整体视觉形象

企业制服设计要考虑视觉效果，通过色彩、标志、图案、领带、衣扣、帽子、鞋子、手套等传达出整体的视觉形象。企业制服制作构思可以从每个要素出发进行创意，也可以从整体角度出发进行创意；可以用新元素进行创意，也可以用常规元素超常理构成进行创意。

5. 搭配性

企业制服设计可以和已设计好的视觉识别基本要素相搭配。比如，在保持整体风格一致的前提下，将企业的标准字做成工作牌或标徽或直接绣在制服上，并以标准色作为制服的主要色调,通过其他不同颜色对不同的岗位性质做出区分。

二、企业办公用品文化

(一)企业办公用品文化的内涵

企业办公用品是企业信息传达的基础单位,在企业的生产经营中用量极大,扩散频繁,而且档次、规格、式样变化多端。因此,办公用品是企业视觉识别的有力手段,具有极强的稳定性和时效性。

(二)企业办公用品的文化设计

企业办公用品主要指纸制品和工具类用品。办公用品的设计涉及纸制品规格标准的设计、纸制品的形式和格式设计、运用于办公用品中的基本要素的选择及组合、办公用品的空间布局、办公用品的统一设计等。在设计中,应注重以下几个环节:①引入的企业识别标志和变体、字体图形、色彩组合必须规范。②所附加的企业地址、电话号码、邮政编码、广告语、宣传口号等,必须注意其字形、色彩与企业整体风格协调一致。③对于办公用品视觉基本要素的引入,以不影响办公用品的使用为原则,并在此基础上增加美感。如纸张中涉及的企业基本信息要素,应位于边缘区域,并根据心理学的视觉法则,一般应位于整个版面的上方或左方,以给其使用留出足够的空间。④对于办公用品的选择,一般应选择质量较好的制品,不能出于成本考虑而因小失大。

三、企业交通工具文化

企业的交通工具是塑造、渲染、传播企业形象的流动性媒介和渠道。交通工具外观的设计,重在企业识别标志和其变体的构成组合,尤其是同车体、车窗、车门构成组合的协调。在设计时,应注意以下两个方面:

第一,车辆外观的设计应和企业名称设计、产品名称设计、标准字的运用、标准色的选取等相一致。

第二,由于车辆形体、大小、车型不同,在应用时还应注意和具体的交通工具相结合,使车辆对企业的宣传得体、恰当。

中国商飞的质量文化建设

中国商用飞机有限责任公司(以下简称"中国商飞")于 2008 年 5 月 11 日成立,总部设在上海,由国务院国有资产监督管理委员会、上海国盛(集团)有限公司、中国航空工业集团有限公司、中国铝业集团有限公司、中国宝武钢铁集团有限公司、中国中化股份有限公司共同出资组建。

中国商飞自成立的第一天起就把质量镌刻在了向蓝天起航的里程碑上。百年航空史，百年质量路，质量是竞争的基础，是安全的承诺。对于承载民机发展重任和使命的中国商飞，质量决定着型号研制和公司发展建设的成败。中国商飞质量文化建设的具体做法主要有以下方面。

一、弘扬质量文化，开展特色活动

质量发展离不开文化的土壤。打造具有中国商飞特色的质量文化是公司文化建设的重要着力点和不可或缺的组成部分，更是增强质量意识、提升质量水平、提高民机研制能力的重要举措。2011年，公司紧密围绕公司使命和文化理念开展质量文化建设，发布了《质量文化手册》。《质量文化手册》是质量文化建设的重要载体，目的是向广大职工介绍质量管理的基本知识和基本理念，增强全员质量意识，努力提高大型客机和新支线飞机的竞争力。

在"以质量求生存，以质量促发展，以质量保成功"的指导思想引领下，公司形成了"质量就是生命，质量就是责任，质量就是素质"的质量价值观，"精湛设计、精细制造、精诚服务、精益求精"（简称"四精"文化）的质量方针更加深入人心。公司选择有基础、有热情、有条件的部门、团队、班组，分批、分层开展质量文化试点示范活动，培育一批鲜明的体现公司文化、有效带动公司文化的典型组织和团队。

中国商飞每年根据质量工作要点及领导要求，以不同的主题开展"质量月"活动，进行质量文化宣传，传播质量知识和方法，让质量文化入眼、入脑、入心。每年举办"讲大飞机故事，塑大飞机品牌"演讲比赛。每年在"质量月"期间开展"十大青年质量安全标兵"评选活动，挖掘和树立在推进飞机型号研制和公司发展建设中，特别是在飞机设计、制造、试验试飞、运营保障、客户服务等一线工作中质量安全成绩突出的青年典型。

二、建设精品班组，铸造质量诚信

班组是质量工作的第一现场，深入、持续地推进质量信得过班组建设已成为中国商飞质量管理的一项重要工作。公司领导多次到班组现场检查指导工作，提出"单位抓要求、型号抓大纲、基础抓班组"的质量工作要求，希望班组成员时刻牢记安全第一、质量第一，努力实现质量信得过班组建设活动的规范化、常态化。

班组是践行质量文化的阵地，公司实施"四个坚持"推进质量信得过班组建设工作：一是坚持完善标准不折腾。公司将全国质量信得过班组要求与公司班组特点进行有效综合，编制了《质量信得过班组建设和考评要求》，并根据实际情况做了修订，以提高文件的指导性和可操作性。二是坚持深入基层辅导不动摇。公司将质量信得过班组建设推进部门基层，专职人员深入100多个班组调研指导，编制了多种教辅资料，指导班组日常建设工作的规范开展。三是坚持现场评选不松懈。公司每年举办评选会，把评选作为交流、学习和展示的平台，多个班组在台上同台竞技，大家互相学习，互相切磋，形成比、学、赶、帮、超的风气。四是坚持科学发展不停步。在建设中，公司关注质量科学的最新发展态势，将质量理念、模式和方法融合案例推荐给班组进行实践，形成班组独具魅力的管理特色。

三、推广质量管理方法，完善质量管理体系

中国商飞以质量规划为统领，对标国际一流航空企业管理经验，积极引入和推广先进的质量管理方法，加速提升质量管理水平和质量管理能力。推行精益管理模式，编制了《持续改进控制程序》《精益专员管理办法》《精益改进项目实施手册》《精益现场建设和考评要求》《原因分析和纠正措施工作指南》等文件，提供政策支持，规范和指引精益推进指导问题的解决，完善了精益管理的制度体系，建立了4支内部讲师队伍。

中国商飞质量管理体系建设紧密围绕持续改进、不断完善体系文件、细化优化过程、规范流程质量要求，开展内部审核和管理评审活动，及时发现不足，保持了质量管理体系良好的运行状态，为公司质量工作持续高效运行提供了强劲动力。

[资料来源：①中国商飞公司官网. http://www.comac.cc；② 孟淑红，陈鹰. 弘扬"四精"文化，理念落地生根——中国商飞公司质量文化建设的实践［J］. 上海质量，2017（7）.]

案例思考题

1. 中国商飞为什么重视质量文化建设？
2. 结合案例材料，分析中国商飞质量文化建设的特色与启示。

项目训练

【训练内容】企业物质文化调研。

【训练目的】加深对企业物质文化建设的理解和应用。

【训练步骤】

步骤一：各小组（4—6人）选择当地一家企业，调研该企业物质文化建设情况，针对所调查的企业物质文化案例材料展开讨论。

步骤二：整理并制作企业案例分享PPT。

在讨论的基础上形成本小组的案例分析思路，并制作PPT。PPT内容涵盖企业背景、企业物质文化建设情况、存在问题与改进建议等。

步骤三：小组汇报并讨论。

小组代表（至少4人）上台汇报制作的企业案例分析PPT。可采取小组比赛方式，小组汇报后请参加比赛的小组同学提出问题或建议，进一步丰富对该案例所揭示的企业物质文化建设的认识和理解。最后完成以下问题，巩固学习成果：

(1)简述调研的企业物质文化案例分析报告。
(2)通过总结案例,谈谈你对该企业物质文化建设的认识。
步骤四:对本次实训中实训者的表现和能力进行教师评价、小组互评和个人评价。
步骤五:以小组为单位提交本次案例分析报告。

自测题

1. 企业标识包括哪些内容?
2. 简述企业环境和建筑物的内容。
3. 简析企业产品文化的内涵。
4. 如何理解企业广告文化的属性和功能?
5. 企业工具文化包括哪些内容?

【延伸阅读】

特伦斯·迪尔,艾伦·肯尼迪. 新企业文化:重获工作场所的活力[M]. 孙健敏,黄小勇,李原,译. 北京:中国人民大学出版社,2021.

项目六 企业文化测评

【学习目标】

1. 了解企业文化测评研究的发展概况
2. 掌握企业文化测量的工具
3. 掌握企业文化的典型评价方式

苏州轨道集团文化地铁建设

苏州轨道交通是流淌在2 500年姑苏城下的交通血脉，浸润着吴文化的历史底蕴、文人骚客的佳作名篇、苏工苏作的独具匠心，以及苏州人民争当先锋、勇立潮头的奋进精神。苏州轨道交通注重以车站空间为载体，传承、弘扬、致敬传统文化和城市精神。苏州轨道集团以博雅审美、吴门底蕴和现代情怀相融的理念进行创作，使得轨道交通车站在文化内涵、视觉形象、材料工艺等多种元素的碰撞下，有了"风雅颂""赋比兴"等各具特色的表达。

一、轨道交通站里的苏州非遗

索山桥西站是苏州轨道交通3号线和5号线的换车站，是全国首个苏绣主题车站（图6-1、图6-2）。车站站名以苏绣绣制，远观仿佛书法作品，细看则会被苏绣绣法的精细深深震撼。站内展出的艺术互动装置《星空》，运用20余种苏绣针法进行绣制，还创造性地加入了数字互动技术，实现了传统非遗技艺与现代科技创新技术的首次结合。站内还布置了结合彩色绣线和园林花窗两大苏式元素的《彩虹通道》、将渐变绣线和现代建筑美学融会贯通的《丝路》等公共艺术作品，在轻细线条、柔美色彩间，将刺绣之美展现得淋漓尽致。

图 6-1 苏绣站名"索山桥西"

图 6-2 苏州轨道交通索山桥西站

二、轨道交通站里的姑苏故事

苏州轨道交通车站是地下的艺术殿堂,不同车站结合地理特色和历史文化进行个性化创作,以线网勾画出"不一样的苏州符号"。

以苏州火车站为例(图 6-3),车站艺术作品主题为"园林景观",以现代语汇将苏州园林的精华陈列其中,以前景、中景和远景三个层次,集中表现园林中的亭阁、叠石、理水、绿化等意蕴。小船、石桥、水巷和现代苏州等元素,一方面表现"君到姑苏见,人家尽枕河"的姑苏水乡意境,另一方面表现改革开放以来苏州建设和发展的新成果,体现苏州城市的古韵今风。

企业文化实务

图6-3 苏州轨道交通苏州火车站公共艺术作品

又如同里站（图6-4）以"石情画意"为主题，背景采用石材雕刻的古镇最具代表性的"一园、二堂、三桥"古建筑风景，中景再现同里古镇著名的退思园砖浮雕门楼，前景采用不锈钢切割、镶嵌的平面化太湖石形态，构建出一个建筑资源丰富、人文底蕴深厚、自然风光旖旎的江南古镇形象。

图6-4 苏州轨道交通同里站公共艺术作品

三、轨道交通站里的文化驿站

苏州轨道交通注重在车站内宣传展示苏州文化，利用地域广、客流大等自身优势为更多的优秀苏式作品赋能。苏州轨道集团与苏州市文联联合打造城市公共艺术空间，定期展出苏州版画等传统工艺作品，将艺术展览从固定场馆迁移到乘客出行的"必由之路"，大大提升了展览的关注度和参观数，有效激活了城市和人的艺术交流。与苏州团市委联合打造苏州青匠BOX地铁体验店（图6-5），为青年手工匠人的作品提供展示、售卖、交流的空间，不断丰富、提高青年对苏式文化的感知度、体验度、认同感。与苏州市图书馆联合打造车站里的读书室（图6-6），共建设3个实体图书馆、5个图书投递点，配备大量图书、报刊及检索电脑等多媒体设备，为读者提供足够的生活信息与知识百科。地铁图书馆服务网络的打造赋予苏州轨道交通文化新的特色，也开辟了苏州公共图书馆发展的新天地。未来苏州轨道集团将设置更多的服务点，以更好地满足乘客、市民的文化需求。

图6-5　苏州青匠BOX地铁体验店

图6-6　苏州轨道交通站内图书馆

（资料来源：苏州市轨道交通集团有限公司）

[案例思考]　苏州轨道交通文化展示体系有哪些文化主题？

任务一　企业文化测评

一、企业文化测评的基本概念

在企业文化测评研究的进程中，出现过不同的测评理念、方法和模式，它们对应着相应的测评概念，如企业文化测量、企业文化评价、企业文化评估等。

企业文化测量是企业文化测评领域中一个常见的概念。测量的原意是指通过实验的方法将被测量（未知量）与已知的标准量进行比较，以得到被测量大小的过程，是对被测量定量认识的过程。企业文化测量主要受到来自起步较早的管理心理学和组织行为学领域的测量模式的影响，它一般是通过开发的量表，测量目标企业现有企业文化的典型特征，然后通过与常模（norm）的比较，发现目标企业企业文化的优势与劣势，再根据特征进一步确定企业文化的所属类型。

在企业文化测量中，常模主要是借鉴了心理测验中的概念，原意是指用于比较和解释测验结果时的参照分数标准。它实质上是一种供比较的标准量数，由标准化样本测试结果计算而来，即某一标准化样本的平均数和标准差。在企业文化测量中，常模用来代表群体内（比如属于某个行业或某一阶段的企业）差异情形的分数架构，可以作为解释个别分数的标准与依据。此外，在编制量表的过程中，需要注意的概念是，作为编制测量题目依据的测量尺度，以及作为保证测量结果可靠性与适合性的信度和效度。

企业文化评价和企业文化评估是一组相近似的概念，有时可以等同使用。评价的原意是指通过详细的研究和评估，确定对象的意义、价值或者状态。评价的过程是对评价对象进行判断的过程，是运用标准对评价对象特定方面进行比较分析的过程。评估的本意则有评价和估量的意味。在企业文化测评领域，人们常常根据划分的企业文化层次结构，对相关要素进行评价，进而对企业文化形成一个总体的判断，这是一种综合评价企业文化的模式。这种模式中的评价，对应的英文表述是"evaluate"。此外，英文中关于评价和评估还有一个词叫"assess"。有学者指出，"assess"是收集证据并对是否获得某种能力进行判断的过程。有学者主张文化应该深入基本假设的层面加以探查，评价企业文化就应该首先识别企业的文化假设，进而才能解释这些假设与一些文化特征的关联。这属于探查式的评价或评估。

以上对企业文化测量、评价或评估等做了初步的介绍，下面通过比较它们之间的差异，对这些概念及其所反映的测评模式做进一步的阐释，见表6-1。

表 6-1　企业文化测量与企业文化评价（评估）研究的比较

类别	对象	主要目的	典型方法	测评效果
企业文化测量	企业文化的特征	（1）判断企业文化的所属类型 （2）预测组织或员工的有效性 （3）揭示企业文化对经营绩效的贡献	采用定量方法借助量表设计问卷施测，并转化为数据指标，比照常模，确定文化的类型或特征	（1）能够揭示组织文化的一些表象和所表达的价值观 （2）方法相对简单，对操作者要求不高，利于大规模测试和比较 （3）被测者所提供数据的客观性和科学性有时遭到质疑 （4）特定量表的局限性难以展现组织文化的全貌
企业文化评价（评估）	企业文化的层次和要素	（1）了解和破译企业的文化 （2）评价特定企业文化的优劣	定性方法、定量方法均有采用 （1）通过个人和小组面谈的过程来评测，探查企业的文化，特别是文化深层次的潜在假设 （2）选定评价要素集（指标体系），给定各要素（指标层）权重，确定评价等级，通常运用综合评价方法进行定量评价（给企业文化打分）	（1）访谈研讨法 ① 能探查企业文化的深层假设，描述企业文化的全貌 ② 能结合企业特定问题或专题展开，提出配套的文化变革方案 ③ 访谈效果对操作者的专业能力依赖性强，对操作者的要求较高，同时也不利于横向比较 （2）综合评价法 ① 通过综合评价对总体打分，利于评比和比较 ② 受评价者主观感受影响，评价结果存在较大主观性 ③ 虽然能形成整体性评判，但不利于系统提出诊断和改进方案

通过表 6-1 中的比较，可从三个方面对企业文化测评的特点加以总结。

第一，测评对象。测评对象是企业文化。在特定的测评中，因视角不同，测评对象还会在企业文化的特征、层次和要素方面有所差异和侧重。

第二，测评目的。测评目的呈现多样性。这些目的可以大体分为解析企业文化、评价企业文化优劣、判断企业文化类型、预测组织有效性、提供文化变革方案等。

第三，测评效果。一般而言，测评效果能基本实现对企业文化的整体性评判（描述文化特征和评定综合分数），但在把握文化本质和指标客观性两者之间难以平衡，在系统地提出诊断和改进方案方面也显得不足。

二、企业文化测量研究的发展概况

在企业文化研究热潮兴起的 20 世纪 80 年代，测量研究成果丰硕。如格拉泽（Glaser）开发出的组织文化测量 OCS（Organizational Culture Survey，1983）模型，基尔曼（Kilman）和萨克斯顿（Saxton）用来测量行为形式的文化差异测量 CGS（Culture Gap Survey，1983）模型，库克（Cooke）和拉弗蒂（Lafferty）用于测量行为特征的最常用工具组织文化量表 OCI（Organizational Culture Inventory，1986），萨什金（Sashkin）和富姆（Fulmer）旨在测量组织价值观的组织信仰问卷 OBQ（Organizational Beliefs Questionnaire，1985）等。

进入 20 世纪 90 年代，企业文化测量研究得以深入，并呈现如下特征：借助各类量表和问卷进行定量化研究；对研究成果信度和效度的实证检验有较高要求；更加重视问卷测量的理论基础；研究面向实践应用，测量、评估和诊断之间的界限变得模糊，测量工具更趋简化和直观。

企业文化量表

国际上很多企业文化量表都是以企业价值观与基本假设作为测量对象的。测量人员把标准化量表发给员工，员工通过填写问卷来描述其工作环境中的价值观、基本假设、行为方式、组织承诺等方面的信息。

一般来讲，企业文化量表包括两种形式的问题。一种是采用标准化量表形式，针对各个维度设计价值观及管理行为特点方面的条目，让测试对象按企业实际情况的符合程度进行打分评价；另一种是提一些简单的开放性问题让员工回答，如"请描述你所在团队最提倡或最反对的行为"之类。这两种提问方式所获取的信息重点不太一样，各有优缺点。在实际中，有效量表都是由这两类问题有机组合而成的。

（资料来源：张德，吴剑平. 企业文化与 CI 策划 [M]. 北京：清华大学出版社，2020.）

任务二　企业文化测量工具

目前还没有一种量表和测量模式可以用来描述或解释企业文化的全部现象，但是测量确实可以为分析和把握企业文化的关键要素及其特征提供帮助，特别是一些已经被证明的相对成熟的量表，为诊断企业文化提供了科学的分析框架。以下是几种代表性的企业文化测量工具。

一、竞争性价值模型

竞争性价值模型（Competing Values Model，简称 CVM）由奎因（Quinn）等人提出。他们早期的研究发现，组织有效性的研究应从三个价值维度进行，即控制与柔性、内部与外部、手段与目的，进而建构出一个有效性标准的空间框架。后来，奎因等在此基础上开发出竞争性价值模型 CVM。该模型被从柔性到控制性的纵轴和由内部导向到外部导向的横轴划分为四个象限，其中每个象限代表一种经典的组织理论：第一象限是开放系统模型，第二象限是理性目标模型，第三象限是内部过程模型，第四象限是人际关系模型。

从 20 世纪 90 年代起，在 CVM 基础上又衍生出文化契合性模型、组织文化类型模型、组织有效性的竞争价值模型等研究成果。其中最具代表性的是用于诊断和变革组织文化的 CVF（competing Values Framework，竞争性价值框架）简化模型。在此模型中，两个成对的维度（柔性—稳定性和内部导向—外部导向）同样被划分出四个象限，用于测量组织有效性的指标群分布在四个象限中，反映了员工对于组织表现的价值认同。每个象限以它最显著的特征命名：宗族型（clan）、活力型（adhocracy）、层级型（hierarchy）和市场型（market）。见图 6-7。

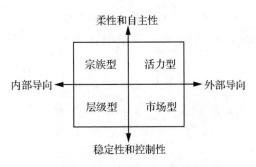

图 6-7　竞争性价值框架

二、组织文化评价量表

金·卡梅隆（Kim S. Cameron）和奎因构建了组织文化评价量表 OCAI（Organizational Cultural Assessment Instrument），这是在 CVM 模型基础上开发出的最具代表性的测量工具，对组织文化的诊断和变革具有实用价值。OCAI 从组织绩效的影响因素中提炼出六个方面来评价组织文化，这六个方面分别为：主导特征、领导风格、员工管理、组织凝聚、战略重点和成功准则。每个方面下设四个选项，分别对应四种类型的组织文化，受测者按照选项陈述与组织文化的契合程度给四个选项打分，四个选项的总分为 100 分。对于特定组织来说，它在某一时点上的组织文化是四种类型文化的混合体，通过 OCAI 测量后形成一个剖面图，可以直观地用一个四边形表示。OCAI 在辨识组织文化的类型、强度和一致性等方面很有效，尤其在组织文化变革测量方面实用价值较大。

表 6-2 是组织文化评价量表：7 为非常适合，1 为完全不适合，其他介于两者之间。受测者在认为合适的程度上打"√"。

表6-2 组织文化评价量表

序号	问题	你认为该描述符合所在组织的程度
1	组织的管理特征	
1.1	组织是一个人性化的地方,就像是家庭的延伸,人们不分彼此	7 6 5 4 3 2 1
1.2	组织很有活力和创业精神,人们勇于冒险和承担责任	7 6 5 4 3 2 1
1.3	组织的功利性很强,人们主要的想法是完成工作,员工的能力很强,并且期望成功	7 6 5 4 3 2 1
1.4	组织被严格控制,且纪律严明,人们按照规章制度办事	7 6 5 4 3 2 1
2	组织的领导能力	
2.1	组织的领导通常被视为体现了导师、推动者或培育者的作用	7 6 5 4 3 2 1
2.2	组织的领导风格主要是创业、创新和尝试冒险	7 6 5 4 3 2 1
2.3	组织的领导风格是"没有废话",具有进取性和高功利性	7 6 5 4 3 2 1
2.4	组织的领导风格是有条理、有组织性、运作流畅且高效率	7 6 5 4 3 2 1
3	员工的管理	
3.1	管理风格是团队合作、少数服从多数,以及参与性强	7 6 5 4 3 2 1
3.2	管理风格是个人英雄主义、喜欢冒险、勇于创新、崇尚自由和展现自我	7 6 5 4 3 2 1
3.3	管理风格具有很强的竞争性,要求和标准都非常严格	7 6 5 4 3 2 1
3.4	管理风格主要是确保雇佣关系,人们的关系是可以预见、稳定和一致的	7 6 5 4 3 2 1
4	组织的黏合力	
4.1	组织内的成员靠忠诚和互信黏合在一起,人们具有承担义务的责任感	7 6 5 4 3 2 1
4.2	组织内的成员靠创新和发展黏合在一起,走在时代的前端是重点	7 6 5 4 3 2 1
4.3	成功和完成目标把人们联系在一起,进取和取得胜利是共同的目标	7 6 5 4 3 2 1
4.4	组织内的成员靠正规的制度和政策在一起工作,维持一个顺畅运作的组织是非常重要的	7 6 5 4 3 2 1
5	组织的战略重点	
5.1	组织重视人力资源发展、互信、开诚布公,以及员工持续的参与	7 6 5 4 3 2 1
5.2	组织主要寻求新的资源和迎接新的挑战,尝试新的事物和寻求机遇是员工价值的体现	7 6 5 4 3 2 1
5.3	组织追求竞争和成功,打击对手和在市场中取得胜利是组织的主要战略	7 6 5 4 3 2 1
5.4	组织希望看到持久和稳定,效率和顺畅的运作是工作重点	7 6 5 4 3 2 1

续表

序号	问题	你认为该描述符合所在组织的程度
6	成功的标准	
6.1	组织对成功的定义为人力资源、团队合作、员工的贡献和对员工关怀上的成功	7 6 5 4 3 2 1
6.2	组织对成功的定义是组织具有最特别和最新的产品,组织是产品的领导者和创新者	7 6 5 4 3 2 1
6.3	组织对成功的定义是组织赢得市场份额并打败对手,成为市场的领导者	7 6 5 4 3 2 1
6.4	组织视效率为成功的基础,标准化的工作和低成本至关重要	7 6 5 4 3 2 1

运用 OCAI 量表评价企业文化建设,突出的优点在于为企业管理团队提供了一个直观、便捷的测量工具,而且在企业文化变革等方面也表现出较高的实用价值。

三、丹尼森组织文化模型

丹尼森组织文化模型是目前应用较为广泛的企业文化分析模型之一,由瑞士洛桑国际管理学院教授丹尼尔·丹尼森(Daniel Denison)创建。丹尼森组织文化模型建立在四种文化特性基础之上,即参与性、一致性、适应性和使命。在 10 多年的研究中,丹尼森发现,这四个文化特性与企业的经营业绩有着必然联系,资产收益率、投资收益率、销售增长额、市场占有率等都与其高度相关。通过挖掘每一个特性对企业经营管理的关键环节,以及企业管理行为和员工行为的影响,人们可以发现这些文化特性作用于企业经营及其业绩的内在机理。

(一)丹尼森组织文化模型的四大特征

丹尼森总结了组织文化的四大特征,分别对应参与性、一致性、适应性和使命四种文化特性。每种文化特性进一步对应三方面的指标,每个方面的指标又由更加具体的条目来衡量。

1. 参与性

参与性涉及员工的工作能力、主人翁精神和责任感的培养。公司在这一文化特征上的得分,反映了公司对培养员工、与员工进行沟通,以及使员工参与并承担工作的重视程度。

参与性的三个维度:

(1)授权:员工是否真正获得授权并承担责任?他们是否具有主人翁意识和工作积极性?

(2)团队导向:公司是否重视并鼓励员工相互合作,以实现共同目标?员工在工作中是否依靠团队的力量?

（3）能力发展：公司是否不断投入资源培训员工，使他们具有竞争力，跟上公司业务发展的需要，同时满足员工不断学习和发展的愿望？

2. 一致性

一致性用于衡量公司是否拥有一种强大且富有凝聚力的内部文化。

一致性的三个维度：

（1）核心价值观：公司是否存在一套大家共同信奉的价值观，从而使公司员工产生强烈的认同感，并对未来抱有明确的期望？

（2）配合：领导者是否具备足够的能力让大家达成高度一致，并在关键问题上调和不同的意见？

（3）协调与整合：公司中各职能部门和业务单位是否能够密切合作？部门或团队的界限会不会变成合作的障碍？

3. 适应性

适应性主要是指公司对外部环境（包括客户和市场）中的各种信号迅速做出反应的能力。

适应性的三个维度：

（1）创造变革：公司是否惧怕承担因变革而带来的风险？公司是否会仔细观察外部环境，预计相关流程及变化步骤，并及时实施变革？

（2）客户至上：善于适应环境的公司凡事都从客户的角度出发。公司是否了解自己的客户，使他们感到满意，并能预计客户未来的需求？

（3）组织学习：公司能否将外界信号视为鼓励创新和吸收新知识的良机？

4. 使命

这一文化特征有助于判断公司是一味注重眼前利益，还是着眼于制订系统的战略行动计划。成功的公司往往目标明确，志向远大。

使命的三个维度：

（1）愿景：员工对公司未来的理想状况是否达成了共识？这种愿景是否得到公司全体员工的理解和认同？

（2）战略导向与意图：公司是否希望在本行业中脱颖而出？公司的战略意图是否明确展示了公司的决心，并使所有人都知道如何为公司的战略做出贡献？

（3）目标：公司是否周详地制定了一系列与使命、愿景和战略密切相关的目标，让每个员工在工作时做参考？

这四个特征的12个维度分别对市场份额和销售额的增长、产品和服务的创新、资产收益率、投资回报率和销售回报率等业绩指标产生重要的影响。

（二）丹尼森组织文化模型测评量表

丹尼森组织文化模型测评量表以四种文化特质为核心，12个方面指标为中间环节，

60个具体条目为最终考察对象,见表6-3。测量体系还根据500多家组织的调查结果建构常模,受测对象可对照常模得到百分位数,进一步转化为四分位数,因此受测对象组织文化的相对优势和不足可以很直观地反映在所形成的象数模型中。

表6-3 丹尼森组织文化模型测评量表

如果问题准确描述了你所在企业的正常状况,你就应当表示赞成该项陈述。如果陈述未能准确描述你所在企业的正常状况,你就应当表示不赞成。如果你难以决定在两种答案中应当选择哪一种,请选择最接近企业状况的答案。如果你对陈述既不赞成也没有异议,则应当选择中性的回答。如果某项陈述题与你无关,可以不回答。具体得分如下表所示:

问题回答	强烈不赞同	不赞同	中立	赞同	强烈赞同	不适用
得分	1	2	3	4	5	0

问题:在本公司
(1) 大多数员工积极投入自己的工作(   )
(2) 通常在可获得最佳信息的层面做出决策(   )
(3) 信息广泛共享,每个人都可以在需要时获得所需的信息(   )
(4) 每个人都相信自己能够产生积极的影响(   )
(5) 业务规划具有持续性,并且让每个人都能参与其中(   )
(6) 积极鼓励组织内不同部门之间进行合作(   )
(7) 员工彼此进行广泛合作(   )
(8) 利用团队结构而不是等级结构来完成工作(   )
(9) 团队是我们的主要基石(   )
(10) 工作的组织方式使每个人都能了解本职工作与组织目标之间的关系(   )
(11) 员工被授予权力,可以自己进行决策(   )
(12) 储备实力(员工的能力)不断得到改善(   )
(13) 对员工的技能不断进行投资(   )
(14) 员工的能力被视作竞争优势的重要来源(   )
(15) 由于我们不具备完成工作所需的技能,因此时常出现问题(   )
(16) 领导和管理者能够信守诺言(   )
(17) 具有独特的管理风格和管理方法(   )
(18) 明确、一致的价值观指导着我们的经营方式(   )
(19) 忽略核心价值观会使我们陷入困境(   )
(20) 有道德准则指导着我们的行为,使我们明辨是非(   )
(21) 出现分歧时,我们尽全力找到双赢的解决方案(   )
(22) 组织拥有一种强有力的文化(   )
(23) 即使遇到难题,我们也总能达成一致意见(   )
(24) 在关键问题上我们经常难以达成一致意见(   )
(25) 员工们对正确或错误的行为方式有着明确一致的看法(   )
(26) 我们的经营方式具有一贯性和可预测性(   )
(27) 来自不同部门的员工具有共同的目标(   )
(28) 协调不同部门之间的项目并不困难(   )
(29) 与不同部门的员工进行合作同与来自不同组织的员工合作一样困难(   )
(30) 组织内各阶层的目标协调一致(   )
(31) 工作方式十分灵活,容易做出改变(   )

续表

（32）我们善于应对竞争对手及业务环境中的其他变化（ ）
（33）我们不断采纳新的先进工作方法（ ）
（34）改革尝试通常会遇到阻力（ ）
（35）不同部门经常相互合作，实施改革（ ）
（36）客户的意见和建议常常带来变革（ ）
（37）客户的意见直接影响着我们的决策（ ）
（38）所有员工都对客户的愿望和需求有着深入的了解（ ）
（39）我们在做出决策时经常无视客户的利益（ ）
（40）我们鼓励员工与客户直接接触（ ）
（41）我们将失败视作学习和改善的机会（ ）
（42）我们鼓励、奖励创新和敢于承担风险（ ）
（43）很多事情不了了之（ ）
（44）学习是我们日常工作的一个重要目标（ ）
（45）我们确保部门之间互通信息（ ）
（46）我们制定了长期目标和发展方向（ ）
（47）我们的战略迫使其他组织改变其在本行业的竞争方式（ ）
（48）企业确立了明确的使命，为我们的工作提供指导和方针（ ）
（49）我们制定了明确的未来发展战略（ ）
（50）我不了解企业的战略发展方向（ ）
（51）员工普遍认同组织的发展目标（ ）
（52）领导者制定的目标既雄心勃勃又切合实际（ ）
（53）领导层已公开阐明了我们要努力实现的目标（ ）
（54）我们不断跟踪既定目标的实现进度（ ）
（55）员工都了解取得长期成功所需做出的努力（ ）
（56）我们对组织的未来前景达成了共识（ ）
（57）领导者具有长期发展的眼光（ ）
（58）短期思维经常会影响到我们的长期愿景（ ）
（59）我们的愿景使员工精神振奋，工作积极主动（ ）
（60）我们既能够达到短期目标，同时又不会影响长期目标的实现（ ）

四、双S立体文化模型

一个组织的文化可以从多个维度进行划分，从人与人之间产生联系的角度看，人们通常以社交性（sociability）和团结性（solidarity）这两种行为进行联系。基于这两种特性，可以将企业文化分为四种基本类型，每种基本类型又有正面和负面两种形态，因而称为双S立体文化模型。双S立体文化模型为分析企业文化提供了新的思路，并提供了较为简单的测评体系，其研究结果为更加精确地把握企业文化的类型提供了很好的工具，可以像解剖一样清晰地对企业文化进行诊断、找到病灶，为后续的"精准治疗"打好基础。

如图6-8所示，根据企业中组织的社交性和团结性两个维度将企业文化分成网络型、共有型、散裂型和图利型等四种类型，每种类型都存在正面效果和负面效果。这些企业文化的不同点来源于一个组织的历史和领导人的风格，因而产生了不同企业的特色，同时该组织所属的国家文化和企业传统也会影响企业文化。了解这些因素，可以使企业组织形成独特的组织特色、调整组织环境，甚至可以在必要时进行改革。

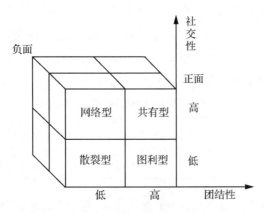

图 6-8　双 S 立体文化模型

（一）社交性

这个维度代表了一个社群内成员的友善程度，在企业或组织中它是表示组织成员之间融洽程度的一个指标。对于新加入的成员，他们首先关注的事情可能与组织的社交性有关。社交性通常发生得很自然，人们对其他人做出友善的事，是因为他们的个人意愿，没有附带条件，也不是隐藏式的交易：高度友善的关系，其价值就在于关系本身。一些组织的内部人际关系可能非常友善、和睦，其成员经常有统一的外出活动；另一些组织可能恰好相反，其成员尽量抵制社会化，很少参加工作外的活动，我行我素，只讨论和工作相关的事（低社交性）。

社交性这一维度同时具有积极的一面与消极的一面。就其积极的一面来看，社交性有益于组织的创造力，因为这种文化提倡人们以团队的形式群策群力，提倡信息共享，这样使人们对新观点保持开放的态度。就其消极的一面来看，社交性高的组织文化可能会导致非正式群体的出现，这种小圈子形式的非正式群体可能影响巨大，以至于会破坏正常的决策程序。此类组织的成员可能为了保持观点一致与关系和睦而不愿反对彼此的观点，也不愿相互批评，表面上一派祥和，这一点在问卷调查中体现得淋漓尽致。

（二）团结性

相对于社交性，团结性描述的不是组织成员之间是否相亲相爱，相反，它着重描述的是组织成员对组织任务与目标的共识程度，它的基础是理性甚于感情。团结性关系是基于共同的目的、共同的利益、清楚了解共同分享的目标而形成的，目标是让所有参与者获利，而不管他们喜欢对方与否。在很多情况下，人们对从事的工作很少有相同的见解，这种团结性程度低的组织随处可见，但是在面对共同的任务目标时，团队成员行为的团结性与一致性程度都很高，因为他们需要团结起来以高度一致的方式完成共同的目标。

保持较高的团结性有助于组织顺利完成一些重要的工作，但同时组织中高度的一致性对于组织外的成员而言有时可能意味着痛苦与无奈。例如，当一个来自不同文化背景的人要加入一支工作经验丰富的队伍，而这支队伍中的成员的工作像一台精准的时钟那样运转有序时，我们可以想象此人将面临怎样的困境，他可能会觉得受到了排斥，并且困惑如何才能在这台时钟上找准自己的位置。高度团结性来源于某种程度的不讲情面及直接对准目标，这样的组织的正负面表现如表6-4所示。

表6-4 高度团结性组织的正负面表现

正面	负面
不讲情面听起来相当无情，但是对顾客和股东而言，却是很正面的动态现象	太强调专注团队的目标和需求，会压迫或伤害那些阻碍它的个人
员工喜欢工作任务有明确性，了解公司目标和达成目标的方法，知道什么样的个人表现会获得嘉奖	最具杀伤力的情况是，团结的行为与态度是装出来的。生活像一场战争，所有人都卑鄙、残酷，为利益而相互对抗
个体的活动帮助组织向目标迈进，并维护共同的利益	

在一个组织中，因其企业文化特性而体现出社交性和团结性某一维度水平偏高的特点，可以通过表6-5中的问题来评估文化组织在两个维度（社交性与团结性）上的水平。被试者的回答表示他们对每一条陈述的认可程度（以1—5分来衡量），分值越高表示认可程度越高。

表6-5 社交性与团结性维度水平

社交性	团结性
工作时，大家总是其乐融融	人们非常清楚自己的目标
在不同的文化背景下，人们总是相处和睦	在工作中有非常明确的行为守则
工作心情轻松，相互取乐	如果有人工作绩效太差，大家会马上处理
结交不同文化背景的朋友	成功永远是第一位的
习惯相互审视、批评地工作	善始善终，绝不会虎头蛇尾

需要注意的是，运用双S立体文化模型时，这四种形态的文化显露出一种生命周期。不论是网络型、共有型、散裂型还是图利型，没有一种企业文化类型是绝对的好或绝对的坏，每一种企业文化类型都可能是"有益机能性的"或"有碍机能性的"，这也是双S立体文化模型是三维空间的原因。探索企业文化形态可通过发放问卷调查表（评估组织文化）的方式进行，见表6-6。

表6-6　问卷调查表（评估组织文化）

调查对象可以是整个公司、事业部、部门或是一个小团队。共有23个问题，指出你同意或不同意的程度						
序号	问题	非常不同意	不同意	不置可否	同意	非常同意
1	我现在评估的团体非常清楚自己的企业目标	1	2	3	4	5
2	人们打从心底互相喜欢	1	2	3	4	5
3	人们遵从清楚的工作方针和指示	1	2	3	4	5
4	人们相处得很好，没有争论	1	2	3	4	5
5	不好的绩效表现会迅速、严格地被处理	1	2	3	4	5
6	人们经常在工作外进行社交	1	2	3	4	5
7	团队表现出强烈的求胜心	1	2	3	4	5
8	人们因为喜欢对方而帮助他	1	2	3	4	5
9	有机会占据竞争优势时，人们果断地行动	1	2	3	4	5
10	人们交朋友纯粹是为了友谊，而不是为了其他目的	1	2	3	4	5
11	有共同的策略目标	1	2	3	4	5
12	人们会向别人吐露私事	1	2	3	4	5
13	人们建立长期而密切的人际关系，有一天或许会从中获利	1	2	3	4	5
14	赏罚分明	1	2	3	4	5
15	人们对其他人的家庭状况很熟悉	1	2	3	4	5
16	团队的竞争对手很明确	1	2	3	4	5
17	人们被鼓励去完成工作，方式不限	1	2	3	4	5
18	达成目标是唯一重要的事	1	2	3	4	5
19	为了完成工作，你可以在系统里运作	1	2	3	4	5
20	开始实行的项目都已完成	1	2	3	4	5
21	当人们离开时，同事会保持联络，知道对方过得如何	1	2	3	4	5
22	工作职责很分明	1	2	3	4	5
23	人们相互维护	1	2	3	4	5

分析方法如下：

社交性：问题包括2、4、6、8、10、12、13、15、17、19、21、23，将这些问题的得分相加，即为社交性的分数。

团结性：问题包括1、3、5、7、9、11、14、16、18、20、22、23，将这些问题的得分相加，即为团结性的分数。

五、多维度组织文化模型

荷兰学者吉尔特·霍夫斯泰德（Geert Hofstede）于20世纪七八十年代首先开始文化影响工作场所价值观的研究，一举成为跨文化管理的学术权威。此后以既有研究方法和成果等为基础，霍夫斯泰德从丹麦和荷兰的10个组织中选取20个分析单元作为研究对象，进行跨组织研究，最终于1990年发表了此项研究成果。

这项定性与定量相结合的组织文化测量案例研究，采用了访谈法和问卷调研法。研究的切入角度不是组织的有效性，而是选择组织文化的层次结构。霍夫斯泰德认为，组织文化由价值观和惯例两个层面组成，其中价值观层居于内核，而惯例层由表及里又可以分为象征、英雄和仪式。该研究发现，价值观层面主要由安全需要、关注工作和权力需求这三个维度支撑，而惯例层面则由过程导向—结果导向、人际导向—工作导向、社区化—职业化、开放系统—封闭系统、松散控制—严密控制、重标准—重实效六个独立的成对维度构成。在此基础上，霍夫斯泰德提出了多维度组织文化模型（The Multidimensional Model of Organizational Cultures，简称MMOC）。研究表明，价值观更多是受人口学指标（国籍、年龄和教育）影响，领导者价值观要通过共享的惯例来影响员工。因此，霍夫斯泰德特别强调组织文化的核心是对惯例的共享认知，而不是通常认为的共享价值观，不同组织间的文化差异主要通过惯例层面的六个维度来反映。

测量尺度

任何测量必须有测量的准则和依据，在测量时采用不同的尺度，将会为事物或变量特征的描述提供不同的信息。尺度的种类主要有四种：名义尺度（nominal scale）、顺序尺度（ordinal scale）、等距尺度（interval scale）和比例尺度（ratio scale）。这四种尺度具有不同的特征和作用。在进行企业文化测量时必须了解这四种尺度的性质，才能选择适当的尺度，用来编制测量工具。

1. 名义尺度。按照事物的特征或属性的不同，分别赋予不同名称作为标记，进而可以将特征或属性相同的事物归为一个类别。应用名义尺度测量或描述事物的特征时，要设法将该事物按照其特征加以分类，并标示类别的名称，然后给它一个代码。

2. 顺序尺度。将事物按照其特征、属性的大小或多少的程度排列。顺序尺度的功能是排列等级、比较顺序。在等级和顺序的排列中，可以比较个体之间的地位，也可说明"大于"或"小于"的关系和差异，但个体之间无相同的距离。

3. 等距尺度。是一组具有连续性、距离又相等的数值。这些数值不仅显示大小的顺序，而且数值之间距离相等。等距尺度的主要特征在于分数、连续性与等距，其主要功能是采用连续且等距的分数说明变量特征或属性的差异情形。

4. 比例尺度。具有等距尺度的全部特征，而且具有"真正零点"。因此，比例尺度的数值之间有相等的比例，不仅可以加减，也可以进行乘除的运算。一般来说，物理特征的测量采用比例尺度。

（资料来源：杨刚，陈国生，王志章. 现代企业文化理论与实践［M］. 西安：西安电子科技大学出版社，2009.）

六、中国企业文化测评标准

中国企业文化测评中心（CCMC）以企业文化测量理论、实践的集大成者身份，联合清华大学、联想集团等专业结构，历经5年时间，开发、完善并形成了"中国企业文化综合测量系统"。作为国内最为权威的文化测量体系，该系统的主要作用有：帮助企业全面盘点自身的文化资产，并进一步区分优劣；了解、把握企业文化的整体状态，进而预测下一步的发展趋势；为企业文化理念的设计、调整等提供科学依据；深入分析企业内部不同部门、层级之间的文化"旋涡"，为把握企业变化规律、促进文化变革、推广企业理念找到关键点，为战略变革、人力资源、市场营销等相关工作提供重要的决策依据。

2009年6月中国文化管理学会发布了《中国组织文化管理体系测评标准1.0》，这是我国首次发布组织文化管理体系测评标准，该标准的发布有力地促进了企业文化建设。但鉴于我国企业文化测评取得的成绩和目前存在的问题，版本升级显得必要而紧迫。于是，2011年11月《中国企业文化管理测评标准2.0》正式发布，新的测评标准坚持"系统化、科学化、规范化"的原则，主要在以下方面进行了修订：一是扩展了测评术语的层级和范围；二是简化了测评适用形式；三是完善了定性测评与定量测评相结合的测评方法；四是增加了企业文化专业人才评价标准；五是设立了测评经典案例库；六是加强了过程控制程序；七是设计了更实用的工具和计算公式；八是扩大了测评核心文件容量。该标准全面增强了企业文化管理测评的指导性、可操作性和实效性。

2015年11月，中国文化管理协会企业文化管理专业委员会发布《中国企业文化建设测评标准3.0》。新版3.0标准具有五个方面的突出特点：①内容划分更细、更科学；②提法和表述更具体、更准确；③更加符合基层企业建设实际；④可操作性更强；⑤从标准的体例上看更加规范。具体来看，标准3.0版本与2.0版本相比较，在指标方面的定量测评由二级指标做到了三级指标。2.0版本设定一级指标4个类别，每个类别满分25分，二级指标20项，每项满分5分，分别对应三种量化状态分值。3.0版本则设定一级指标5个类别，每个类别满分20分，二级指标20项，每项满分5分，三级指标60项，每项满分1—2分，对应三种状况分别选择可量化分值。指标的增加反映出测评更加细化，也将更加准确。在主题方面把"管理"改为"建设"，立意更深刻，内涵更丰富,提法更准确,表述更到位,从单纯的企业文化管理转向全面的企业文化建设,这一转变体现了企业文化建设的目的性、实用性、实效性更明确。

总体来看,经过四十余年的发展,企业文化测量研究已成为企业文化理论的主流研究方向之一,并形成了多视角和多路径的测量研究态势,且研究成果被广泛应用于实践。然而,前景广阔的测量研究正面临着自身的发展瓶颈,从研究范畴的角度看,至少有以下两方面值得深入探讨:一是测量对象的选择。测量研究首先要建构一个可操作化的"企业文化"概念,即解决测什么的问题。在这一根本问题上的研究进展和成果至今尚难被实践所接受。二是测量工具和研究方法的选取。研究者对企业文化认知及其自身专业背景的差异,使得这一问题常常被争论。这两方面的问题与对企业文化本质的研究尚待深入有关,并且局限于心理学和社会学的研究范畴之中的测量研究,尚难以承载解释并指导实践发展的理论功能。在实践中,企业文化建设受泛文化视角影响,而相应的测量研究更专注于通过现象和层次内容来评测组织文化的特质类型,使得企业文化测量目的有所偏移。

任务三 企业文化评价

借助量表定量化地测量企业文化,能够直观地呈现出测量对象在主要特征方面的基本情况,为企业文化管理与变革提供一种简便的技术支持,同时也便于在科学规范的层面对企业文化进行探讨与研究。然而,借助量表测量也只能部分地满足企业文化描述、测评和诊断的需求。在测评的深度、针对性和全面比较等方面,作为另一种测评方式的企业文化评价可以提供企业文化测量力所不能及的帮助。

在企业文化评价中,探查式评价和综合式评价是两种典型的评价方式。

一、探查式评价

探查式评价以了解和破译企业文化的深层假设为目的,使用访谈和诊断的方式形成评价结果,属于定性的测评方式。沙因是这一领域的代表人物,同时也是对企业文化测量方式最旗帜鲜明的批判者,他所依据的主要是其对企业文化本质和层次的基础认识。

(一)企业文化的基本假设

沙因指出,文化发挥的作用解决了团体的两个基本问题:一是在外部环境中的生存能力和对外部环境的适应能力;二是保证组织长期生存和适应的内部结合能力。他把组织文化分为人工制品、价值观和基本假设三个相互作用的层次。沙因在文化表象和价值观没有契合的地方,发现起着决定性作用的更深层次的要素,这些要素就是深层次的基本假设。虽然这些假设不易认知,却是文化在操作层面真正起作用的推动力。从这个意义上讲,企业文化的本质就在于这些深层的基本假设。这些处于组织根底的文化可分为五个维度。

1. 人与自然的关系

人在自然面前是属于被动性的地位还是支配性的地位,抑或与自然是共生性的关系?这是文化的最基本假设之一。在企业中,这种假设依然是重要的推动力源泉,会影响每个个体或组织的价值观与行为。例如,它可以表现为对组织和市场环境关系的认定,反映在战略上,是争做市场的领导者还是做市场的跟随者;面对环境的变化应该采取何种态度,是采取适度超前的引领态度还是积极适应的跟随态度,抑或是我行我素的漠视态度;等等。

2. 人性的假设

人性是本善还是本恶,抑或是其他?人是难以改变的还是可以改变的?这些都是最基本的人性假设所关注的问题。在每种文化中,都有对人性的假设,以及对个人与团体关系的假设。人性的基本假设在企业文化中有着直接体现。例如,企业中的激励和控制系统体现了对员工的信任还是不信任,管理者是倾向于选择培养员工还是直接通过招聘或解雇的手段来选择合适的员工。关于人性的基本假设渗透到日常经营管理的每个环节,是难以回避的重要话题。

"文化人假设"的发展历程

"文化人"就是用文化来总结人的行为动机,即在自然界的"人化"和人自身的"化人"过程中,人的行为动机都是"向文而化"的。"向文而化"指的是自然与人的关系向着更和谐的方向发展,同时人本身也朝着更文明的目标迈进。"文化人"是一种合理的理论假设,"文化人假设"比"经济人""社会人""复杂人"等理论假设所涵盖的范围更为广泛、内容更加丰富,且对人行为动机的总结也更为全面和完善。

随着研究进程的有序、平稳推进,"文化人假设"的探索经历了从"符号动物"到"精神气质""组织文化"再到"互相信任""向文而化"的转变,实现了从思想到理论的蜕变。在整个蜕变过程中,其研究内容、研究方法、研究结论等都发生了明显的变化,只有研究主线,即探索文化与人行为模式的关系,一直贯穿"文化人假设"的整个发展过程,从未发生过显著的改变。

[资料来源:赵龙龙."文化人假设"的发展历程与哲学反思[J]. 文化学刊, 2022 (4).]

3. 人际关系的假设

每一种文化都有关于与他人相互联系的方式假设。在一个组织中,遵循的是集体主义还是个人主义？如果个人利益与集体利益发生冲突和抵触，应该如何平衡，或希望哪一方做出牺牲？在某种特定的组织关系（如上下级、对待客户等）中持有怎样的情绪，是中性的，还是有激发情绪的存在，抑或是被压抑的？人与人之间的关系，应该是竞争的还是互助的？等等。这些都属于人际关系假设的范畴。

组织中的人际关系假设需要解决两个问题：一是权力影响和等级制度；二是亲密性、友谊和同事关系。在人际关系背后更基本的假设是：人与人之间是侵犯性的还是合作性的？各种社交准则都由此而来。

4. 现实和真理的本质

文化的一个重要组成部分是对什么是"现实"，以及如何发现或判断现实事物的一系列假设，即"实然"与"应然"的判断。如组织如何判断什么是真实的，什么是现实的，判断它们的标准是什么；如何论证真实和现实，以及真实是否可以被发现等一系列假定；等等。同时，还包括行动上的规律，时间和空间上的基本概念等。沙因指出，现实层面上包括客观的现实、社会的现实和个人的现实。在判断真实时，可以采用道德的或现实主义的尺度。这对团队成员怎样采取行动、如何筛选适用的信息、什么时候决定是否采取行动、要采取什么行动等问题起决定作用。

5. 时间和空间的本质

时间和空间是人类社会存在的基本背景，文化的基本假设也必然与此有关。人们对于时间的知觉与经验常常是不同的。有些企业只考虑目前，对历史没有感觉，也不在意未来会如何，该怎样去准备。有些企业一个时间段里被要求只能做一件事情，而有些人却习惯同时做几件事情。有些企业认为计划的时间单位应该是年度，没有必要以月度作为计划的时间单位。在有些企业，迟到一刻钟是可以接受的，而在另外一些企业则可能被认为是不尊重他人的行为。空间不仅体现了组织秩序的安排，还会显露个体的地位和组织的意图。有些企业会通过布置办公格局给予领导者很大的专属空间，以彰显领导者的身份和在组织中的地位，而有些企业则会将办公区域布置成开放式的格局，管理者与普通成员间没有明显的隔断，以营造一种可以高度沟通的团队氛围。此外，企业地点的选择、管理者是否有专用的餐厅或停车位、会议室内格局的布置等，也都反映出特定的空间假设。

（二）企业文化的评价步骤

沙因的所有研究，并不是努力创建一种新的组织文化，也不是谆谆教导经理人怎样运用文化手段，而是在组织的现实行为中发现人们没有意识到的假设，并给出符合逻辑的文化解释。从这种解释中，人们可以发现组织文化的演变内在元素和发展趋势，可以使自己对文化的认知从无意识到有意识，甚至可以对文化的先进与落后、有利与不利做出更准确的判断。

在测量研究方面，沙因主张定性研究，认为文化不能通过问卷调查来评测，因为并不知道应该问什么,也不能确定回答的可信性和有效性;面对问卷调查,人们说不出深层的价值观和基本假设;文化可以通过个人和小组面谈的过程来评测。这种方式是高效的,文化评测要针对组织的具体问题,否则就没有价值。

沙因建议评价企业文化的步骤如下:

(1) 组建一个包括组织成员和专家的小组;

(2) 提出企业存在的问题,聚焦于可以改善的具体领域(问题);

(3) 确保小组成员理解文化的层次模型;

(4) 确定企业文化的表象,如可以问一下新成员最初的感受,他们关注的表象;

(5) 识别企业的外显价值观,外显价值观通常是已经被印刷出来的,要确保它们和表象区分开;

(6) 研究价值观与文化表象的匹配度,从不匹配处探查深层次的潜在假设;

(7) 如果探查效果不理想,重复以上步骤,直到理想为止;

(8) 评价最深层的共享假设,发现哪些假设有助于或不利于目标问题的改善。

在这一系列的步骤中,有几个关键环节需要做进一步说明。比较价值观与文化表象不匹配的地方并从中探查深层假设,就是极为关键的一个环节。评价者通常可以收集那些被企业所公开的行为(动)、政策、规则和实践等(表象),并将其与愿景宣言、政策和其他管理沟通形式等规范表达的价值观(外显价值观)相对照,在比较中找出两者不一致甚至存在矛盾冲突的地方,而后推测出究竟是什么推动着公开行为和其他的表象,这些往往就是文化基础假设的线索所在。梳理这些线索,进一步确认这种不匹配的规律性,从中逐一确定文化的潜在假设。将发现的潜在假设专门区分并标示出来,然后察看它们是否能解决文化中的大部分表象问题,并探寻它们之间可能存在的关联和隐藏的规律。

如果上面环节取得的效果还不够理想,可以启动下一个小组的讨论,以达到预期的效果。结合具体问题评价深层共享假设,是要定性地看待它们在具体问题中所产生的影响。这个环节要客观地评价,而不是听取某些人的片面之词,必要时还需要通过其他方式加以验证。最终,不仅要形成定性的认识,还要分析出这些假设是怎样起到帮助或妨碍作用的。

二、综合式评价

这是一种根据所给条件对评价对象的全体采用一定的方法计算综合评价值,再据此择优或排序的评价模式。它期望通过综合评价和比较,帮助受评企业找到自身的差距,以便及时采取措施,进行改进。

该模式通常会先选定评价要素集,给定各要素权重,然后确定评价等级集,最后运用综合评价方法进行定量评价(常以给企业文化打分的形式出现)。其中,评价要素集的确定是重要基础，它一般是相对容易把握的企业文化现象的结构要素。根据企业文化内容构成设计评价指标体系。在指标体系的设计中，一般可设计精神文化、制度文化、行为文化、物质文化这四个基本维度，并逐级分解成企业文化内容构成的总体框架，它相当于模式中的评价要素集。

在企业文化评价指标体系中，由于各指标的影响因素各不相同，有些指标可以通过统计方法获得，而很多指标只能采用专家评价法获得。因而，综合评价中经常运用模糊数学的方法，即模糊综合评价法，以得到较为客观的结论。此外，在评价中也常会用到模糊层次分析法等技术处理方法或手段。

苏州轨道交通科技创新"六维度"

苏州轨道交通采用新兴信息技术，全面感知、深度互联和智能融合乘客、设施、设备、环境等实体信息，经自主进化，创新服务、运营、建设管理模式，构建了综合、安全、绿色、智能、人文、高效的新一代中国式智慧型城市轨道交通。

综合：开展综合技术研究，全面推进苏州轨道交通向综合、高效、一体化方向发展。

安全：秉持"生命至尊，安全至上"的安全理念，落实责任，推进双机制建设，同时不断探索研究安全生产创新技术，确保安全发展的目标。

绿色：坚持绿色发展理念，以人与自然和谐为价值取向，以绿色低碳循环为主要原则，把可持续发展作为绿色发展的目标。

智能：根据智慧城轨发展纲要，构建智慧轨道交通体系架构，通过深化城轨云技术和数据平台应用研究，构建精准、实时、高效的数据采集互联体系。

人文：延续、发扬苏州文化，打造古朴与现代化融为一体的新型轨道交通文化。

高效：坚持降本增效的理念，高效率地建设、运营高质量轨道交通系统。

（资料来源：苏州市轨道交通集团有限公司）

苏州轨道集团运营一分公司的安全文化体系

苏州轨道集团运营一分公司，主要负责轨道交通1、2、3、4号线的运营指挥（调度）、运营安全、乘客服务、运营设施设备的操作及维护。多年来，运营一分公司始终围绕"优质、高效、安全"的总体目标，坚持"安全第一、预防为主、标本兼治、综合治理"的安全生产方针和"精诚管理、精细维修、精确调度、精致服务"的"四精质量方针,以高效安全为企业责任,以优质服务为企业核心,在以"家文化"为核心的企业文化基础上,总结、提炼出了全体员工认可和共享的"五安"安全文化理念,围绕宣教育安、岗位践安、制度保安、环境促安、亲情助安这五个维度,教育和引导员工从安全文化的高度来认识自身的安全生产工作。

安全文化作为企业文化的重要组成部分,主要由"安全法治文化""安全理念文化""安全制度文化""安全行为文化""安全文化宣贯"等五个模块组成。

一、安全法治文化

"安全法治文化"模块以《中华人民共和国安全生产法》为根本,坚持贯彻"安全第一、预防为主、综合治理"的安全生产方针。从企业依法履行的安全生产主体责任、员工依法享有的安全生产保障权利以及员工依法履行的安全生产义务三个方面,简单阐述法律所规定的责任、权利及义务等。

二、安全理念文化

"安全理念文化"模块明确了"五安"文化理念,即"宣教育安、岗位践安、制度保安、环境促安、亲情助安",这是安全文化的核心和基础,也是安全文化建设的总目标、总任务,更是未来安全发展方向和全体员工安全价值观的体现。

通过不断引导,员工逐渐理解和领悟了运营一分公司的安全文化精髓,并将之转化为自身的价值观,最终实现"要我安全"向"我要安全"的本质转变。

三、安全制度文化

"安全制度文化"模块是安全文化得以运用和传播的基石。运营一分公司按照"企业负责、行业管理、国家监察、群众监督和劳动者遵章守纪"的总要求,坚持"管生产必须管安全"原则,实行"谁主管谁负责"的安全生产责任制。建立各岗位安全生产责任制。依据国家法律法规和行业标准,建立符合自身实际的包括安全管理制度和各专业安全操作规程在内的安全生产管理制度体系,足额配备专兼职安全管理人员,并建立由决策层、监督层、策划层、执行层等四个层级组成的安全管理组织。

运营一分公司建立包括应急救援预案体系、网络化应急救援、应急救援队伍、应急抢险设备、应急救援演练、警企联动应急机制、安全信息化等在内的应急管理体系,此外还建立了与行业专家、设备支援单位、政府相关管理部门的合作机制并形成运营一分公司网络化应急救援协作机制,有效提升了线网应急救援处置能力。

四、安全行为文化

"安全行为文化"模块是安全文化理念的动态体现。运营一分公司通过规范化的日常安全监督、专业化的质量安全把控、多元化的安全激励与考核、标准化的安全操作与防护、全方位的乘车安全保障等五个方面,树立正确的安全导向,从根本上引导员工规范自身安全行为,养成良好的安全行为习惯。

五、安全文化宣贯

"安全文化宣贯"模块是安全文化理念向下传播的重要保证。运营一分公司通过开展日常安全活动、安全千天活动、安全主题活动、季节性安全活动等形式多样的活动，提升员工安全生产积极性，营造良好的安全生产氛围。同时通过人文关怀，如"干部进班组"、节假日慰问、困难职工帮扶、EAP（员工帮助计划）、职工运动会等，切实关心员工身心健康，使其能够以最佳的生理和心理状态投入工作与生活，从而使安全生产工作得到充分保障，使安全文化理念更加深入人心。

（资料来源：苏州市轨道交通集团有限公司内部资料）

案例思考题

1. 苏州轨道交通安全文化包括哪些内容？
2. 结合案例材料，分析苏州轨道交通安全文化体系建设的特色及对你的启示。

项目训练

【训练内容】企业文化测评工具的运用。

【训练目的】学会企业文化测评工具的应用，通过调查分析一家公司的企业文化建设情况，加深对企业文化测评的理解，提高分析问题和解决问题的能力。

【训练安排】学生每4—6人分为一个小组，进行适当的任务分工。以小组为单位进行实地调查及访谈，收集整理该公司的企业文化相关资料，选择企业文化测评工具评价该公司企业文化，并制作PPT及电子文档进行汇报。教师可组织小组讨论，并对小组讨论情况给予点评。

【训练步骤】

步骤一：教师推荐或小组自选调查的案例企业。

步骤二：小组讨论选择合适的企业文化测评工具，准备调查问卷和访谈提纲。

步骤三：小组进行实地调查及访谈，收集整理案例企业相关资料，运用企业文化测评工具对案例企业文化进行评价，并制作PPT。

步骤四：小组代表（至少4人）上台通过PPT的形式汇报案例分析报告，可采取小组比赛方式，小组汇报后请参加比赛的小组同学提出问题或建议，教师进行点评和总结。

步骤五：以小组为单位提交本次案例分析报告。

自测题

1. 企业文化测评的特点有哪些？
2. OCAI量表评价组织文化的内容是什么？

3. 丹尼森组织文化模型有哪四大特征?
4. 双 S 立体文化模型的两个维度是什么?
5. 沙因的企业文化基本假设是什么?

【延伸阅读】

埃德加·沙因. 企业文化生存与变革指南[M]. 马红宇, 唐汉瑛, 等译. 杭州: 浙江人民出版社, 2017.

企业文化实务

项目七　企业文化设计与实施

【学习目标】

1. 理解企业文化设计的原则
2. 掌握企业文化基本体系设计的内容
3. 掌握企业文化实施的主要方法

苏州轨道集团的十大理念

一、永葆"国企姓党"的政治本色

苏州轨道集团党委全面贯彻习近平新时代中国特色社会主义思想，严格落实党委主体责任，认真履行党委书记"第一责任人"职责、班子成员"一岗双责"，坚持"两个一以贯之"，坚持"三重一大"及党委前置研究事项规程，充分发挥"把方向、管大局、促落实"的领导核心和政治核心作用。以党的二十大精神为指引，深刻把握中国式现代化的丰富内涵，牢记习近平总书记关于交通运输工作的一系列重要论述，围绕省党代会报告中提出的建设"交通运输现代化示范区"的目标要求，紧密结合苏州市委书记对轨道交通建设规划的讲话精神，不折不扣地推动党中央决策部署和省委工作要求落地落实，积极作为，在长三角一体化建设、四网融合、低碳运维等方面主动破题，坚决扛起"争当表率、争做示范、走在前列"的光荣使命，以实际行动坚定捍卫"两个确立"、坚决做到"两个维护"，切实把党建优势转化为国有企业的创新优势、发展优势、竞争优势。

二、围绕中心，引领发展

苏州轨道集团党委坚持融合化、标准化、智能化、区域化、特色化"五化"同向发力。抓融合化，坚持"线路延伸到哪里，工作开展到哪里，党组织就建设到哪里"，

92个党组织构建起集团党委、二级党委、党总支、党支部的四级联动工作体系,确保党建工作和中心工作同步开展、同步加强。抓标准化,全面推行"党员积分管理"和"支部标准化考核",将党支部年度工作和党员义务任务定标量化,对党员和党组织的考核评价实现了由主观到客观、由模糊到精准的转变。抓智能化,推出轨道党建APP,APP具有信息发布、党员教育、风采展示、考核监督、党费交纳、现场签到、档案留存等功能,实现与市智慧党建平台有效对接,着力提升党建工作质效。抓区域化,组织开展"共建联控"专项工作,积极发挥业主单位、沿线单位、参建单位三方力量,在工程建设、便民服务、经营开发等领域互促共进,共商共享。抓特色化,各级党组织紧密联系自身实际,广泛开展"一支部一特色"活动,形成了"启程"书记工作室、"道襄助""581服务台""党员包保"等有特色、有影响的支部品牌60余个。

三、坦荡一生,永不脱轨

苏州轨道集团始终坚持"严"的总基调不动摇,严守纪律、恪守规矩。集团党委严格落实党风廉政建设责任制,认真履行党委主体责任、书记第一责任人责任、其他班子成员"一岗双责"责任。全面夯实党风廉政建设工作,开展党风廉政工作责任制考核,层签党风廉政责任书,开展政治生态年度自评,通过党风廉政常态监督、节假日"清风行动"联合监督、内部巡察、发展党员工作等专项监督和"共建联控"区域化创新监督,凝聚监督合力,提升监督质效。聚焦重点领域、关键岗位,紧盯人才选拔任用、安全生产建设、招投标管理等方面,修订企业管理制度100余项,排查廉政风险点500余个,制定防控措施1 100余条。出台《员工手册》,对32种违纪行为明确惩处标准,全方位规范员工职场和生活行为,引导员工知敬畏、存戒惧、守底线。

四、生命至尊,安全至上

苏州轨道集团狠抓安全生产不懈怠,严格贯彻习近平总书记对安全生产的重要指示精神,落实建设单位首要责任,以安全生产"红黑榜"机制为抓手,增强施工现场和招标市场"两场"联动,以扎实举措强化施工监理单位履约管理;开发上线"安全课堂"培训系统,涵盖安全管理理论、专业知识等在线学习功能,推动安全教育全覆盖;落实安全风险分级管控和隐患排查治理"双重预防"机制,强化"四不两直"飞行检查,纵深推进安全生产专项整治。推进标准化建设不放松,立足苏州特殊地质环境及古城保护需要,对标国际一流建设标准,围绕工地标准化、施工标准化和管理标准化,编制印发《苏州轨道交通工程系列标准化手册》,标准化施工样板获得住建部、江苏省住建厅及行业专家的高度肯定;逐步形成并持续推行具有苏州特色的质量安全标准化管理模式,总结推广"三管三控"安全管理思路、现场管控"三项核心制度"、土建施工"四大法宝"等"苏州经验"。

五、科技是第一生产力

苏州轨道集团从智慧设计、智慧建造、智慧运维及资产管理等四个方面,开展以数据标准化、平台集成化、工程数字化为核心的企业数字化转型，推动轨道交通的整体发展。大力提升技术能力，积极推行"四新"（新技术、新工艺、新材料和新装备）技术应用，全面推广BIM（建筑信息模型）协同管理平台与深化应用体系，"建设工程BIM协同设计管理拓展应用"获得国家"创新杯"BIM应用大赛一等奖，多项科研成果获国家及省部级科技进步奖，2号线荣获"国家优质工程奖"及"詹天佑奖"，3号线荣获"国家优质工程奖"；自主编写《苏州市轨道交通全自动运行线路初期运营前安全评估技术规范》，填补行业标准的空白；在苏州地区首次成功运用机械法联络通道，节约近70%的工期；此外，还充分利用"5G+"、AR、VR、云计算等技术，将设计、建设、运营、资产开发等环节在数字层面全面打通，形成真正意义上的工程建设全数字化生命周期。善于借助外部力量，与外部科技企业共建行业内首家以智能创新为研究方向的企业实验室，建设以企业为主体的技术创新体系，推动"产学研用"深度融合。

六、人才是第一资源

苏州轨道集团不断加强人才培育。发挥干部青年的生力军作用，常态化举办沉浸式党务干部培训班，以及"书记开讲啦——共话'十四五'""书记就在身边"等专题活动，打造高素质青年人才队伍，助力高水平人才高地建设。近30名员工获评省（市）级劳模、优秀共产党员、优秀基层党组织带头人称号，"苏轨YOUNG"获评全国总工会小程序30强。发挥技能人才"传帮带"作用，举办职业技能竞赛，成立劳模（技师）创新工作室15家，通过技术创新、团队建设等方式，切实解决生产实际问题。19项成果获得国家实用新型专利，14项课题获得省部级荣誉，15名员工获得国赛荣誉，成果转化实现经济效益超千万元。

七、创新是发展的第一动力

苏州轨道集团坚持高点站位，探索优化线网布局。在从无到有、从线到网的基础上，着力构建覆盖城市、连接市郊、串联城际、对接国铁的轨道交通网络。推进TOD模式，探索市场化道路，以"谋划、策划、规划、计划"为实施路径，大力推进5个场段TOD项目，因地制宜形成特色优势，涵盖住宅、精品商业、人才公寓、商务办公等一体化多元功能，努力实现"连点成线、扩线成面"的规模效益，形成产业与空间高度契合、商业与公益协同发展的格局。不断增强自身"造血功能"，为可持续发展注入澎湃动力，推动集团从建设城区地铁网向发展全域轨道网转变，从建设运营轨道向经营城市和产业转变，从传统生产方式向数字化生产方式转变，塑造新型发展模式，转型为经营能力强、兼具社会效益与经济效益的现代化轨道交通企业。

八、精致服务"店小二"

苏州轨道集团坚持"人民地铁为人民"的初心。紧贴市民乘客需求，扎实开展两批次的"我为群众办实事"实践活动和"惠民利民微实事"活动，共计推出长效机制4项，实事项目170个；推出"惠民'十'事"民生工程，开放察乐TOD通道，推动地铁、公交"两网融合",22条公交接驳专线配合开行,公交换乘地铁客运量增长40%,真正打通了出行"最后一公里"。勇于承担社会责任,深化"轨道志愿红"品牌建设,组建常态化志愿者队伍,疫情防控期间累计出动核酸检测1 657次,服务时长超13 000小时;持续深化"党建惠企"专项行动,减免租金1 100万元。此外,积极关注退役军人和残障人士困难群体,发起成立苏州市企业社会责任助残联盟,举办退役士兵就业专场对接会,做好接收安置、职业发展、人文关怀等工作,向社会机构、特殊群体累计捐赠超百万元。

九、江南文化"传播使者"

苏州轨道集团着力打造具有江南特色的地铁文化品牌体系。聚焦文化内涵,讲好轨道故事,旗帜鲜明坚持党管宣传、党管意识形态,坚持正确的政治方向,科学分析研判意识形态领域最新形势,有效防范处置风险隐患,多措并举加强主流舆论宣传引导;持续深化"道德讲堂""轨道大讲堂"等特色文化品牌建设,开展形式多样的文化宣教活动,传承和创新文化内涵;积极探索全新互动媒介,创办苏州首家行业文联,集团文联成功跻身4A级社会组织,同时筹备建立融媒体中心,以"云传播"形式全面提升轨道交通的吸引力和影响力,进一步打造精致服务的良好形象。聚焦文化输出,展现品牌形象。深度响应市委、市政府"江南文化"品牌建设号召,打造国内首条全场景文化旅游特色线,推出"乘着地铁去读诗"国内首个地铁文化特色音频栏目,编排国内首部以地铁为主要场景的音乐剧、制作国内首部地铁艺术图册、编撰行业内首册地铁旅游口袋书、发布"乘着地铁游苏州"9大主题线路,"乘着地铁游苏州"系列活动被纳入2022年第四届"中国苏州江南文化艺术·国际旅游节";打造地铁"创意空间"和地下文化长廊,开展"遇见"文化节,以轨道交通客流"红利"赋能城市文旅产业发展。

十、绿色生活"潮流先锋"

苏州轨道集团深入贯彻新发展理念,奋力推动高质量发展。以技术创新引领绿色发展趋势,新线规划采用直流智能照明、智能高效空调等技术,狠抓节能降耗,助推低碳增效。以特色活动营造绿色发展氛围,全面落实开展绿色出行宣传月和公交出行宣传周活动,利用线上平台、线下"三进"等多种宣传渠道,引导市民关注绿色出行。推出苏e行"云图书馆""里程数换碳积分""9·22世界无车日""答题领取乘车票"等活动,增强市民环保节能意识,营造良好的绿色低碳氛围。

(资料来源:苏州市轨道交通集团有限公司)

[案例思考] 苏州轨道集团的企业文化特色是什么?如何设计企业文化体系?

任务一　企业文化设计原则

企业文化设计应遵循以下基本原则。

一、共性与个性相结合原则

从客观上说，共性是企业存在的基础，而个性则是企业发展的本源。在竞争激烈的环境中，企业文化的强弱与优劣一定程度上决定了企业生命周期的长短。企业的个性可以表现在许多方面，但个性的形成往往不是一蹴而就的，需要很长的时间来培育。而这种培育机制就是建立在一定企业性质之上的以人为载体的企业文化，因而企业文化的使命就是构建和培育企业的独特性格。

由于企业文化总是建立在一定的企业性质之上，因而一方面，建立在此基础上的任何企业文化都有其共性。另一方面，由于任何企业文化的载体都是人，而不同的人、不同企业的人对客观世界的认识都受其自身条件和客观环境的制约，因而表现出强烈的个性特征。共性则预示着建立在同一经济基础之上的企业文化可以继承，但个性又表明了对于任何一种企业文化都必须坚持继承、消化、创新、发展的辩证态度。只有这样才能真正建立起适应企业发展要求的企业文化，也只有这种企业文化才能为企业的发展起到保驾护航的作用。一个企业需要什么样的性格取决于企业自身的素质和外部环境的状况，而企业能否拥有这种性格则依赖于企业文化的状况。换言之，一个企业的文化必须与企业所需要的性格相适应且随着它的变化而变化，否则，企业文化不仅不能促进企业的进步，反而会起阻碍作用。企业的一种文化是否有着强大的生命力，是否能促进企业的持续发展，关键就在于这种文化是否与企业所要求的生产力相适应。

小贴士

华为的"狼性"文化

一个狼群的执行力决定着这个狼群的生存力，企业同样如此。一个企业是否具有市场竞争力，乃至企业目标能否最终实现，关键在于是否高绩效和是否具备"狼性"的进攻力与高效执行力文化。因此，打造高绩效、具有强悍执行力的作战团队，对于一个企业来讲是必修课。这就需要企业团队成员都能尽职尽责，让身处企业中的每位成员都能成为真正的执行者。

如何让人性和"狼性"之间实现平衡呢？华为的做法是把"满足客户需求，为客户创造价值"作为员工工作绩效评价的第一标准，并以此为公理、公约，打造华为的强大学习力和执行力文化。企业既要像家又要像军队，这样就吸引并留住了那些有潜力、有进取心的人才，也自然滤掉了那些懒惰、不思进取的人，实现了优秀人才的聚集，从而超越竞争对手，满足客户需求。

（资料来源：吴帝聪，李治明. 华为核心竞争力：华为人才培养的16条规则［M］. 北京：中国纺织出版社，2021.）

二、共识原则

创造共识是企业文化体系构建的核心所在。构建企业文化的过程中要重视企业员工对企业整体价值观的认同，形成企业文化共识。

在企业文化构建中强调共识原则，主要有以下原因：

第一，共识是凝聚力的基础。企业的员工来自各个方面，有着不同的专业知识和不同的工作技能，从事着不同种类的工作。每个员工都是独立的个体，都有独立的思想和价值判断标准，也有自己独特的行为方式。如果企业不能达成共识，任由员工按自己的意志和行为方式行事，企业就可能成为一盘散沙，不能形成整体合力。企业员工之间只有达成共识，心才能往一处想，力才能往一处使，才能使企业产生凝聚力。

第二，共识是形成企业价值观的基础。企业价值观是企业文化的核心，它决定和影响着企业存在的目的和意义，为企业的发展提供基本的方向和行动指南，是形成企业员工共同的行为准则的思想基础。企业价值观是企业文化构建的核心环节。企业文化不是个别人的文化，而是企业全体员工的文化。企业价值观也不是个别人的价值观，而是企业的整体价值观，是全体员工的追求、信仰和思想观念的集中体现。因此，在企业文化的构建过程中，需要从多样化的群体和个人价值观中提炼出一些基本信念，然后在企业全体员工中进一步强化这些信念，进而达成共识，并逐渐形成全体员工认同的整体价值观。优秀企业文化的形成本身就是全体员工达成共识的过程。

第三，共识是科学决策与管理的基础。企业是在一定的内外部环境条件下开展生产经营活动的，其经营绩效受到内外多种复杂因素的影响和制约。面临复杂多变的内外环境，仅靠一个人的知识、经验、智慧和能力，往往无法考虑到影响企业活动的所有因素，做出的分析判断也可能是片面的，因此，很难保证决策的正确性，也很难能在经营管理中找到科学的途径和方法。企业只有凝聚共识，强调全员参与，依靠全体员工的智慧和能力，集思广益，才能实现科学的决策和管理。

在企业文化构建的过程中贯彻共识原则有两方面的原因：一方面，企业要利用各种正式或非正式的文化网络，把企业所倡导的价值标准及与之相关的故事、趣闻、风俗习惯等传达给企业员工，通过员工的不断认识、认同和内化，逐渐形成企业共识；另一方面，企业要建立有利于共识生长的参与式管理文化，创造出更多让员工参与管理的机会和条件，充分调动员工的积极性和主动性，激发员工把实现自我价值和实现企业价值自觉结合起来，从而促进企业共识的达成。

三、目的原则

企业文化体系的构建是围绕一定目的进行的。一般说来，企业文化建设的主要目的有以下四个方面。

（一）增强企业核心竞争力

核心竞争力是指能够使企业在市场中保持和获得长期竞争优势的，企业拥有的有价值的、稀缺的、独特的资源和能力。识别企业核心竞争力的一个最基本的特征就是企业是否具有"别人不容易模仿的能力"。企业文化是企业在长期的生产经营中产生的，企业全体成员普遍认同并遵守的具有本企业特色的价值观念和行为规范，企业文化具有独特性、难以模仿性、不可替代性等特征，是企业核心竞争力的重要组成部分。企业要构建优秀而独特的企业文化，就要着眼于增强企业的核心竞争力，积累企业文化资本，促进企业健康发展。

（二）增强企业的凝聚力和向心力

优秀的企业文化是一种黏合剂，在员工中起到沟通维系及凝聚的作用。企业文化的构建过程，就是在企业中形成融洽和谐的企业文化氛围的过程，通过统一的企业价值观的确立，管理人员和普通员工传递了信息，加强了联系，沟通了感情，协调地融合于集体之中。

构建优秀的企业文化，促使个人的动机、行为同企业经营的目标相统一，增强员工的归属感，把各方面的成员团结起来，在良好的企业文化氛围中形成企业尊重信任员工、员工爱企业如家的风气，增强企业的凝聚力和向心力。

（三）加强对员工行为的规范和约束

对员工行为的规范和约束首先依靠的是企业制度，但企业制度总是落后于企业的发展，总有需要完善的地方，有时也会有失效的时候。一旦企业制度过时了或失效了，靠什么来规范和约束员工的行为呢？这就要靠企业文化来约束。企业价值观、企业精神能发挥无声的引导作用，使员工们知道应该怎么想、怎么做，不应该怎么做。积极向上的企业文化能使员工在潜移默化中接受共同的价值观，把员工引导到企业确定的目标上并转化为他们的自觉行动。构建优秀的企业文化，让企业文化发挥软约束的作用，使员工能自觉拒绝、摒弃那些不良行为，为员工培育一种天然的免疫力。

（四）促进企业绩效的提升

企业文化能促进企业绩效的提升，这是由企业的商业性质决定的。企业是独立的商业组织，企业文化现象的产生和发展是与企业经营管理活动相适应的。企业文化是一种商业文化，它必须为企业的商业活动服务，要有利于企业的生存和发展，有利于提高企业的生产力和经营绩效。

四、一致性原则

企业文化构建中的一致性原则是指企业文化内部各组成部分之间，企业文化与企业战略之间，企业文化与企业形象之间要保持一致性。

（一）企业文化各组成部分之间的一致性

在企业文化的精神文化、制度文化、行为文化和物质文化这四个层次中，精神文化是最核心的层次，它在整个企业文化系统中起着决定性的作用，有什么样的精神文化，就要有什么样的行为文化、制度文化和物质文化与之相适应。如果它们之间不一致，企业文化在实施过程中就有可能产生矛盾和冲突。比如一个企业的核心精神文化是"以人为本，团结互助，实现员工与企业共同发展"。企业要求员工紧密团结、互帮互助，以促进员工发展和企业业绩的共同提升，可是企业的考核制度是奖励销售业绩优秀的个人，惩戒销售业绩差的个人。在行为文化的塑造中也只提倡个人行为，而非团队行为。在物质文化的设计上，也只考虑生产经营的需要，而没有考虑员工的需求。结果，企业精神文化与制度文化、行为文化、物质文化的不一致，造成了企业所提倡的企业文化根本无法推行。只有企业文化各组成部分保持一致，精神文化、制度文化、行为文化和物质文化都统一体现企业整体价值观，企业文化才能顺利地贯彻执行。

（二）企业文化与企业战略的一致性

企业文化和企业战略是两个相互影响、相互作用，有着密切关系的有机体。企业文化和企业战略应该保持高度的一致性，和企业战略相一致的企业文化是企业战略有效实施的有力支撑；反之，和企业战略不相一致的企业文化，可能成为企业战略实施和变革的内部障碍。因此，企业文化的构建应围绕企业的战略要求进行，并随着战略的改变而加以调整。只有当企业文化与企业战略具有高度的一致性时，企业战略才能有效展开，企业才能持续健康发展。

（三）企业文化与企业形象的一致性

企业形象对外是指社会公众对企业外在表象和表现的印象与评价，它和企业文化存在着密切的关系。一方面，企业文化是企业形象的基础。企业形象的理念识别和行为识别直接来源于企业文化的精神文化和行为文化，视觉识别的内核也来自企业文化；另一方面，企业形象是企业文化的外在表现形式。企业识别系统的设计使企业文化中看不见、摸不着的理念部分具体化为可以操作的标准和规范。保持企业文化和企业形象的一致性，使企业文化融入、整合到企业形象战略中，企业才能对内规范员工的行为，增强凝聚力，对外塑造良好的形象，提升市场竞争的优势。

五、一体化原则

一体化原则是指在企业中建立和谐融洽的人际关系，使企业与员工、管理者与被管理者、员工与员工形成命运相关的共同体，进而使员工与企业在价值观念上形成自觉认同，最终实现企业精神文化的一体化。

（一）企业与员工的一体化

传统的管理观念认为，企业与员工是雇用与被雇用的关系，处于对立的两个方面。由于双方的利益不一致，所以经常会出现各种矛盾冲突。而源于20世纪80年代日本软性管理方式的企业文化理论认为，企业与员工是命运的共同体，两者的利益应该是一致的。因此在企业文化的构建中，要激发员工的所有权心理和主人翁精神，让员工自觉地把企业利益看成是自己的个人利益，对待企业像对待自己的家庭一样，愿意为企业整体的利益而牺牲个人的利益，为了企业的繁荣进步甘愿奉献自我。只有实现企业与员工的一体化，使员工从感情上和思想上与企业连接在一起，认为企业是员工自己的，才能激发出员工高昂的士气和对企业的无比忠诚。

（二）管理者与被管理者的一体化

传统的管理模式下，企业实行金字塔式的从上到下的严格等级管理，人为地将管理人员和一线员工分成管理者与被管理者，造成两者的对立。按照一体化原则构建企业文化，就是要弱化原有的企业等级制度，赋予被管理者更大的权力和责任，打破管理者和被管理者之间的人为界限，尊重并平等地对待每一位员工，使对立的双方能融为一体，建立共同的目标和相互支持、相互信赖的关系，促进管理者和被管理者关系的一体化。

（三）员工之间的一体化

现代化的专业分工虽然提高了效率，但也造成了人与人之间的分割和关系的淡漠。企业是人的集合体，只有员工与员工之间相互理解、相互关心、团结友爱，保持和谐融洽的统一关系，才能唤起员工对企业的归属感和忠诚感，增强企业内部的凝聚力。企业在企业文化建设过程中，应该在物质层、行为层、制度层、精神层充分倾听员工的意见和建议，尊重员工的尊严和价值，鼓励员工进行各种正式或非正式的交流，增进员工联系，强化员工"爱企如家"的精神，培养亲如兄弟姐妹般的融洽关系。在企业这个和谐的大家庭里，员工与员工，管理者与被管理者，企业与员工，形成一体化的和谐融洽的关系，保持感情上的亲密性，从而促成企业目标和价值的一体化。

企业文化的构建既是一项战略性、长期性的工作，也是一项庞大的、复杂的系统工程。它内容丰富，包含企业精神文化、制度文化、行为文化、物质文化的各个方面；它参与者众多，上至企业最高层领导，下至企业基层的一线员工，均有涉及。只有上下同心，坚持不懈地努力，才能把企业文化建设的任务落实到实际工作中。

小知识

企业文化的维度

谈到企业文化,你可能会从企业内部成员间的关系如何,他们是怎样工作的,也就是从"我们在企业中的做事方式"这个角度来定义。现今最广为流传的观点是,文化关乎企业中人与人之间的关系。人们常常将文化与"氛围"相混淆,氛围指的是企业给人的感受、员工士气及员工彼此相处得如何。当今最流行的趋势是,人们往往用一个宽泛的概念对企业文化进行分类,如"命令和控制"或"专制还是民主"。在这种一般化的观点之上形成的文化分类,只是针对企业的"社交性""团结性""聚焦于内部还是外部""具有多变性还是稳定性"及"如何控制它"等层面进行了探讨。几乎所有对文化的分类和评估文化维度的量表,都是基于企业内部的人际关系或企业与外部环境的联系而形成的。当文化需要变革时,往往会涉及以下内容:加强团队合作和提高员工参与度;减少企业内的管理层级;创造横向沟通;建立提升员工忠诚度和企业承诺的机制;给员工授权以及更多以客户为导向等。大多数评估企业文化的量表也只包括这些内容。

(资料来源:埃德加·沙因. 企业文化生存与变革指南 [M]. 马红宇,唐汉瑛,等译. 杭州:浙江人民出版社,2017.)

任务二 企业文化基本体系设计

一般来说,企业文化基本体系的设计主要包括以下三个方面的内容。

一、企业理念体系设计

企业理念是企业发展的思想基础,理念体系的设计是企业文化基本体系设计的核心环节,它决定了企业文化设计的整体水平和效果,是设计中最重要的部分,同时也是设计难点所在。

企业理念体系设计一般是基于前期调查分析的结果,经过进一步的提炼、归纳、总结而来。它往往从企业发展历程中积淀的文化传统及企业家和企业员工的思想中提炼、归纳出优秀文化因素,广泛吸收社会文化、民族文化的精华及外来文化中的先进内容,并结合企业未来发展的内外部环境特点,在反复研讨和征集员工意见的基础上精练并最终得以完成。

（一）核心理念设计

不同的企业由于所处行业、发展历史、经营特点、规模及组成人员的不同，其理念体系的内容也不尽相同。一般来讲，核心理念体系包括企业使命和愿景、企业哲学、企业核心价值观、企业精神、企业道德、企业作风等内容。企业理念的各项内容间存在着内在的逻辑关系，设计时需注意保持一致性和系统性。企业使命和愿景描述了企业存在的社会意义和奋斗的目标；企业哲学是对企业自身存在价值及与外部环境相适应的思考；核心价值观表明了企业的追求和信仰；企业精神体现了企业员工的精神风貌和意志状况；企业道德解释了企业是非判断的标准；企业作风反映了企业的工作风格。这些内容相辅相成，共同构成了企业文化的核心理念。

（二）企业运营理念设计

企业为实现其使命和目标，运用各种资源，从事着与其使命和目标相关联的活动，从而有效地实现其使命和目标，这个资源不断运转的过程就是企业的运营。企业具有多个业务系统，从价值链增值环节来看，包括研发、营销、供应、生产、服务等；从价值链职能环节来看，包括计划、财务、资产、人事、信息化、投资、并购等。每个环节都是一个相对独立的系统，都有自己的业务特点。每个系统都对文化有不同的看法和诉求，要使各系统都体现企业的使命、愿景与价值观并将其落实到经营活动中，就必须建立面向各系统的运营理念，以具体指导其经营活动。

企业运营理念的设计，离不开企业的核心价值观、价值链及企业所处的经营环境。

首先，运营理念设计离不开企业核心价值观，是企业使命、愿景、价值观在业务层面的具体体现，其间有很强的逻辑关系。运营理念的构建与设计不能脱离企业的使命、愿景与价值观，同时又要能够与企业的经营实践相结合。

其次，运营理念设计离不开企业的价值链。企业价值链的本质是战略、营销与运营的相互连接。从价值链角度看，战略是"做什么"，营销是"是谁要，要多少"。无论是战略问题还是营销问题，都需要资源条件进行支撑，包括人、财、物、技术、设施、信息等，而运营则实现了这些资源对战略、营销等的支撑。因此，运营理念的设计必须符合企业内部价值链的运转要求，且需要根据价值链的变化进行调整。

第三，企业所处的经营环境。企业的运营理念往往会随着企业所处经营环境的变化而不断变化，在设计运营理念时，要充分考虑企业目前的经营环境并凸显当前的经营管理特点，这样的运营理念才能在企业内部得到有效的响应，而不是被束之高阁。

根据企业业务性质的不同，运营理念也有不同的"称呼"。有的企业称之为"某某理念"，如管理理念、安全理念、服务理念等；有的企业称之为"某某哲学"，如经营哲学、品质哲学等；还有的企业称之为"某某观"，如质量观、安全观、人才观等。无论何种称谓，企业运营理念都应围绕核心价值观、服务价值链及企业所处经营环境进行设计。

二、行为体系的设计

企业文化理念的贯彻实施,主要体现在员工的行为中。系统地设计企业行为体系,形成科学合理的行为规范和风俗习惯,是企业文化理念设计的一项重要任务。行为体系的设计主要包括员工行为规范的设计、企业风俗的设计。

(一) 员工行为规范的设计

员工行为规范是企业有意识提出的员工在共同工作生活中的行为和习惯标准。它是企业员工共同遵守的行为指南,是企业价值观加以行为化的具体标准。员工行为规范的设计要围绕企业文化的核心理念体系展开,逐条细化员工行为,它的主要内容通常包括仪容仪表、岗位纪律、工作程序、待人接物、素质修养、环境与安全等。员工行为规范的主体内容一般包括社会道德规范、职业道德规范、岗位行为规范、商务礼仪规范、顾客服务规范、安全行为规范等。好的行为规范应该针对企业员工的行为实际,具有清晰易懂、易于操作的特点。

小贴士

苏大教服集团学习型组织建设

苏大教服集团成立于 2004 年,是一个从传统后勤事业单位转型的现代服务业企业。苏大教服集团在成立初期就把"建设学习型组织"作为企业发展愿景之一。"十三五"期间,在建设学习型组织的进程中,苏大教服集团设立了企业文化建设部(现更名为"企业文化理论研究室")以推动具体事务,并于 2017 年在集团设立了首席文化官 CCO (Chief Cultural Officer) 一职,推动文化强企战略的实施。

学习型组织建设是一个开放性比较强的系统工程,既包含着最为关键和活跃的人的要素,也包含了学习规划、共同愿景、培训体系、教学硬件、学习教材等要素。在建设学习型组织的过程中,运用一系列的科学方法和管理工具如 PDCA,即计划(plan)、实施(do)、检查(check)、行动(action)系统思考方法,综合运用其他一系列研究方法,提高学习型组织建设的实效性。在学习型组织建设过程中,苏大教服集团管理干部和一线员工的学习理念得到了提升,端正了学风,营造了自我学习和团队学习的良好氛围,取得了较好的成效。

(资料来源:苏大教服集团内部材料)

(二) 企业风俗的设计

企业风俗是企业长期相沿并约定俗成的典礼、仪式、习惯行为、活动等。它对员工的行为起着约束和指导的作用,被称为"不成文的制度"。从企业文化构建的角度看,企业风俗的形成往往始于对企业风俗设计的自觉引导。企业内举行的各种典礼、仪式是企业风俗的主要表现形式，包括：工作惯例的礼仪，如朝会仪式；生活惯例礼仪，如节日联欢会；纪念性礼仪，如周年庆典；服务礼仪，如上门服务礼仪；交往礼仪，如接待礼仪；等等。

三、识别体系的设计

这里主要指视觉识别体系 VI（visual identity 的简称）的设计，它是企业文化理念体系的外在形象表现，主要包括基本要素和应用要素两大类。前者如企业名称、企业标识、标准字、标准色、企业造型、象征图案等的设计；后者如司旗、司徽、招牌、标识牌、陈列展示、建筑环境、办公用品、衣着制服、生产设备、产品包装、广告媒体、接待用品、招牌旗帜等的设计。

视觉识别对外树立企业品牌形象，提升企业及其产品的知名度和美誉度，对内强化员工的视觉认同，增强企业凝聚力。视觉识别如同运动会开幕式上方阵队伍的着装，既要展示整齐划一、美观大方的外在形象，又要体现特色鲜明的活力与内蕴。如果企业理念体系是"神"，那么识别体系就是企业的"形"。要做到"形""神"统一，企业识别体系就必须围绕企业理念体系来设计。企业识别体系可以看成是企业理念体系外化的结果，如果没有理念体系作为核心和灵魂，外在的识别体系就会失去生命力，变得毫无意义。无论是基本要素的设计还是应用要素的设计，它们都要能体现企业理念体系的要求，充分传达企业文化理念。

在进行企业文化识别体系设计时，应特别注重以下三个方面。

第一，视觉识别不应仅仅成为 VI 手册中的硬性规定，而应进入广大员工的工作空间，以及社会受众的视觉范围。如果视觉识别只是书面上一项项设计精细的图文或一条条严格的管理规范，却不能真正得以落地，就难以产生良好的效果。

第二，企业标识在视觉识别体系中处于最核心的位置。企业应善于利用企业标识进行自我宣传，在企业内外时刻保持企业名称与企业标识并存，通过视觉上的刺激反应，强化员工的认同感和受众的认可度。

第三，在品牌识别方面，集团型企业往往拥有众多的子（分）公司和商标品牌，但值得注意的是，企业标识只有一个，企业必须处理好企业标识和诸多商标的关系，不能混淆使用，避免造成误导。大型集团企业在率领旗下各种品牌的同时，也要注意以企业标识和集团名称作为视觉标识核心，以免受众在不了解具体情况时误以为该产品隶属于其他企业，这样不利于企业整体形象的提升和品牌影响力的扩大。

以上企业理念体系、行为体系和识别体系设计的最终结果，要以文字的形式呈现出来，以形成下一步实施企业文化的文本依据。为此，企业必须把企业文化设计的结果编制成企业文化手册。

任务三　编制企业文化手册

企业文化手册是对企业文化理念进行标准化阐述的文字范本。企业文化理念确定之后，为了确保各级人员对理念理解的一致性，应通过企业文化手册的形式将之固化下来。企业文化手册不仅能够帮助员工更好地理解企业文化，也是后期文化宣传、培训与传播的蓝本。

一、企业文化手册的内容

各家企业对企业文化手册的叫法不尽相同，多数称为"文化手册"，也有的称为"企业文化理念手册""企业文化纲要"等。一般来讲，企业文化手册主要包含以下几个方面的内容。

（一）前言及说明

前言及说明是对企业文化建设的意义、文化理念提出的背景，以及企业文化建设的目标、指导思想等进行的说明。

（二）企业简介与发展历程

企业简介与发展历程部分，主要介绍企业发展历史、主要经营范围、重大事件、主要成就、获得的荣誉与奖励等。多数企业也会在此部分概要地介绍企业的发展战略、发展目标等，从而可以使读者从历史、今天、未来三个维度理解企业的全貌。

（三）核心理念

核心理念部分是企业文化手册的核心。手册中一般会有一张文化理念体系的整体结构图，使读者了解企业文化理念的整体架构。同时，手册会采用图文并茂的方式对企业使命、愿景、价值观、企业精神等核心文化理念的由来、内容、含义等进行具体、深入的阐述和说明。

（四）主要运营理念

这部分内容是结合企业业务价值链的特点和企业的战略定位，对核心经营理念、管理理念、组织理念等进行的阐述。

（五）行为规范

这部分内容是对员工行为规范进行的解释和说明，行为规范有的比较概括，有的则比较具体和详细。

（六）视觉识别体系

这部分内容主要介绍与员工日常工作关系密切的视觉识别体系，如企业色、企业标准字、企业标识、文化象征与吉祥物等，并介绍上述设计的来源及寓意。有的企业还有司旗、司徽、司歌等，一般也在这个部分进行介绍。

（七）结束语

结束语是对企业文化手册的内容进行总结和归纳，说明与企业文化有关的其他事项。

二、企业文化手册的编制

企业文化手册的编制，是对企业文化理念进行文本标准化和系统化的过程，也是补充相关文字、图片等材料，使企业文化体系更加丰满和充实的过程，通常包括以下方面的工作。

（一）名称策划

企业文化手册的命名一般采用三种方式。

第一种，也是最简单的命名方式，直接以企业名称命名，如"××集团企业文化手册"。

第二种，对企业文化核心内容进行高度凝练，以主副标题的形式命名，如"我是海尔我微笑——海尔企业文化手册""感动宣言——锦江宾馆企业文化手册"等。

第三种，直接以类似书籍、文件的命名方式对文化手册命名，如"华为基本法""东风日产行动纲领"等。

（二）手册架构确定与资料准备

与图书、文章的写作类似，企业文化手册在编写前应先确定整本手册的架构，明确分为多少篇章，包含哪些内容，进行结构设计时要注意各篇章的整体性与连贯性。为了编制好企业文化手册，需要大量文字、图片资料，这些素材往往也不是现成的，有的需要在浩如烟海的档案库中查找，有的需要重新编写，再经公司相关部门的确认，这些都需要大量时间。

（三）手册编写

编写企业文化手册，既要把大量的信息介绍清楚，又要重点突出、清晰明了；既要平实、易读，又要具有可读性和感染力；同时，还要注意结构的均衡性、读者的阅读习惯等。一本好的企业文化手册文稿，往往要历经千锤百炼。

（四）艺术设计

作为对内对外传播企业文化的载体，企业文化手册不仅要内容美，还要形式美，因此，企业文化手册一般都要经由专业机构的设计，在设计的过程中应注意如下几个方面。

第一，企业文化手册的格调是否与行业和企业的特点相符合。例如：科技、互联网类企业的文化手册多数采用浅灰、浅蓝色调，具有现代感、轻快感；而大型金融机构的文化手册就不太会选择这种风格，而更可能采用厚重的色彩，让读者感觉大气，具有强烈的视觉冲击力。

第二，企业文化手册的设计还要与企业文化的主题、文化品格等力求一致。一家强调创新的企业，它的文化手册应当是轻快、精巧、独具创意的。而以稳健、严谨为基调的企业文化，其手册风格应当是比较正式、严谨的，色调也是偏于凝重的。

第三，为了增强文化手册的可读性与美感，应适当加入图片、图案，做到生动形象、图文并茂，但也要避免盲目堆图，或图案风格与文化手册的风格迥异。无论何种设计风格，最终都要服务于企业文化理念的阐述本身。

小贴士

《苏州轨道集团企业文化手册》内容简介

《苏州轨道集团企业文化手册》以集团公司企业文化核心理念体系及基本理念体系为框架，以企业员工职业道德规范和各级员工的行为准则为抓手，以企业视觉标志为象征，多层次地展现了集团公司企业文化在多年发展中沉淀、积累、提炼的过程，彰显了企业的价值导向、社会责任和轨道交通精神。

（资料来源：苏州市轨道交通集团有限公司）

任务四　企业文化的实施

企业文化体系设计完成以后，就要在企业中积极创造条件付诸实施，最终促使企业文化在企业中落地生根、开花结果。

一、企业文化实施阶段

概括而言，企业文化的实施要经过导入、巩固和考核评估三个阶段。

（一）导入阶段

导入阶段的主要任务是从心理上、组织上、氛围上做好构建新型企业文化的准备。一方面要建立企业文化的领导小组和管理机构，负责企业文化建设的组织领导和日常管理工作，进行企业文化的实施规划、组织推进、考核检查等，推动企业文化在企业中顺利导入。另一方面要搭建好以企业文化为导向的执行机制、传播机制、激励机制等，通过这些机制的建立，确保企业文化能够落地实施。

（二）巩固阶段

在企业文化顺利导入以后，就要积极全面地推进企业文化建设工作，在企业全体员工中广泛宣传、学习、实践企业文化体系，使企业文化的理念落实到每个岗位和每个员工行为中，渗透到企业生产经营管理中，融入公司各项规章制度，全面构建完整的企业文化体系。这一阶段的主要任务是把企业文化的构建工作变成企业日常的文化管理工作，通过逐渐完善的企业文化制度，使员工形成良好的行为习惯，从而巩固和强化企业文化。

（三）考核评估阶段

企业文化在企业中的推广和巩固并不意味着企业文化构建工作的结束，伴随着企业内外环境的变化和自身经营实践活动的发展，企业文化还需要不断充实、完善和发展，甚至在环境发生巨大变化时，还要进行变革与创新。为此，企业应建立和健全企业文化的考核评估机制，定期或不定期地对企业文化工作的实施效果进行评估，总结成功的经验，探讨失败的原因，不断改进、优化与创新企业文化体系，促进企业文化工作的良性发展。

二、企业文化实施方法

人是企业文化实施的主体，企业文化的开展和推进离不开企业中各个层次个体和总体的力量，同时在企业文化的实施过程中还应该从人性化的角度，采用各种易于被员工接受的方式，使企业文化，尤其是使企业的核心价值观真正得到落实。企业文化实施的方法主要有以下几种。

（一）领导示范法

企业领导者作为企业文化的缔造者、倡导者和管理者，具有示范作用，可以有效引导员工的行为和思考方式，是企业文化建设和实施的关键。企业文化并不像战略、组织机构、人力资源等管理职能一样清晰可见，也无法在短期内见效。要使组织中的每个人相信并愿意去实践企业共同的价值理念，企业领导的身体力行是关键。在实施企业文化的过程中，领导者仅仅口头讲"这就是我们的价值观"是不够的。如果想让这种新的价值观深入企业，领导者本身就应该成为企业核心价值观的化身，领导者的行为示范作用更为重要。

（二）造就楷模法

企业楷模，又称企业英雄，是企业在生产经营活动中出现的具有突出业绩并能充分体现企业价值观念的先进模范人物。企业楷模是企业价值观的人格化体现，更是企业形象的象征。他们的一言一行、一举一动无不体现企业的价值取向，是企业员工心目中的榜样和效仿的对象。企业通过塑造企业楷模，可以把看不见、摸不着的抽象的价值观转化为具体可见的形象，发挥楷模的示范效用，引导员工更好地理解和实践企业文化。除了少数企业家式的企业英雄外，大多数企业楷模都是在企业生产经营实践中逐步成长起来的，需要企业的精心培育。

企业树立楷模的最终目的是要用楷模的模范行为来引起全体员工的共鸣与反响，在企业中形成"人人学楷模，人人争做楷模"的氛围，最终引导员工"人人都成为楷模"，通过员工的集体英雄行为来推动企业文化的落地，从而使企业文化走上良好的发展轨道。

（三）活动推进法

各种各样的企业活动是企业文化的有效载体，企业可以通过举办丰富多彩的活动来传播企业文化理念，推进企业文化建设。好的企业活动可以通过人们喜闻乐见的形式，营造出融洽和谐的企业环境，把员工紧密联系在一起，增强企业的凝聚力和向心力，使员工在轻松愉快的氛围中不知不觉地受到企业文化的熏陶和感染，进而更好地理解企业文化、融入企业文化。

现实中也经常出现这样的情况：企业文体活动搞了很多，但员工对企业的理念仍然缺乏理解，企业文化建设并不见成效。这可能源于企业领导者对企业活动的错误认识，认为企业文化建设就是搞一些文体活动，把单纯的文体活动当成了企业文化建设的全部。其实，企业活动只是企业文化建设的外在表现，是一种寓教于乐的形式。企业活动的开展，要在企业核心理念体系的指导下，围绕企业文化的方方面面来进行才有效。如果离开了企业核心理念，只是单纯地举办一些文体活动，这些活动也就缺少了企业文化灵魂。企业开展的活动不限于文体活动，还可以采用其他各种各样的形式。常见的文化活动类型有：

专题比赛活动，如设计比赛、技能竞赛、征文比赛、演讲比赛等。

交流活动，如读书会、报告会、论坛、高管开放日等。

文艺活动，如音乐会、联欢会、绘画展、摄影展等。

体育活动，如运动会、各种球类比赛、登山、徒步等。

习俗仪式类活动，如新员工入职仪式、公司庆典、表彰大会等。

小贴士

企业文化体验馆——东南e馆

东南电梯创办于1998年，是一家集设计、制造、销售、安装和维保为一体的综合性整梯电梯企业，是电梯行业内唯一的中国航天事业合作伙伴企业。东南e馆（图7-1）是东南电梯全心打造的文化体验馆，占地12 000平方米，以幸福生活体验馆、网络运营智慧馆、建筑文化艺术馆、电梯产品体验馆筑造产业生态圈。整个展馆规划为五个展区空间：品牌形象；多媒体影音；大数据展示；客户终端；智能化管理。东南e馆是电梯科技体验馆，以大数据溯源每部电梯的起点与归宿，用服务指挥中心展示现代化物联网对电梯安全的规范性保障，细节化的部件展示打开游客的求知欲，从内部窥探大国重器的风采。同时，东南e馆还是江苏省工业旅游基地、苏州市党建活动基地、长三角生态绿色一体化发展示范区市场监管领域实训基地、苏州市全民国防教育实践基地、苏州市科普教育基地。东南e馆也是幸福生活体验馆，提供线上高尔夫、多功能影音、品酒品茶等多种生活体验，集休闲、娱乐于一体。

图7-1　东南e馆

（资料来源：东南电梯股份有限公司）

（四）员工培训法

企业文化培训是企业文化实施的基础工作。企业文化的落实需要员工的认同和配合，但员工受到惯性思维、传统情结和既得利益的影响，不会主动接纳新文化。因此在实施阶段，需要在企业文化领导小组或企业文化部的统一部署下，会同相关部门，对全体员工进行系统的培训和宣讲，让员工真正理解本企业文化的内涵，发自内心地认同和拥护企业文化。

（五）制度检查法

企业制度受企业文化的统帅和指导，反过来，企业制度能促进企业文化的形成。企业制度规定了企业整体及员工个体遵循的行为规范，从企业制度中不仅可以看出这个企业崇尚什么、反对什么，即企业信奉的价值理念，还可以看出这个企业的做事方式与风格。而且，企业制度本身就是企业文化的重要部分。当管理者认为某种文化需要倡导时，可以通过培养典型的形式进行，也可以通过开展活动的形式来推广和传播。但是要把倡导的新文化渗透到管理过程中，变成员工的自觉行动，制度是最好的载体之一。让员工普遍认同一种新文化，可能需要较长时间，但是在企业文化实施中强化并检查企业制度执行情况，则可以加速员工对企业文化的认同，促进企业文化的实施。

因此，在明确了企业文化核心理念后，应将企业文化核心理念进一步落实到工作规范中。对企业原有的制度进行系统的梳理，以剔除、修改与企业文化理念不相适应的部分，在原有的制度中增加与该制度相关的价值观念和相应的规则。例如，薪酬制度必须根据企业的报酬理念来重新设计，营销管理制度则根据营销理念、客户理念、市场理念等相关理念来做进一步完善。只有坚决摒弃与文化价值观念相背离的各类规定，把企业制度和企业文化对应起来，才能真正以文化理念引导员工的文化观念，以制度规范员工的行为，并使企业文化在员工工作中得到真正落实。

（六）故事演绎法

讲故事是传播企业文化理念最生动、最直观的方式。企业通过一些通俗易懂、寓意深刻的故事把企业文化理念演绎出来，具体形象地表达抽象的理念和价值观，有利于增进员工对企业文化理念的理解和认同，从而达到理念内化于心的目的。

好的文化故事或以情动人，或以理服人，应该具体生动，使听众身临其境，深受感染和鼓舞。好的故事还应该易于记忆、便于传播，能让员工铭记于心并口口相传。

企业文化故事可以是企业创建和发展过程中发生的重要事件、企业英雄人物的模范事迹或日常生产经营中的代表性事件。由于这些事件都是发生在企业员工身边的真实事件，所以特别能引起员工的共鸣。例如，说起海尔文化，人们总能联想到发生在海尔的一个个故事：砸冰箱的故事、激活休克鱼的故事、地瓜洗衣机的故事……在海尔企业文化手册里，每一个理念后面都有相应的企业故事进行阐释，这些感人的故事使海尔的文化理念不再停留在纸上、墙上，而是进驻到每一位员工的心目中。善于讲故事是海尔文化管理成功的要素之一。

企业文化故事还可以是发生在企业之外的真实历史故事、社会上流传的经典故事等。这些故事能给人以深刻启迪，引人深思。例如，任正非用一架"二战"中被打得像筛子一样依然坚持飞行，终于安全返回的伊尔-2飞机，比喻遭受美国打压的华为，并以此激励华为员工：即使"伤痕累累"，也要有坚持拼搏奋斗的意志和精神。

企业文化还可以是寓言故事、哲理故事、文学故事等。这些故事往往形象生动、寓意丰富，能很好地诠释企业理念所要表达的深层含义。例如，蒙牛的企业文化手册记载着一则"狮子与羚羊"的故事：在非洲大草原上，清晨醒来，羚羊的想法是要跑过速度最快的狮子，否则肯定会成为狮子的美餐，而狮子此时的想法是要跑过最慢的羚羊，否则就会饿死。蒙牛借"狮子与羚羊"的故事体现出来的"物竞天择、适者生存"的大自然法则，提醒员工要具有竞争意识，强调速度的重要性。

企业讲故事主要是为了传达企业的文化理念，因此企业故事最重要的是要紧扣企业的价值观，具体、形象、生动，避免牵强附会、空洞无物、与价值观不一致。

小贴士

苏州轨道交通文联文化活动

苏州轨道交通文联成立于2014年1月。自成立以来，紧紧围绕企业中心工作，严格执行《苏州轨道交通文联章程》，积极参与轨道交通企业文化建设。先后举办了"龙舞天堂 感恩同道"——苏州轨道交通建设十周年暨1号线运营五周年文艺汇演、"潜心铸道 逐梦前行"——庆祝新中国成立70周年文艺汇演、"为苏州加速 让城市精彩"苏州轨道交通建设15周年运营10周年文艺汇演。先后举办苏州轨道交通"同道行"十月歌会、五月笔会、"铸道情怀"杯书画比赛暨"轨道光影"杯摄影比赛等各类文艺赛事十余场，举办以"践行社会主义核心价值观"等为主题的职工书画展、摄影展多场。举办5届"眼界"企业文化节、5届"京剧走进青年"鉴赏会、8届"运营才艺之星"大赛。每年组织开展4场"轨道大讲堂"和"道德讲堂"，联合市书协组织开设3期职工书法公益班；举办各类契合时代主题的辩论大赛、对诗大赛、演讲比赛，组织各类雅集、摄影采风、文学讲座、书画观展、演出观摩等活动50余场；编制了"苏轨YOUNG"微信小程序，编辑出版了企业内刊《运营之窗》和"家文化"系列丛书（10册），以及《龙舞天堂》《飞驰的风景 凝固的乐章》《铸道》《轨迹》《多彩青春》《墨影心语》等多本企业文化书籍。出台了《苏州轨道交通文联文学艺术奖励办法（试行）》，力促文艺事业步入良性轨道，多年来共创作书画作品204件、摄影作品696件、影视作品53部、文学作品140篇、音乐舞蹈作品43个。有4人荣获"苏州市文联系统先进个人"，3人荣获"苏州市文联系统优秀信息员"，3个协会荣获"苏州市文联系统优秀基层组织"，苏州轨道交通文联连续三年荣获"苏州市文联系统优秀集体"。

（资料来源：苏州市轨道交通集团有限公司）

苏州轨道交通5号线文旅特色设计

苏州轨道交通5号线是苏州市第五条建成运营的轨道交通线路，标志色为品红色，是江苏省内首条全自动运行的轨道交通线路、国内首条全场景文化旅游特色轨道交通线路、国内首条支持数字人民币扫码支付的轨道交通线路。2021年6月29日10时，苏州轨道交通5号线开通初期运营，标志着苏州形成了更加完善的轨道交通网络体系。

苏州轨道交通5号线的线路起于吴中区的太湖香山站，途经吴中区、苏州高新区、姑苏区、苏州工业园区，贯穿吴中胥口、木渎南部、苏州高新区、苏州古城、苏州工业园区综合商务城，止于苏州工业园区的阳澄湖南站，呈西南—东北走向。线路全长

44.1千米，其中地下线长43.5千米、地面线长0.6千米；共设置34座车站，其中地下站33座、地面站1座；采用6节编组B型列车。

苏州轨道交通5号线以"水映新苏"为线路主题，融合轨道交通的速度与水性的灵动，体现"新、美、韵"特色，这也是全线车站公共区装修设计的主要思路。全线标准站配色根据行车线路途经的政区划分整合为五个颜色区段：太湖香山站至许家桥站为蓝绿色，灵岩山至西跨塘站为橙色，石城站至索山桥西站为绿色，双桥站至竹辉桥站为黄色，荷花荡桥站至阳澄湖南站为蓝色。从苏州水系河流倒映出的苏州城影像中，提取出橙、黄、绿、碧、蓝等五种色彩，并提高明度、降低饱和度，从而形成清新、鲜明、雅致的五种主色，整体设计运用在线路车站装饰空间中。

苏州轨道交通5号线设置艺术墙的车站有6座，分别是太湖香山站、胥口站、灵岩山站、新市桥站、黄天荡站和苏州奥体中心站。

太湖香山站文化墙以"湖光山色"为主题，从太湖的芦苇和水中获得灵感、提炼元素，整体结构以具有现代美感的抽象造型为基础，配以动感的曲线，突出太湖的意境美感。材质上搭配异形浮雕玻璃，具有独特的造型效果。更神奇的是艺术墙通过科技实现光色变换，展现出早晨、中午、傍晚时段太湖波纹起伏的光影效果和独特的自然风光，丰富了时空的变化。

胥口站的"匠人·匠心"把香山工匠技艺与水从构思创意上进行融合，水的造型自然流畅，增加了整体动感与层次空间。古典建筑、苏州园林场景与现代材质和工艺结合，既有设计者的创意构思体现，又有地域和历史文化的内涵。

灵岩山站文化墙以"姑苏十二娘"为题，以江南古镇老城墙与灵岩山景区的自然元素提炼作为衬托，以姑苏十二娘立体人物为主景，结合现代材质如彩色金属、陶瓷马赛克及水晶的点缀，既增添了时代气息，又显得清新淡雅。

新市桥站站内艺术墙以"悠悠古韵"为主题，兼顾地域特色和文化历史特色。艺术墙运用简化提炼古城民居的意象造型结构贯穿画面，创意地运用古城的砖、瓦，用现代的设计语言分割组合，形态各异，体现了现代审美的变化需求，简单而丰富。前景的意象民居造型采用背光LED光源处理，更突出了主题。

黄天荡站站内艺术墙处于一个三角立体空间，特殊的背景下交织出了以"科技之光"为主题的独特设计。整体设计把空间有机分割成几个部分，将园区科技发展的元素符号作为设计灵感的来源，以代表科技的蓝色为主色调，用变化的LED灯光配合，让观者感受到现代科技的力量。

苏州奥体中心站以"运动"为主题的艺术墙，采用代表奥运精神的五环为基础轮廓和结构，创意地表现出水元素与圆弧结构轮廓，城市运动人物剪影与弧形奥运元素相融合。《五环同心》艺术墙另一突出的创新亮点是把奥运人物的抽象剪影造型与环境有机结合，整体风格简约现代，有较强的整体连贯性，同时又增加了画面与空间的整体性。

苏州轨道交通5号线首批推出太湖香山站、索山桥西站及阳澄湖南站等3个特色车站,通过主题墙贴、小品展陈、光电投影、文创店铺等多种形式,展现沿线各区独特的历史人文特色。太湖香山站站厅和1号出入口主通道墙面以清新的湖蓝色和白色为主色调,融入12个网红点、科技创新载体和标志性景点,展现太湖度假区建设发展脉络。索山桥西站以"绣美高新"为主题,布置了苏绣大师作品及艺术景观装置,并应用数字互动及全息裸眼技术,是全国首家苏绣主题车站,展现了苏州高新区历史悠久的苏绣文化。阳澄湖南站围绕"半岛新生活,我的第七天"主题,通过油画的色调风格和高低错落的景观设计,展现"印象"中的阳澄湖半岛风光。

轨道交通是流动的文脉。苏州轨道交通响应苏州建设"江南文化"品牌的号召,深入挖掘、整理轨道交通沿线江南文化资源,将5号线打造成为全场景文化旅游特色线路,构建具有苏州特色的轨道交通文化空间,助力讲好江南文化的"苏州故事"。

(资料来源:苏州市轨道交通集团有限公司)

案例思考题

结合案例材料,谈谈苏州轨道交通文化与"江南文化"相融合的意义。

项目训练

【训练内容】企业文化建设员工活动策划方案。

【训练目的】通过对企业实地调研及活动方案策划,强化对企业文化设计的应用。

【训练步骤】

1. 学生每4—6人划分为一个小组,以小组为单位选择一家本地企业为调研对象。

2. 收集和整理该企业文化建设内容、新闻报道等资料,根据该企业情况进行小组讨论,撰写企业文化建设员工活动策划方案,包括活动主题、活动目的、活动时间、活动内容、参加人员、活动组织、经费预算等。

3. 制作PPT及电子文档,完成实训报告。实训报告格式如下:

_____实训报告		
实训班级：	项目小组：	项目组成员：
实训时间：	实训地点：	实训成绩：
实训目的：		
实训步骤：		
实训成果：		
实训感言：		
不足及今后如何改进：		
项目组长签字：	项目指导教师评定并签字：	

4. 小组展示与分析企业文化建设员工活动策划方案，教师总结点评并进行成绩评定。小组提交案例分析报告。

5. 在有条件的情况下可以实施方案。

自 测 题

1. 企业文化设计的原则有哪些？
2. 简述企业理念体系设计的内容。
3. 设计企业文化识别体系应注重哪些方面？
4. 简述编制企业文化手册的主要工作。
5. 企业文化实施的主要方法有哪些？

【延伸阅读】

段磊，刘金笛. 企业文化建设与运营［M］. 北京：企业管理出版社，2021.

项目八 企业文化传播

【学习目标】

1. 掌握企业文化传播的含义和特征
2. 了解企业文化传播的类型
3. 掌握企业文化传播的要素
4. 掌握企业文化传播系统的构成

苏州轨道交通立足城市特色发展文化

　　苏州轨道交通的文创产品开发,始终深植于江南文化的肥沃土壤,独具典雅精致的"江南雅韵",通过新锐匠心的创意设计,打通了地铁与人、城市和生活的情感界限。主打产品"苏州味道"系列香薰,推出桂花味、荷花味、茉莉花味、兰花味等四种淡雅味道,曾分别代表苏州参加杭州第十四届文博会(图8-1)、第八届成都创意设计周,以苏州市花——桂花为主香调的"桂花香薰",更是作为苏州(新加坡)旅游文化推广周的推荐产品。除此之外,苏州轨道交通还推出地铁周边系列文创,如"地铁Q版车模""东方之门积木"及"苏州风味"特色月饼等,让有江南雅韵、有苏州情调、有地铁特色的文化创意产品,伴随着轨道交通走进苏州城的大街小巷。

　　苏州轨道交通持续深耕"遇见"文化节品牌,不断创新活动形式,多方面展现"江南文化"魅力,强化与江南本土文化的深度融合,讲好江南文化的"苏州故事"。历届"遇见"文化节结合月亮湾科技主题车站、苏州网红线路、江南小剧场评弹等各类主题,创新开展以传统文化、体育文化、旅游文化、环保文化为主题的趣味城市定向赛,促进江南文化和地铁文化深度融合。2022年第五届"遇见"文化节(图8-2)首发轨道交通专属护照,新推两网融合专线,成为第四届"中国苏州江南文化艺术·国际旅游节"的重要内容。

图 8-1　苏州轨道交通文创产品亮相文博会

图 8-2　苏州轨道交通第五届"遇见"文化节

为筑建宣传江南文化的"前沿阵地",苏州轨道交通推出"乘着地铁去读诗""乘着地铁游苏州"主题活动,发布"百馆之旅""园林之旅""山湖之旅"主题游线,用地铁线路串联起博物馆、艺术馆、苏州园林、山川湖泊,以公共交通推动文旅产业复苏,以文旅产业提升公共交通黏性,实现"公共交通+文旅产业"双促进、互循环。发行地铁行业首本旅游口袋书——《乘着地铁游苏州》(图 8-3),口袋书从 65 个地铁特色站点着笔,通过典籍参考、实地采写、深入探访,站点名称的历史由来、人文典故及其背后所蕴含的文化深意跃然纸上,带给读者不同寻常的阅读体验。

图 8-3 《乘着地铁游苏州》旅游口袋书

（资料来源：苏州市轨道交通集团有限公司）

[案例思考] 苏州轨道交通是如何结合苏州城市文化元素进行文化传播的？你认为应该如何传播企业文化？

任务一　企业文化传播概述

一、企业文化传播的含义

传播是人们为实现某种目的、凭借各种具有象征意义的符号而进行的相互作用、相互影响的信息交流与沟通活动。人类的传播活动可概括为内向传播、人际传播、大众传播和组织传播等四种。企业文化传播属于组织传播范畴。组织传播可以分为两大学派，包括美国的功能主义学派和欧洲的社会文化学派。从功能主义学派中又发展出管理学派、人际关系学派和系统论学派。功能主义学派认为组织是一个整体，传播是组织系统功能的组成部分，传播的目的在于协调组织活动、促进组织沟通、发展人际关系，以提高组织绩效，传播是实现组织目标的有效工具之一；社会文化学派认为，组织是社会文化的组成部分，无数的组织借助传播活动有机组合成完整的社会文化系统。

企业文化传播是指企业将象征性、符号化的企业文化理念意义在企业成员之间及企业与外部环境之间进行宣传、扩散、推广的活动。企业通过各种传播途径将自身的使命、愿景、价值观、企业精神、品牌形象等信息传达给员工、供应商、客户、社会公众等利益相关者，以不断增强企业文化的影响力和渗透力，推动内部员工和各利益相关者对企业文化产生认知和认同感。

企业文化的传播与一般文化的传播既有一定的共性，也有自己的特殊性。无论是传播内容，还是传播方式、传播媒介、传播目的，企业文化的传播都与一般文化的传播都有很大的不同，因此不能照搬或套用一般文化传播规律，而是要研究发现其特有的规律。企业文化的传播半径、影响深度与该文化的质量密切相关，即是优质文化还是劣质文化，是强文化还是弱文化，决定着企业文化的传播效果。

一般文化传播与企业文化传播的区别，如表 8-1 所示。

表 8-1　一般文化传播与企业文化传播的区别

	一般文化传播	企业文化传播
传播内容	知识、艺术、宗教、神话、法律、风俗及其他社会现象	企业使命、愿景、价值观、信念、规范行为、企业形象等
传播方式	人际传播、组织传播和大众传播	主要是组织传播
传播媒介	电视、网站、广播、报纸、杂志、体育、饮食、服饰、旅游等	电视、企业网站、企业广播、企业内刊、宣传栏、展示中心、博物馆、厂徽、厂歌、商标、信息平台、主题活动等
传播目的	将文化中的精华继承下来、传播出去，使之世代相传并与其他文化碰撞、融合的过程	内部的文化认同，外部的文化认可，不断增强内在凝聚力、扩大外在影响力

二、企业文化传播的特征

企业文化传播具有以下特征。

（一）符号性

作为感性实体和精神形式的中介物的象征符号，不仅是一个领域指示另一个领域的指示性符号，而且是参与这两个不同领域的符号，即通过外部物质世界中的符号显示内部精神世界中的符号，或从可见物质世界中的符号过渡到不可见世界中的符号。企业文化是企业有意识创造和提炼的产物，是后天的、重构的、约束性的意义符号体系。企业文化传播就是一种符号的编码和解码过程，其功能在于传播信息、表达情感与指导行动。因此，企业文化传播具有符号性特点。企业文化传播可以通过企业故事、文化手册、厂歌、企业报刊、仪式、影视作品等象征符号物质形式，向员工、公众传达深层次的企业价值观和思维方式。员工、公众通过对企业文化传播形式符号意义的解码，认识活动背后的真实意义，改造或重建自身的认知图式和价值观念，学习新的行为连接，完成符号意义的文化传播过程。

（二）整合性

文化的发展是一个整合的过程。在历史的发展过程中，一些文化物质被选择、吸收，渐渐规范化、制度化、合理化，并被强化为人的心理特征和行为特征；另一些文化物质被抑制、排除、扬弃，失去了整体意义和价值。文化的这种内聚和整合就渐渐形成一种风格、一种理想、一种心理和行为的模式。企业文化在传播的同时，同步进行着自我生长、自我发展、自我完善、自成体系的整合过程。全面的文化传播活动，使得各种文化特质能够充分接触和交流，吸收优秀的内生或外来文化因子，构成企业的主导文化。在企业文化的主动传播中，企业所倡导的优秀文化特质强势扩张，发挥了积极的整合作用，同化、合并与企业文化理念趋同的文化特质，改造、规范与企业文化理念相异的文化特质，抑制甚至消灭与企业文化理念相悖的文化特质，巩固、发展优势企业文化理念的主导地位。通过传播整合，在企业内外编织出一张强大的文化意义网，将企业员工"笼罩"起来，促使他们的认知、情感、目标、价值、信仰与企业文化产生趋同效应，使其自觉履行企业所倡导的行为模式。

（三）层次性

企业文化的层次性决定了企业文化传播也具有层次性。企业文化的传播有三个层次。首先，企业处于国家民族的社会文化背景之中，企业是社会的基本细胞，而企业文化是社会文化的组成部分，企业的文化传播必须体现对国家民族主文化的尊崇与弘扬，如对中华优秀传统文化的传承和宣扬等。其次，企业作为一个整体，具有自身统一的主流文化体系，在传播中必须体现主流文化理念的绝对主导性。同时，在主导文化的指导之下，企业内各个团体、组织、部门形成了各自的个性文化，它们构成了企业内部的亚文化体系，这些亚文化的存在与传播，有利于推动企业主流文化的扩散和发展。最后，企业的主流文化体系又可以分为核心价值观和衍生价值观。核心价值观是企业的基本价值理念，具有根本性和长久性，就像企业的根本宪法精神，指导企业的一切活动。而衍生价值观是在基本价值观的基础上，根据企业不同的时期和不同的经营活动需求而产生的独特价值理念，如企业的生产价值观、营销价值观、研发价值观等。在传播企业文化价值观时，既要展示企业核心价值观，又要传播企业衍生价值观。

（四）开放性

企业文化不是一个被动、凝固、保守的体系，而是一个发展与变动着的"活"的流体。开放性是企业文化的内在属性，客观上要求企业文化的传播也必须具有开放性。企业文化是由社会生产力决定的，社会生产力和生产关系处于不断发展与变化之中，企业文化必须以一种开放的状态去适应生产力的变革，在不同的历史阶段，形成与之相适应的不同特色的企业文化。企业文化传播的开放性表现为静态的连续性和动态的非连续性。首先，对优秀的民族文化传统等沉积文化因子，在企业文化传播中，必须予以继承和发扬；对于企业自发形成的良好行为习惯、风尚、信仰、价值观等内生文化因子，必须吸收整合，并加以传播。其次，企业文化传播必须融入时代的发展，融入世界文化的优秀因子，不能因循守旧、裹足不前。文化是社会生产方式发展的产物，随着社会生产方式的不断变革，原有的合理的企业文化可能不再适应社会发展，甚至对企业产生消极影响。在文化传播中，企业必须用合理扬弃的辩证方法，将文化转化为富有现实意义的新文化因子，重新建构与新经济时代相适应的先进企业文化体系，以一个开放的传播系统去把握时代脉搏。

（五）长期性

企业文化的形成是一个长期的历史凝聚过程，其传播具有长期性特点。首先，企业文化的传播目的，不是简单地对一事一物发生作用，而是用企业的经营灵魂、企业的价值观念，对企业和社会的文化面貌形成根本性影响，而只有长期坚持，进行潜移默化、春风化雨的传播，才能实现企业全面的、根本的、实质的改变和塑造。其次，改变大众根深蒂固的传统消极观念和不良行为习惯，摒弃不科学、不合理的价值理念和生活方式，打破阻碍企业文化理念传播的各种错综复杂的既有利益关系，必然要经历一个长期、艰巨的过程；促使员工改变原有的文化观念，建构新的价值理念体系同样需要时间；个体对于新的行为模式，完成从表面模仿性服从到行为的认同，再到真正内化为自身价值观念的组成部分，进而在全体员工中形成良好习惯，演变为集体意识，成为优良的企业文化传统，也需要经历一个漫长反复的过程。最后，真正意义上的企业文化，从源头文化的产生到企业文化的最终形成，一般需要经历口头文化、文本文化、行为文化、习惯文化、机制文化等阶段。企业文化的传播活动，必须建立在实际文化阶段的基础上，与该阶段的要求和目标相吻合。企业文化的长期演化性，决定了企业文化传播活动的长期性。

三、企业文化传播的分类

企业文化的传播主要包括对内和对外两个部分。

（一）企业文化对内传播

企业文化对内传播是指通过各种手段和方式，在企业全体员工中加强、深化交流和沟通，形成对企业物质文化、制度及行为方式、企业精神和价值观的共识，以减少甚至消除企业内部冲突和分歧。

1. 企业文化内部传播范围

企业文化内部传播范围包括纵向范围和横向范围。纵向范围传播包括领导层、管理层和员工层之间的传播，以及母公司与子（分）公司之间的传播；横向传播包括员工与员工、部门与部门、子（分）公司与子（分）公司之间的传播。

2. 企业文化内部传播对象

从企业文化内部传播对象来看，企业文化对内传播实际上就是对企业内部员工及管理者进行的企业文化培训、教育、宣传、灌输。企业文化对内传播具有辅助企业文化形成的功能，又兼有使企业文化得到传承和发扬，从而激发员工战斗力的功能。企业文化的形成、发展、积累都与企业文化对内传播有密切的关系。

3. 企业文化内部传播通道

企业发展过程中的种种事迹、故事案例等，是对内传播的无形通道；语录、标语、口号等则是企业文化对内传播的有形通道；企业管理者对下属的要求及个人行为、作风等，构成了企业文化对内传播的主要通道；企业文化培训、考核、激励机制的制定与实施，是企业文化对内传播的重要通道；企业举办的一系列活动、仪式、庆典等，是企业文化对内传播不可缺少的通道。

（二）企业文化对外传播

企业文化对外传播是指公开对外展示、传播本企业的文化，树立良好的企业形象，提升企业的文明度、知名度和美誉度，促进与其他社会组织和合作企业之间良好关系的形成与协调，最终使企业和它们形成良好的外部运作环境的活动。

1. 企业文化外部传播范围

企业文化外部传播范围包括本企业与社会公众、本企业与行业内竞争对手、本企业与其他行业企业。企业文化对外传播具有树立企业形象、提高品牌忠诚度和竞争力的功能，同时也兼有推动社会精神文明建设、促进社会文化进步的作用。

2. 企业文化外部传播对象

企业文化的对外传播是一种文化交流，不是单向的文化输出。全面准确地对外展示、传播本企业的文化有助于在社会公众中塑造良好的企业形象。按组织面对的"公众"类型，可把组织环境分为四大部分，即职能部门、功能部门、规范部门和扩散部门。企业文化的对外传播对象就是这些部门，如作为职能部门的市场监管、税务、公安等各级政府部门；作为功能部门的供应商、顾客、人才中心、银行等；作为规范部门的商会、行业协会、竞争者等；作为扩散部门的社区和一般公众等。企业将自己的企业文化向这些部门传播，让最具评价力的社会公众来充分认识自己的文化，并塑造良好的公共形象，从而推进企业健康、可持续发展。

3. 企业文化对外传播方式

企业文化对外传播的方式主要有自有媒体、公众传媒、品牌推广、图书传播、案例传播、社会公益活动等。

（1）自有媒体。主要指通过建立企业网站、微博平台、微信公众号平台、视频平台等，以及对平台的内容进行组织和运营等，对外进行企业形象的宣传与文化的传播。

（2）公众传媒。主要指企业根据文化传播的需要，借助电视、报纸、杂志、网络、楼宇媒体、户外广告等多种媒介载体向社会公众传达企业文化理念和品牌信息，从而达到增强消费者、供应商及社会公众对企业品牌的认同度，扩大品牌影响力的目的。

（3）品牌推广。主要指品牌文化的推广，即与企业市场活动相结合，通过品牌文化和品牌理念的传播实现企业文化的有效传播。

（4）图书传播。主要指通过图书、杂志等公开出版物进行企业文化和品牌的对外推广。图书出版一方面可以对企业文化、品牌形象进行深入、广泛的传播,另一方面也有利于确立企业在行业中的标杆地位。

(5)案例传播。主要指向高校及研究机构、媒体推荐企业文化及管理成果案例,或将优秀的案例编辑出版,公开发行,通过深度的内容传播,达到企业文化案例分析、案例文本传播的效果。

(6)社会公益活动。积极组织、参与各类社会公益活动,通过企业主动承担社会责任的行动,对外传达企业核心价值观。例如,组织、参与或赞助社会公益活动、帮扶活动、环境保护活动、捐资救灾活动,定期编制与发布社会责任报告,等等。

《苏轨YOUNG》企业电子期刊及职工服务平台简介

2019年7月,苏州轨道集团为创刊10年的企业报按下暂停键,创新推出《苏轨YOUNG》企业电子期刊及职工服务平台,以视角独特的"广角镜",书写着"区域一体化先锋,古城新活力引擎"发展新篇章,借助数媒技术以最生动的文字、最吸睛的设计、最精美的照片,描绘苏州轨道人的"精准画像"。平台每季度更新,已出刊10期线上杂志,汇编实体杂志2本,使用总人数超14万人,实现了轨道集团职工全覆盖、线上线下全域化。集团上下兴起了职工"学习充电"的热潮,探索了建设"指尖上的职工之家"新路径。此外,《苏轨YOUNG》还不断尝试新方式,探索数字化转型,打造"零距离"服务平台,做职工身边的"点灯人",以提升职工的获得感。

(资料来源:苏州市轨道交通集团有限公司)

任务二 企业文化传播的要素

企业文化传播属于传播学范畴。一般认为,一个基本的传播过程由传播者、信息、传播媒介、受传者、效果、反馈、噪声等要素构成。

一、传播者

传播者处于信息传播链条的第一个环节,是传播活动的发起人,也是传播内容的发出者。因此,传播者不仅决定着企业文化传播活动的存在与发展,而且在很大程度上影响着企业文化建设的目标、内容及实施效果。在企业文化传播活动中,传播主体主要分为以下五类。

（一）企业领导者

企业领导者在企业文化的创建、传播和变革中均承担着至关重要的角色。在企业文化构建和发展过程中，企业领导者既是企业文化的第一设计者，也是身体力行的第一传播者。海尔集团创始人张瑞敏在谈到自己在公司的角色时曾说过："第一是设计师，在企业发展中使组织结构适应企业发展；第二是牧师，不断地布道，使员工接受企业文化，把员工自身价值的体现和企业目标的实现结合起来。"可见企业领导者总是将企业文化传播作为自身工作的一项重要业务，他们是企业文化传播的第一"布道者"。

（二）企业文化相关的职能部门

企业文化相关的职能部门主要包括企业文化部、广告部、宣传部等企业文化建设相关部门，它们是企业文化传播主体的重要组成部分。首先，企业文化相关职能部门是企业文化建设的执行机构，通过落实企业文化建设各个阶段的具体工作将企业价值观、企业愿景、企业精神等企业文化相关的信息传播到企业内外部。其次，企业文化相关职能部门，特别是企业文化部是企业文化相关理念和制度的官方宣传及解释部门，在向受传者传播企业文化时，具有正式性、权威性、专业性等特性，在传播中起到其他传播主体难以替代的作用。

（三）企业模范人物

企业模范人物往往是在企业生产经营活动中涌现出来的具有较高思想文化水平、业务技术能力和优秀业绩的劳动模范、先进骨干分子或英雄人物等。他们的观念、品格、气质与行为特征都是企业价值观的具体体现。他们是因集中体现企业主流文化而被企业推崇、被广大员工一致仿效的特殊员工，在企业正常的生产经营活动中起着带头作用，是企业先进文化的体现者，是企业价值观的化身。

从企业中发现和塑造企业模范人物，是彰显企业文化特色、传播企业文化的有力手段。模范人物是振奋人心、鼓舞士气的榜样，他们的言行体现着企业的价值观。他们不一定担任企业的高级职务，也许算不上出类拔萃的人才，但他们身上体现着企业所要弘扬的价值观和企业精神，具有强大的号召力，成为企业文化的一个代表性"符号"，极大地推动着企业文化的传播。

（四）意见领袖

意见领袖又称"舆论领袖"，他们不是企业组织中的正式领导者，但是他们或消息灵通、精通时事，或足智多谋，在某个方面有出色的才干，或有一定的人际关系协调能力而获得大家的认可，是能左右多数人态度倾向，有着公众影响力的人物。

传播学中的"两级传播"理论认为，在信息传播中，信息输出并不是全部直达普通接受者，往往是通过意见领袖来传播的。因此，意见领袖成了企业信息传播中的闸门、滤网，是企业人际沟通中的"小广播"或"大喇叭"。正因如此，他们在企业文化的传播中发挥着特殊的作用。如果意见领袖认同企业文化,那么其传播的内容通常是有利于促进企业文化建设的;如果意见领袖的价值观念、行为规范与企业文化是相左的,那么其传播的内容对于企业文化建设可能就是一种干扰,是企业文化传播中的"噪声"。

因此,企业文化建设要重视意见领袖在企业文化传播中所起的"中介"作用。为发挥其积极的正面作用,企业领导者首先要向意见领袖正确地传递包括本企业价值观、企业精神、理想追求及企业制度、企业习俗等体现企业理念的一切物质要素在内的综合企业文化,并将意见领袖的价值观念、行为规范和个人利益统一、同化到企业文化中。这样,在全面、正确地接受了企业文化的相关信息后,意见领袖才有可能消除对企业文化的错误或歪曲理解,也才有可能对企业文化信息进行正确的再加工、再传播和再扩散。

(五)普通员工

普通员工在企业文化传播中扮演着双重角色:他们既是企业文化对内传播的主要接受者,也是企业文化的重要传播者。首先,普通员工是企业文化对内传播的接受者,会对本企业文化加以反映、认识和评价,并将自身所感知的企业价值观、企业精神、企业理念等企业文化相关信息传达给其他接受者。其次,普通员工是企业文化活动的主体,是企业文化实施的主要参与者,通过对所接受的企业文化的践行,在观念、思维方式、行为习惯等方面影响其他接受者,促进企业文化变革,保证企业文化传播的效果。最后,普通员工通过扮演"故事员""小道消息传播者""饶舌者"等角色,在企业文化传播中起到了相应的作用,不同程度地影响着企业文化实施的效果。

二、信息

著名语言学家弗迪南·德·索绪尔(Ferdinand de Saussure)把人类所创造和运用的符号分为语言符号和非语言符号两大系统。语言符号包括语音符号(口头语言符号)和文字符号(书面语言符号)两种形式。非语言符号又可分为物体语言符号、体态语言符号、时空语言符号、艺术语言符号等四种类型。企业文化传播的信息是企业文化,其内容也可以用语言符号和非语言符号表现出来。

(一)企业文化的语言符号表现

语言符号可分为语音符号和文字符号,它是人类传播中最为重要的符号系统,有着极强的表现力,企业文化的大部分内容都是通过语音符号和文字符号表现出来的。

语音符号就是一种有意义的声音符号。以声音符号系统表达企业文化,就是以"说"的形式来表达企业文化。在以"说"的形式传播企业文化时,它可以是演讲、朗诵,但更多的是面对面的沟通与交流。我们可以发现,有着强盛企业文化的企业通常都会有一些口口相传的企业文化故事。这些典型的企业文化故事往往将抽象的企业文化理念具体化、生动化,使接受者更加容易感知、理解并认同。

文字符号是指记录语言的书写符号。企业文化的文字符号表现是指用文字形式所记录的企业使命、企业价值观、企业愿景、企业精神、企业道德、企业社会责任等。企业文化传播在以文字符号表现企业文化内容时，需要用词精准，同时也要做到构思新颖，信息编码的"信、达、美、新"基本原则同样也是用文字符号表现企业文化的原则。

（二）企业文化的非语言符号表现

除了语言符号外，企业文化传播信息还包括非语言符号表现企业文化的内容。

首先是企业文化的物体语言符号表现。物体语言符号本身是生活中所见的各种物体，但是在其制造、加工或使用过程中，由于传递出相关主体的某些信息，因而便具有了符号的意指作用，从而产生了传播的功能。

其次是企业文化的体态语言符号表现，包括企业员工在执行、服务、仪式、典礼、礼仪等活动中表情达意的动作、姿态、表情、眼神等身体动作。例如，服务业一直倡导微笑服务，"微笑"就是一种体态语言符号的表现，真诚的微笑服务可以在一定程度上反映一个公司良好的企业文化。

再次是企业文化的时空语言符号表现。传播学认为时间、空间也是一种非语言的传播符号，也可以反映企业文化的内涵。

最后，企业文化还包括艺术语言符号，如厂歌、公司之歌等。

三、传播媒介

企业文化传播的媒介多种多样，几乎所有媒介都可以用来进行企业文化传播。这其中既包括传统媒介，如电视、报刊、宣传栏、黑板报、文化手册、广告牌、电话传真、广播、私人信件、备忘录、仪式等，也包括随着信息技术日益发展而来的新电子媒介，如电子邮件、即时通信软件、互联网、局域网等。总体上，企业文化的传播渠道可归纳为面对面传播、书写式传播和新电子媒介传播等三种类型。

（一）面对面传播

面对面传播是社交力、敏感度、温馨度和人性化程度最高，传递信息能力最强，最为快捷的企业文化传播渠道。这种传播方式以其媒介丰裕度高、社会展现度强等特性，成为企业文化有效传播的最佳选择。企业文化的面对面传播形式主要有面谈、会议、培训和研讨等。

1. 面谈

面谈是最常用、最便利、最为有效的企业文化传播方式。通过面谈的方式，企业文化传播者可以将企业价值观等有效地传达给接受者，并在直接沟通的过程中增进与接受者的感情。它减少了因为感性认知而产生的沟通障碍，极大地提升了企业文化传播的效率。但是这种"点对点"面谈的传播方式亦存在着沟通成本过高、传播范围不够宽泛的缺点。

2. 会议

与面谈相比，会议这一传播方式无疑可以克服"点对点"面谈传播成本过高的缺点。在任何企业，会议都是把组织结合在一起的凝固剂。会议可以使企业文化所传达的信息在一定的传播空间内顺畅地流动。同时，会议也为组织成员提供了某种程度的社会联系，增强与会人员开展企业文化传播工作的使命感。此外，会议作为企业官方组织正式传播的方式，它所传播的企业文化信息还具有权威性、真实性、正式性等特点。但是，会议是通过组织系统层层传递信息的，这种传播方式同时也存在传播速度慢、互动性不够、传播信息缺乏反馈的缺点。

3. 培训和研讨

企业内外部各种形式的培训和研讨，可以对所要传达的企业文化信息进行传播。从国外成功的企业文化案例来看，许多企业已选择了"伦理培训"的方式来传播企业文化。伦理培训即让雇员讨论所在组织的价值观和他们在维护这种价值观中发挥作用的过程，这是企业文化建设和有效传播的必由之路。也就是说，与会议相比，培训中的面对面传播，已经不仅是企业管理者或培训师对下属员工的文化传播，它还反映了员工与员工之间对企业价值观的讨论（这也是面对面传播）；从传播空间来看，这种伦理培训已跳出了培训会场的传播空间，并给员工留下了在工作中对照企业的伦理和价值观进行自我校测（自我传播）的空间。

（二）书写式传播

书写式传播，即企业通过内刊、企业文化手册、公开报刊、黑板报、宣传栏等书写式媒介进行企业文化传播。书写式传播作为企业文化主要的传播方式之一，其优点体现在以下几个方面：

第一，文字是最具有实质性并且可以随时保存与查证的传播符号。以文字符号进行传播，其信息具有较好的逻辑性、明确性。与面对面传播相比，书写式传播在表现的严谨性和深度上都更胜一筹。

第二，书写式传播媒介具有可重制性、可携性、可浏览性等三种特性，使信息数据可以被随时记录并流传使用。这种特性适合记录、流传一些相关的知识和概念，从而具有教育与反省的媒介功能。

第三，接受者可以根据书写式媒介所传递的信息内容，选择性地泛读和精读，并对已读的内容进行重复阅读和深度思考，这种传播方式相对于其他传播方式而言更具有积累价值与传播效果。

第四，书写式传播方式可以对与企业文化相关的复杂问题进行详尽的阐述，因此在处理歧义性较高的事件中具有宣传优势，可以营造出有利于企业文化发展的舆论环境。

第五，书写式传播不仅是企业内部进行信息沟通与交流的一种方式，也是企业对外展示其形象和宣传企业文化的重要方式。很多企业外部人员和客户都是通过书写式传播媒介来感知企业文化，形成对该企业的第一印象的。

第六，接受者以书写式媒介为本位的传统教育和学习方式，也是其他传播方式不能完全取代书写式传播的一个重要因素。

当然，书写式传播媒介也存在着一定的劣势，这决定了其不能作为企业文化传播的唯一渠道。从媒介选择理论来分析，它在媒介丰裕度和社会临场感上均不及面对面沟通。此外，从传播的参与感而言，书写式传播媒介仅能呈现平面的图文，在互动性和对受传者的刺激性上，均不及新电子媒介传播。

（三）新电子媒介传播

新电子媒介传播是指企业通过互联网、局域网、电子邮件、即时聊天软件、视频电子媒介进行企业文化传播。进入21世纪以来，随着计算机的普及和信息网络技术的不断发展，新电子媒介传播技术不断被引入企业组织，并在企业文化传播中发挥着越来越重要的作用。例如，企业在进行企业文化建设的过程中，可以利用即时聊天软件建立企业文化项目群，不仅可以进行"点对点"的信息传播，还可以面向群成员群发信息，并获得群成员第一时间的信息反馈，从而提升信息传播的效率。计算机会议可以摆脱时间和空间的束缚，将不同地域的企业文化建设相关人员组织在一起开会，确保企业文化信息及时、顺畅地传播。同时，相比于传统会议，计算机会议极大地降低了人力、物力成本。由上述事例可以看到，以信息网络技术为支持的新电子媒介给企业传统的传播媒介造成了很大的冲击，给企业带来了更为便利、快速及有效的企业文化信息沟通模式，它进一步打破了信息传播中时间、空间、人员等因素的限制，大大缩短了企业中人与人之间的距离，使沟通变得更加便捷，更能满足企业文化传播的需要。

此外，新电子媒介传播可以给企业文化传播带来更好的效果并使沟通领域多元化，企业文化的传播渠道也就更多元、更有时效性。例如，在企业文化传播过程中，企业中任何一名员工都可以通过企业总裁信箱或在线互动评论和高层领导进行渠道顺畅的企业文化相关信息沟通，在一定程度上减少了传统传播模式下普通员工只能接收按组织层级传达下来的企业文化信息而无法越级与高层领导沟通的现象，拓展了信息沟通的领域和内容，增强了信息沟通效果。

四、接受者

接受者可分为对内传播对象和对外传播对象。

（一）对内传播对象：企业员工

企业文化对内传播的接受者为企业全体员工。企业文化的对内传播实际上就是对企业内部员工及管理者进行的文化培训、教育、宣传、灌输。企业文化对内传播具有辅助企业文化形成的功能，又兼有使企业文化得到传承和发扬，从而激发员工生产力的功能。企业文化的形成、发展、积累都与企业文化的对内传播有密切的关系。

（二）对外传播对象：社会公众

企业文化对外传播的接受者为社会公众。企业文化对外传播具有树立企业形象、提高品牌忠诚度和竞争力的功能，同时也兼有推动社会精神文明建设、促进社会文化进步的作用。企业文化的对外传播是一种双向的文化交流，而不是单向的文化输出。全面准确地对外展示、传播本企业的文化，最终在社会公众心目中留下一个美好印象，塑造良好、健康的企业形象，是企业文化建设工作的重要部分。

五、效果

企业文化传播效果是一切企业文化传播活动的试金石，优良的企业文化传播效果是所有企业文化传播者的共同追求。企业文化传播效果位于企业文化传播过程的最后阶段，它是各种企业文化传播要素相互作用的集合效应，也是受众受到信息作用在某些方面发生的具体变化。企业文化的传播是通过不同的工具和途径，将已设计出来的企业理念、核心价值观等有针对性、有计划地呈现出来，并为企业内部和外部所认知、认同的过程。企业文化传播只有达到一定的效果，才能真正对企业的发展起到促进作用，企业的理念和价值观也才能真正融入企业的安全生产和经营管理。

（一）企业文化传播效果的含义

企业文化传播效果是指企业文化在传播过程中所产生的有效结果。这里的"有效结果"一词，狭义上是指行为者的某种行为实现其意图或目标的程度，广义上则指该行为所引起的客观结果，包括其对他人及周边社会实际产生的一切影响和后果。因此，企业文化传播效果也具有下述两层含义。

第一，它指带有说服动机的企业文化传播行为在接受者身上所引起的心理（包括忠诚度）和行为的变化。说服性传播是通过劝说或宣传，使接受者接受某种观点或从事某种行为的传播活动。这里的传播效果，通常意味着传播活动在多大程度上实现了传播者的意图或目的。

第二，它指企业文化传播活动，尤其是通过刊物、电视、互联网等大众传播媒介所进行的企业文化传播活动对接受者与社会产生的一切影响和结果的总体，且不管这些影响是有意的还是无意的、直接的还是间接的、显在的还是潜在的。

上述两层含义构成了企业文化传播效果既相互联系又相互区别的两个重要方面：一是对企业文化传播效果产生的微观过程分析；二是对它的综合、宏观过程的考察。前者主要研究具体传播过程的具体效果，后者主要研究综合的传播过程所带来的综合效果。

（二）企业文化传播效果的层次

由于企业文化传播中的传播者、信息、媒介、受传者各有不同，所以其效果有范围大小与程度深浅的区别。企业文化传播对于传播者的影响可以达到四种程度，即有四个层次的传播效果。

1. 信息层次

信息层次是指将企业文化精神层、制度层、行为层、物质层的内容传到受传者处，使其完整、清晰地接收到，并且尽可能减少歧义、含混、缺漏，这是简单的传到、知晓层次，是任何传播行为首先应达到的传播效果层次。只有在该层次获得了理想的传播效果，企业文化传播才可能更好地向其他层次推进，因此信息层次传播效果是整个企业文化传播效果的基础。

2. 情感层次

情感层次是指企业文化从知晓进而触动受传者的情感，使传播者在感情上对企业文化产生亲近、认同，对企业文化传播活动产生兴趣，从而与企业文化传播者接近，这是企业文化传播达到的较为理想的效果。但是需要注意的是，情感有正负之分，只有正面情感才是企业文化传播者所需要的；负面情感，如反感、厌恶等，应予以避免。

3. 态度层次

态度层次是指在企业文化传播过程中，传播者对企业文化认识的程度、情感表达和行为倾向的总和。它已从感性层次进入了理性层次，是在感性认识基础上经过分析判断、理性思考而产生的，一经形成就非常难以改变。企业文化传播若达到该层次，则能对传播者产生非常深刻的影响。态度除有正负、肯定与否定之外，也不一定与情感有必然的同方向联系。

4. 行为层次

行为层次是企业文化传播效果的最高层次。它是指传播者在感性认知、理性认识和认同企业文化之后，行为方式发生改变，做出与企业文化传播者的目标相一致的行为，从而完成从知到行的认识—实践全过程，使企业文化的建设不仅有了同情者和肯定者，而且有了具体的实施者和执行者。实验研究证明，态度与行为的改变有着较大的相关性。

随着企业文化传播效果层次的提高，传播者的数量由于各种原因而逐渐减少；同时只有达到较高的效果层次，上一级至初级的传播效果才能被较长时间地保持，否则传播者会很快淡忘，企业文化传播也就达不到预期效果。

六、反馈

反馈是控制论的基本概念，指将系统的输出返回到输入端并以某种方式改变输入，进而影响系统功能的过程。传播学上的反馈指传播过程中传播者对收到的信息所做出的反应。获得反馈信息是传播者意图和目的，发出反馈是传播者能动性的体现。直线模式容易使传播者和接受者的角色、关系、作用固定化，一方只能是传播者，另一方只能是接受者；而在人类传播中，二者的转换无时不在，在传播活动中，每个人既是传播者，也是接受者。

企业文化传播的目的是使全体员工共享企业价值观、企业精神、企业理念，共同遵循企业规章制度，共塑企业特有的内在形象和外在形象。企业文化在企业内部传播的反馈来自企业员工。在这一过程中，企业员工对企业文化的感知、理解和接受程度与企业文化传播者所设想的程度存在这样或者那样的偏差，企业员工需要将偏差反馈给传播者，以使传播者对企业文化传播工作进行相应的控制，达到更好的传播效果。企业文化在企业外部传播的反馈主要来自社会公众。社会公众通过企业的产品、服务方式、公共关系来认知和接受企业相关文化信息，并通过提意见、口碑相传、赞美、购买该企业产品等方式表达其对企业文化的接受程度并反馈给传播者。企业可以根据社会公众对相关信息的反馈，对企业文化对外传播方式做出相应的调整。

七、噪声

在企业文化传播过程中，还有一些噪声影响着企业文化传播的效果。噪声不是企业文化传播者有意传达而附加在信号上的信息内容，而是指一切企业文化传播者意图之外的，对正常文化信息传达造成影响的干扰性因素。构成噪声的原因包括两个方面：一方面来自企业文化传播者本身。例如，企业文化推行者因为企业资金或发展等方面的压力，对企业文化传播工作力不从心，打乱了企业文化传播工作的节奏，导致传播效果变差；另一方面来自外界因素的干扰，如社会流言、企业文化相关的谣言、小道消息等都会对企业文化传播造成不同程度的影响。噪声会增加企业沟通成本，影响企业文化传播的效果，因此，降低噪声是实现企业文化有效传播的一项重要工作。

任务三　培育企业文化传播系统

企业文化传播需要通过不同的工具和途径，将已具有的企业理念、核心价值观等明确地呈现出来，并为企业内外部所认知、认同。企业文化传播系统的培育途径主要有新媒体与展示平台、企业文化培训体系、企业内刊编制等。

一、新媒体与展示平台

企业文化建设是一个不断积累、不断培育的过程。当今时代，不断更新的各种新媒体手段为企业文化传播带来了发展的新机遇。企业文化的传播媒介和手段要持续与时俱进，才能够适应时代的发展，使企业保持发展动力和竞争优势。新媒体与展示平台的使用注意事项有以下两方面：一是要结合各个平台不同的特色，适应平台传播规律，积极宣传企业工作，有效传播企业文化，形成文化互动。比如，哪个平台或模块适合典型传播、故事传播、案例传播、体验传播，哪个平台适合传播、解决客户和员工遇到的问题，传播鲜活的人物形象与工作故事，等等。二是注重策划先行，开展主题传播。平台选择只是第一步，新媒体传播最核心的还是内容。如何在企业各个新媒体平台上打造品牌的文化内容栏目，有效传播企业文化，尽快吸引员工关注，需要进行有益的探索。

（一）网络

双向互动是网络的一大特性。网络上的企业文化传播具有较强的互动性，时时刻刻都可以实现传受双方的互动。在网络上，传播者和接受者的区别已经不像实体媒介中的区别那样明显。个体可能是传播者，也可以是受众，或者在两个角色之间不断变换。

在网络中，通过媒体与网民的互动、媒体与媒体的互动、网民与网民的互动，企业文化不断传播，传播场域不断变换，在变换的过程中相互影响。

（二）微博

企业申请自己的官方微博账号并不断充实壮大自己的微博粉丝数量，在此基础上持续进行微博状态的更新、发布与推广，让微博粉丝了解企业的动态和品牌信息。企业通过与微博粉丝的互动交流，让粉丝对企业有一个基本的了解和信任，逐渐把暂时性用户变成企业长久的粉丝、忠诚的粉丝。

微博平台的传播优势有：①传播范围较广。微博突破了地域的局限性，使更多的微博用户能够看到企业的信息。企业可以与对自己发布的信息感兴趣的微博用户互动交流，使之成为自己的微博粉丝。②信息传播速度快，且具有时效性。企业发布微博信息，微博用户马上就能收到并查看，互动极快。企业可以抓住微博信息传播速度快的优势，利用时间差进行微博状态的更新，获取更多粉丝，赢得企业文化的传播和竞争优势。

（三）微信

微信支持发送语音短信、视频通话、图片（包括表情）和文字信息。微信传播具有多样化的特点：语音短信和视频的通话时间长度不受限制，可以随时通话，提高了传播的效率，获得了及时的信息反馈；视频通话提升了人际传播的亲切感；可以通过图片、文字、朋友圈等方式将图片、文字、视频等组合起来，图文并茂地进行组合式传播。

微信企业公众号是一种微信的推送方式。和微博类似，微信的传播主题可由企业自己决定，通过微信客户端，使用者就能收到相关信息。微信推送可以将信息推送到客户的手机桌面，使他们打开微信就能看到，且目标受众精准，信息接收和转化率高。

微信平台的传播优势有：①微信具有庞大的用户基础。微信是一款跨平台的移动通信工具，拥有广泛的受众群体，这让企业的文化传播更为广泛。②微信公众号是企业对外传播的重要窗口。除了沟通功能外，微信公众号就像一个企业网站，企业可以通过公众号发送文章、图片、视频，将企业的思想、文化及产品介绍，结合使用者的阅读习惯，用简单的文字向用户传递出来。③增强与粉丝的互动性。微信群发能精准地将各种信息包括企业的最新活动等推送给用户。企业可以针对用户询问的问题，设定好关键词自动回复，非常方便。

（四）微电影

微电影即微型电影，是指能够通过媒体平台传播，适合在移动状态和间隙状态下观看，具有完整故事情节的"微时"（几分钟到半小时）放映的影片。微电影的内容可以单独成篇，也可成系列剧。企业拍摄的微电影主要以企业和员工为焦点，把传统意义上的专题片、宣传片制作成集娱乐、趣味、情节于一体的微型电影。

微电影是一种五维度的传播新模式，横跨电影、电视、网络、行动、实体通路五个维度，让整体传播达到一个全新的高度。微电影主要讲述企业品牌故事，而且它的背后一定有商业驱动，需要专业化的制作，使之达到与商业电影一样的视觉和情感享受。

微电影的传播优势有：①真实直观。微电影以画面塑造形象、叙述故事、抒发感情、阐述哲理，逼真地记录现实生活中的人和事，具有其他传播方式难以达到的真实、直观的效果。微电影通俗易懂，不同文化、国度、年龄的人都能看得明白。②新颖且有吸引力。微电影是传播企业文化、凝聚企业员工的一种新探索。当前，企业员工思想具有独立性、多变性和差异性，微电影对企业员工尤其是年轻员工具有吸引力。微电影把企业精神、宣传意图和诉求隐藏其中，以低成本投入、灵活多变的题材、引人入胜的故事、新颖的拍摄方式，使其既富有趣味性、情节性、娱乐性，又能让员工参与表演和制作，感受其中的乐趣，因而备受欢迎。

小贴士

苏州轨道集团推出8K超高清VR

自2007年伊始，苏州轨道交通历经15年辛勤耕耘，从无到有、由线成网，助力"轨道上的苏州"在高质量发展的征程中集聚新动能、跑出加速度。2022年6月26日，首支8K超高清VR正式上线（图8-4），以航拍视角，1分钟展示苏州轨道交通的飞速发展。

苏州轨道交通开通运营10年来，累计运送旅客超过22亿人次，成为苏州公共交通出行的"主力军"。苏州轨道交通集团立足乘客需求，不断优化行车组织方案，缩短行程间隔，延长服务时间，推出了"强弱冷车厢""无理由退票"等特色服务，乘客满意度已连续9年保持增长。

图8-4 苏州轨道交通VR摄影

（资料来源：苏州市轨道交通集团有限公司）

尽管网络、微博、微信和微电影这些新的媒体传播方式具有较多优势，但也不可避免地存在一些缺点。首先，它们属于"快餐文化"，传播的信息具有短暂性。在没有外界人为强化的情况下，信息在脑海中是转瞬即逝的。用户很可能看（听）完即忘，更难吸收消化。其次，相对于传统的企业传播方式，这些新的媒体传播方式更加具有不可控性。用户对于所传播的企业文化究竟持何态度、究竟了解了多少、存在什么问题等，企业都不能清晰了解。这些困难有待企业进一步克服。

二、企业文化培训体系

企业文化培训体系主要是指从培训需求调研、培训效果评估及培训管理规范、新员工入职培训等方面进行系统性的规划与建设。企业通过系统、全面、持续地开展企业文化培训，使各层级员工逐步理解、认同企业文化核心理念，统一思想、统一行为，推动和促进员工认知企业文化理念并对其达成共识。企业文化培训是企业文化内部传播的重要手段，也是构建学习型组织的首要途径。

作为一项特殊的培训科目，企业文化培训虽然在形式和内容上有其特殊性，但在体系建设过程中也应关注与企业整体培训体系之间的有机结合。与企业内部的其他培训活动一样，企业文化培训也同样需要完备的培训体系作为支持，完备的培训系统是确保企业文化培训顺利实施并达成预期效果的必要保障。

（一）文化培训的组织与计划制订

在大部分企业里，企业培训由人力资源管理部或培训中心专职负责，为避免工作上的交叉和重复，企业文化培训的组织管理机构在设置上应根据企业实际，尽量与其他类型培训的负责机构协调一致，合理分工，实施统一规划和统一管理。

在企业实践中，比较常用的做法是将企业文化培训纳入公司整体培训体系，由培训管理部门负责总体管控和具体实施。而作为一种特殊的培训内容，可由企业文化的主管部门负责制订初步的培训计划、实施方案及选择培训教材、培训效果评估办法等，再与培训管理部门会商确定。其中，培训计划是确保培训工作顺利开展的重要环节。通常，培训计划应对培训目的、培训对象、主要培训内容、培训方式、培训时间与地点、具体负责部门及负责人等进行全面、详细的说明。

（二）文化培训师队伍建设

企业文化培训师队伍一般由内部培训师和外部培训师两类人员组成。

1. 内部培训师队伍建设

为确保企业文化落地推广工作的持续性，企业一般通过指定或内部招募的方式组建一支相对稳定的"文化内训师"队伍。在内训师队伍的建设过程中，主要应把握好人员选拔、师资培训两方面的重点。除了要邀请企业部分中高层领导加入外，重点是要选拔一批基层员工作为内训师。这种做法，一方面可以发挥中高层管理人员的引领、示范作用，另一方面也可以充分调动基层员工参与企业文化建设的积极性，让企业文化更加容易被理解和接受，对形成和谐正向的企业文化宣传氛围有非常大的帮助。

企业文化培训师不仅要有一定的企业文化知识，还必须具备较好的演讲表达能力。由于企业内部人员大部分缺乏授课的经验，因此，在内训师队伍建设过程中，不仅要选拔具备内训师素养的员工，还要将工作重点放在内训师的培养上。培训内容既要包括企业文化基础知识、公司发展历史、发展战略、企业文化理念、文化案例、行为规范等企业文化相关内容，还应在授课资料准备、演讲技巧等方面进行专门的训练，以确保在培训过程中内训师能够通过生动、流畅的语言准确地向员工传递信息，宣传、贯彻企业文化。

与此同时，企业也要根据自己的实际情况逐步建立起内部培训师的聘用、工作记录、评价评估与激励机制，实现内训师队伍的优胜劣汰与动态管理，从而确保内训师队伍的相对稳定、高素质与高水平。

2. 外部专家及培训师师资库的建立

企业文化建设是一项长期性的工作，所面向的对象包括企业不同层级的人员，这就决定了企业文化培训人员的能力素质也要具备一定的梯度。例如，面向企业中高层领导的企业文化培训、面向内部文化的培训及企业文化的首场培训等，都需要培训师具有较高的现场驾驭能力和专业水平，这些特殊的场合就需要外部专家来担当。为此，企业的文化主管部门可与高校、研究院所、咨询培训公司等外部机构建立长期的合作关系，由上述机构派出专家组成企业的"外部文化讲师团"，与内部培训师队伍互为支撑，互为补充，协同开展工作，为企业文化建设提供理论水平的提升与外部实践经验的分享。

（三）文化培训的组织实施

培训的组织实施是企业文化培训体系的关键环节，在这一环节，应严格按照培训计划针对不同层级、不同部门、不同岗位的培训对象开展持续、多样化的培训活动。

通常情况下，企业文化培训具有灵活多样的特点，这种灵活多样主要指企业文化培训实施的方式具有多样性，不同的实施方式面向不同的受众，多种方式的灵活切换也便于各类员工培训效果的提升。常见的企业文化培训形式包括会议、集中授课、主题演讲会、文化研讨会、文化座谈、"传帮带"、角色扮演、文化知识竞赛、经典案例分享、企业发展史讲解等。

（四）文化培训效果评估

与企业其他培训活动有所不同的是，企业文化培训不仅要求员工深入了解企业发展史和企业文化理念，更重要的是要让员工在接受培训后能够自觉地按照企业文化理念的标准规范自身行为，在行动中践行企业文化。因此，对企业文化的培训效果评估应包含三个方面的内容：一是对文化内部培训师授课质量、教学服务水平的评价，二是员工是否掌握了授课的内容，三是员工是否能够将授课内容融入日常工作和行为，也即包括培训效果评估理论所提及的反应层、学习层、行为层三个层面的评估。

企业文化主管部门应及时对培训效果进行全面评估和分析，及时总结经验，及时发现不足并不断改进，从而促进企业文化培训工作的良性循环。

三、企业内刊编制

企业内刊是用于企业内部沟通交流的重要宣传媒体，是企业文化传播的重要载体，大多没有正式出版或者对外发行。为什么企业要花大力气创办企业内刊呢？因为企业不可能每1次都通过全体员工大会等形式向全体员工逐个传递有关经营活动的全部信息，这就需要内部刊物的设计和定期发行来予以实现。同时，大规模、持久地进行员工间的沟通，也需要借助企业内刊，以此来加强企业与员工之间的正式交流，提高员工的向心力和团队凝聚力。可见，编制发行企业内刊，为全体员工共同参与企业管理提供了一个很好的沟通平台，有利于调动员工的积极性，灌输"全员参与""群智经营"的理念。内刊还可以使全体员工的家属和亲朋好友，以及企业客户、供应商、合作伙伴等全面了解企业的情况，加强企业品牌形象的宣传。

（一）确定内刊的定位

优秀的企业内刊往往各具特色。内刊和其他读物一样，受众有一定的范围，内容有一定的限制，功能也有一定的边界。比如《宜家家居》初创时的定位是"访客至上"，《海尔人》初创时的定位是"监督教育"，《万科周刊》初创时的定位是"人文情怀"，等等。内刊定位要注意以下事项：

1. 明确性的定位

企业内刊如果定位为"企业文化、人文关怀"，就不能着重于企业经营管理方面，而要阐述企业文化的建设发展和人文思想的引导关怀。如果定位是"互利共赢、品牌理念"，就应着重阐述企业品牌的价值观念、品牌文化等方面的内容。尤其是刚开始创刊时，简单的诉求和明确的定位非常重要。

2. 阶段性的调整

企业内刊的定位还要根据企业的发展速度和不同的发展阶段进行多元化的功能定位，要采取读者群细分的方式进行组合定位。企业根据实际要求调整内刊定位，发挥内刊真正的文化价值是非常重要的。

3. 协调性的平衡

企业内刊的定位不仅在于内刊中企业文化的定位，还具体表现在企业文化中内刊的定位。确定内刊在企业文化中的定位要根据企业发展模式和战略目标的规划设计来进行。要保持内刊和企业地位发展的高度协调性，避免出现内刊文化和企业建设不相符的状况。要最大限度地实现内刊的价值和使命，就必须调整好内刊和企业文化之间的相对定位，平衡两者之间的关系，并提高对企业内刊编辑的重视度。

（二）命名

除了明确定位外，还要给内刊起一个有意义的名字。一个好的内刊名字更能展现企业的文化内涵，让人留下深刻的印象。内刊起名字有两种方式：

一种是"脑部决定"，即由公司高管确定，或高管层开会时进行头脑风暴，最后选出一个最有象征性的名字，比如"××人""××风采"等。

另一种是"脚部决定"，即采用在内部员工中收集，或有奖征集的形式，挑选3—5个名字，再由企业文化部门和领导投票决定。这种方式可以调动大家参与其中的积极性，还能发现一些文笔好、有功底的编辑高手。

（三）内容和栏目设定

1. 内刊形式

一般来说，内刊形式分为以下两种。

（1）杂志。这个要根据公司实际情况来定，如果有采编人员且内部资源充足，就可以考虑直接做杂志。做杂志时，准备开设哪些栏目，要精心策划后确定。

（2）简报、彩报、专题刊物等。

2. 栏目设定

关于栏目设定，有以下两点建议：第一，如果需要一个循序渐进的过程，可以先从报纸开始，尝试着做几期后再调整。在做报纸时，需要考虑清楚设定哪些栏目，计划刊登什么内容。第二，可以找一些同行业做得比较好的企业杂志作参考。

3. 内刊编辑流程

企业内刊编辑的流程，如表8-2所示。

表8-2 企业内刊编辑的流程

内刊管理项目	具体流程	工作描述	涉及人员	输出文件
内刊的整体性栏目建设	栏目规划	内刊编辑根据实际需求规划栏目，输出栏目设计文档，提交相关领导和主编审阅，抄送给内刊其他工作人员	相关领导、主编、副主编	栏目设计文档
	编辑文稿	内刊编辑根据通过审阅的栏目规划安排相关文章的编写，输出具体文章，提交相关领导和主编审阅	相关领导、主编、副主编、内刊编辑	具体文稿
	美术设计	内刊编辑将通过审核的栏目规划和具体文章提交美工，美工把握美术风格，搭配颜色和必要的图片，输出美术设计文档，提交相关领导和主编审阅，抄送给内刊其他工作人员	美工	美术设计文档
	排版设计	内刊编辑根据通过审阅的美术设计文档和具体文章送交排版，输出排版文档，提交相关领导和主编审阅，抄送给内刊其他工作人员	主编、副主编、内刊编辑	排版文档

续表

内刊管理项目	具体流程	工作描述	涉及人员	输出文件
内刊的局部性栏目建设	内容设计	内刊编辑在进行内刊内容建设时,需要参考内刊稿件来源制度、审阅制度等,在建设过程中无须通报内刊其他工作人员	相关人员	内容文档
	美术设计	美工有权修改内刊页面设计,但需及时通报内刊其他工作人员,以免影响印刷工作	相关人员	设计文档
内刊的事务性栏目建设	内刊日常运营中需要做好的事务性工作	① 及时处理对内刊的批评意见或建议 ② 及时做好内刊文件的归档工作 ③ 及时与出版单位进行沟通 ④ 做好每次内刊工作会议的会议记录 ⑤ 做好内刊大事记	内刊编辑相关人员	相关文件
		内刊各项工作中所产生的文件由内刊编辑负责保存,建立内刊档案		
		内刊档案的存档周期:电子文件随时备份,重要文件每季度备份一次		

（四）宣传推广

企业内刊的内容设计好后,还需要宣传造势,如确定宣传重点和最近公司的重点方向,明确宣传内容及其所属部门。优秀企业内刊的经验主要是把典型的文化案例挖掘出来,把最优秀的人物通过典型的事迹树立起来。

小贴士

苏州轨道交通的文化传播

2018年,苏州轨道交通开始举办"遇见"文化节,至2022年已连续举办了5届。文化节有机融入了苏州轨道交通服务理念,结合苏州市委宣传部"我们的节日"活动,面向乘客开展营销服务及传统文化的宣传推广。2018年被评为苏州市"我们的节日"优秀项目一类扶持项目。同时,还开展"轨道交通的阅读之旅"活动,开行书香地铁主题列车,打造书香地铁主题车站,倡导全民阅读。该项目获得了2019年"第十四届苏州阅读节优秀活动奖",2021年苏州市"优秀阅读创新项目"。此外,苏州轨道交通还通过"苏e行"App上线"云图书馆",开放5 000多册图书供乘客免费阅读。"云图书馆"亮相2020年江苏书展,获得广泛好评。

2019年8月,苏州轨道交通组织拍摄原创视频《我爱你中国》《70年70秒见证中国速度》并登上"学习强国"学习平台,开全国城轨行业风气之先。改革开放40年之际,以苏州轨道交通发展为主线的大型纪录片《40城40年》之《苏州"轨迹"》在全国城市电视台轮番播出。

苏州轨道交通为打破传统路径依赖,将时效性差、接受度低的纸质企业报转变为线上的微信小程序"苏轨YOUNG",以文字、图片、动画、视频等形式全景讲述轨道故事,展示轨道风采,受到了集团员工和社会各界的广泛关注和热烈欢迎。该项目获得"全国总工会小程序30强"等多项国家、省、市级荣誉。

苏州轨道交通探索媒体融合新方式,立足于新媒体时代的新形势、新需求,推出《小铁日志》《小苏巡游记》等系列短视频,通过轻松活泼的形式,展现员工向上向善的精神风貌,宣传和普及文明乘地铁的常识理念,在抖音及视频号等平台获得广泛的传播和好评。

(资料来源:苏州市轨道交通集团有限公司)

案 例 分 析

小米品牌的文化传播

小米公司成立于2010年4月6日,它最初的三大业务分别为MIDI手机系统、小米手机和米聊。经过9年的发展,小米公司成为一家专注于智能手机、互联网电视及智能家居生态建设的创新型科技企业。小米公司创造了用互联网模式开发手机操作系统、发烧友参与开发改进的模式。小米已经建成了全球最大消费类物联网平台,连接超过4.78亿台智能设备,进入全球100多个国家和地区。目前,小米是全球三大智能手机制造商之一,也拥有全球最大的消费级智能物联网平台,是全球及中国区市场增速最快的智能手机品牌。2022年9月7日,全国工商联发布"2022中国民营企业500强"榜单,小米公司以营业收入3 283亿元位居第18名。

小米的使命是始终坚持做"感动人心、价格厚道"的好产品,让全球每个人都能享受科技带来的美好生活。在小米手机刚上市时,小米公司与消费者进行沟通的互联网渠道只有QQ空间,这个渠道有其自身的弊端,如消费者与小米公司无法进行实时的沟通,小米公司无法及时满足消费者提出的需求。因此,小米公司投入大量精力拓宽了自主运营的沟通服务渠道,建立了针对小米公司产品粉丝及潜在消费者的服务平台,即MIUI论坛。越来越多的粉丝在MIUI论坛开通自己的社交账号并积极参与产品研发讨论,大大增进了小米公司与消费者的沟通与交流。在手机行业,消费者与厂商之间联系的紧密度在一定程度上决定了用户对品牌的信任程度,而品牌信任度的高低直接影响着产品口碑在社会公众间的扩散效果。当前,越来越多的品牌信息都是在基于对品牌充分信任的基础上,通过用户在微博及微信朋友圈等社交媒体、抖音等短视频平台分享扩散的。

在文化宣传方面,"为发烧而生"不仅是小米产品的宣传口号,也是小米品牌文化的体现，它实质上隐含着"一切为顾客服务"的观念和文化理念。小米的成功之处在于实现了手机品牌与网络社群、粉丝、品牌追随者共同成长，它体现的正是小米互联网群文化。

小米公司"以用户为中心"的服务理念被广大用户所称赞。小米坚持把用户作为推动公司发展的动力，日常生产和设计注重用户的参与感，很多产品设计和MIDI系统的设计都有"米粉"的参与，还经常举办线下"米粉"见面会。通过强调用户参与感，提高了用户黏度和用户交流频度，让用户变为朋友，增强了品牌知名度。

小米公司旨在打造米粉文化，其服务体系涵盖了很多互动渠道，包括微博、微信、米聊、论坛等，后期还推出了小米线下体验店，加强互动交流。为了更好地打造"米粉"文化，服务小米的粉丝和用户，小米公司将每年4月8日定为"米粉节"，与用户线下互动，还不断推出"爆米花""金米兔"等活动，让用户真正走进企业。本着对服务的高度重视，小米公司建立了完善的服务体系，极大提升了用户的归属感和荣誉感。小米以极强的服务理念指导一系列活动，积累了宝贵的粉丝，为企业的持续发展奠定了良好基础。

[资料来源：① 肖丽娜，等. 互联网时代优秀企业文化构建：以小米公司为例 [J]. 科技创业月刊，2019（10）. ② 曹鹏程. 互联网视角下科技企业的企业文化建设研究：以小米公司为例 [J]. 营销界，2022（6）.]

案例思考题

1. 小米是如何传播品牌文化的？你有何更好的建议？
2. 结合案例材料，谈谈互联网时代企业文化传播的特点。

项目训练

【训练内容】企业文化传播策划方案。

【训练目的】通过对企业实地调研及活动方案策划，强化企业文化传播应用。

【训练步骤】

1. 学生每4—6人划分为一个小组，以小组为单位选择一家本地企业为调研对象。
2. 收集和整理该企业文化传播内容、新闻报道等资料，根据该企业情况进行小组讨论，撰写企业文化传播策划方案，包括活动主题、活动目的、活动时间、活动内容、经费预算等。
3. 制作PPT及电子文档，完成实训报告。实训报告格式如下：

项目八 企业文化传播

_____实训报告		
实训班级：	项目小组：	项目组成员：
实训时间：	实训地点：	实训成绩：
实训目的：		
实训步骤：		
实训成果：		
实训感言：		
不足及今后如何改进：		
项目组长签字：	项目指导教师评定并签字：	

4. 小组展示与分析企业文化传播策划方案，教师总结点评并进行成绩评定。小组提交案例分析报告。

5. 在有条件的情况下可以实施方案。

自测题

1. 简述企业文化传播的含义和特征。
2. 企业文化传播的类型有哪些？
3. 简述企业文化传播的要素。
4. 简述企业文化的对外传播方式。
5. 举例说明企业文化传播系统的培育。

【延伸阅读】

丹尼斯·李·约恩. 伟大的公司：卓越品牌与企业文化的融合［M］. 李起忠，刘寅龙，译. 北京：机械工业出版社，2021.

项目九 企业文化冲突与整合

【学习目标】

1. 了解企业文化冲突的含义、类型
2. 掌握企业文化冲突管理策略
3. 理解企业文化整合的原则、内容、过程与模式

宝钢集团的管理移植与文化整合

根据《中共中央、国务院关于深化国有企业改革的指导意见》,国家将"鼓励国有企业之间以及与其他所有制企业以资本为纽带,强强联合、优势互补,加快培育一批具有世界一流水平的跨国公司"。一些处于供给成熟和供给老化阶段的行业将通过兼并重组,实现资源的优化配置和产业结构的调整。然而,形式上的整合容易,实质上的整合却不易;组织上合为一体容易,文化和管理上融为一体却不易。

本案例所剖析的梅钢公司相对宝钢集团来说属于"飞地"性质,也就是身处异地、文化差异较大的子公司。梅钢公司是在1998年通过行政手段重组进入宝钢集团的,尽管行政隶属关系在上海,但长期受属地化因素影响,已经形成了独立的、惯性的、与苏南徽南区域融合的文化特性和管理方式,还遗留了一些机制疑难、队伍诉求、历史遗留问题等,处理难度比较大。相比充满活力和进取力的宝钢本部,梅钢公司已呈现中年后的疲态,对新生事物有着本能的抗拒,要推进管理移植和文化融合难度很大。

2004年2月,宝钢集团开始启动现代化管理的移植工作,历经10多年的努力,把握关系,兼顾平衡,稳步实施,从制造主业到各辅业单元逐步实现了"全覆盖",管理移植与文化整合是有效的,达到了预期效果,形成了体系能力。到2015年年底,梅钢公司的精干程度和效率大幅度超过重组之初,在产量翻番基础上,人数下降了45%,

不仅实现了宝钢现代化管理的全覆盖和习惯性执行，而且形成了自我培养、自我调节的功能改善体系，资产效益大幅度提升，销售收入增加了110%，连续四年保持盈利，被宝钢集团作为优质资产纳入上市主体。由此可见，企业重组达到了"有机融合"的效果，构成了实质性的整合。

通过对本案例的剖析，可以看出，母公司向新重组进来的子公司进行管理移植，最关键的影响因素是子公司接受母公司管理和文化的程度，也就是意愿问题。母公司首先要激发子公司接纳新文化、新模式、新手段的意愿和主动性，让其发自内心而不是过于被动地接受母公司管理体系。基于这种意愿，子公司才能在母公司的领导和带动下，为实现文化兼容性与接纳移植的意愿、被移植方的适应性变革与效率提升、知识的交互与自组织能力的形成、知识的隐形程度与移植的策略等四个要素而施展一连串的动作：进行针对性文化宣传和动员，做出适应性变革与效率提升，主动学习并促进自组织能力的形成，接受母公司的管理移植策略并实施自身的执行策略。

在文化整合过程中，母公司要研究兼并对象的心理因素、成长因素和动态因素，要看母公司采取的策略能否促进知识的交互与子公司自组织能力的形成。这种交互是真实的互动和融合，是子公司有动力发挥主观能动性主动接纳而不是应付母公司。这种自组织能力是基于子公司文化兼容性和适应性变革才逐步形成的，也就是说，子公司本身能够在母公司的帮助下，进行自身心态、环境、机制等各方面的调整和优化，以形成接纳新管理模式的土壤和内在力量。文化的兼容性和接纳移植的意愿、适应性变革与效率提升，是知识交互与自组织能力形成的两大前提，是需要子公司具备或通过变革后具备的；同时也是两大诱因：经过知识交互和自组织能力形成之后，文化得到融合，意愿得到增强，变革步伐加快，效率被提升到新的水平。这正是母公司愿意看到的管理移植成效。所以，各要素之间不是相互孤立的，而是有机联系、互为动力、互相促进的。

总之，深入研究重组对象的文化、管理潜质及其与自身知识体系的匹配性，提前考虑兼并后的管理输入策略，促进知识的交互和被重组方自身变革和内因变化，才是管理移植与文化整合成功的途径。

［案例改编自：王明宇. 国企改革中跨文化管理移植的成功要因：基于宝钢集团现代化管理在梅钢公司移植成功的实证研究［J］. 企业改革与管理，2018（1）.］

［案例思考］ 本案例中，宝钢集团是如何对梅钢公司进行管理移植与文化整合的？请谈谈母公司兼并子公司后的文化整合策略。

任务一　企业文化冲突

一、企业文化冲突的含义和特征

（一）企业文化冲突的含义

企业文化冲突是指不同特质的文化或文化要素之间在文化相互接触、交流时，所产生的相互排斥和对抗的状态。企业文化冲突既包括因不同国家或地区、不同民族、不同行业、不同类型、不同历史阶段的企业文化的不同特质所构成的基本价值观之间的差异引起的文化冲突，也包括企业内部的文化冲突。

企业文化冲突主要是由不同文化主体所信奉的价值观念差异引起的。企业中不同的人、不同的群体有着不同的价值观念，他们在企业这个共同的生存环境中相互接触和交流，必然有竞争和抗衡，从而引起企业文化冲突。企业文化冲突是企业文化发展过程中不可避免的客观现象，正是由于企业文化冲突的存在，才推动了企业文化的不断进步。企业文化冲突可能会带来两种结果：一是不同特质的文化相互融合，企业文化得到丰富和发展；二是原有企业文化改变文化特质，完全被一种新文化所代替。

（二）企业文化冲突的特征

企业文化冲突主要有以下特征。

1. 客观性

企业文化冲突是企业内部文化矛盾发展的必然结果，是一种客观存在的现象。企业文化冲突有其内在的发展演变规律，其冲突的规模、程度等由各方文化的内在生命力和相关因素决定，是不以人的主观意志为转移的。但企业文化冲突的客观性并不意味着在冲突面前人们无能为力，人们可以正确认识和掌握企业文化冲突的基本规律，引导冲突向有利于企业目标的方向演变，从而促进企业文化的良性发展。

2. 内在性

文化冲突从本质上来说是文化观念的差异。文化是以观念体系为核心的，文化观念的差异是造成不同文化相互排斥、相互对抗的根本原因。当两种不同观念的文化相遇，一种文化所信奉的文化观念希望在另一种文化的生存环境中得到认可和传播时，便会受到后者的抵抗和排斥，文化观念上的对立造成了两种文化的冲突。文化观念的冲突是深层次的冲突，各种外在的文化现象之间的冲突，归根结底是内在文化观念的差异引起的。

和文化冲突相类似，企业文化冲突也是由企业内部文化观念的差异造成的。企业文化冲突最根本地体现在思想深处观念上的冲突，核心是企业价值观念的冲突。企业中的各种行为习惯的冲突、管理制度的冲突、人员之间利益的冲突等，归根到底都是由企业价值观念的冲突引起的。

3. 全面性

企业文化是包括精神文化、制度文化、行为文化、物质文化在内的复杂体系。因此，企业文化的冲突，不仅是价值观念、思维方式、道德信仰等精神领域的冲突，也是行为习惯、管理制度、文化符号等各个领域和各个层次的全面冲突。

4. 持续性

企业文化冲突具有持续性，它不像军事冲突、政治冲突等有明确的开始时间，并且随着一方获胜另一方失败或者双方的和解而结束或转化，企业文化冲突往往没有明确的开始和结束时间。从其开始来看，企业文化冲突是企业文化发展到一定阶段的产物，往往是自发的、悄无声息的。企业文化冲突的发展变化会贯穿于整个企业的经营管理过程，冲突的结果如导致新文化的确立是一个持续的过程，何时结束并没有一个明确的界限。

二、企业文化冲突的类型

企业文化冲突既表现为主文化与亚文化的冲突、群体文化与个体文化的冲突，也表现为民族文化差异所引起的文化冲突。

（一）企业主文化与亚文化的冲突

组织作为一个系统，是由各种作为子系统的部门所组成的，各个子系统又由单个的具有文化创造力的个体组成。一个文化共同体，只要它不是单一同构体的集合，只要它有多元文化体，那它就一定会形成主文化与亚文化共生和并存的格局，企业同样如此。

企业的主文化，就是企业在一定时期内所形成的占主导地位的企业文化。主文化是一个组织核心价值观的体现，受到大多数组织成员的认可，构成了企业文化的主流。亚文化是某一社会主流文化中一个较小的组成部分。对于企业的亚文化，可以有两种解释：其一是相当于组织的副文化，即公司在一定时期内形成的非主体、非主流的不占主导地位的组织文化；其二是相当于企业的亚群文化，即组织文化的次级文化。因此，企业的亚文化可能是企业的补充文化、辅助文化，也可能是企业的对立文化、替代文化。

企业成立初期，可以说是处在一个文化的混沌时代，主文化和核心价值观尚未形成，每个子系统或每个具有创造性的个体对于文化都有自己的理解，这种最初的理解并不是完全统一的。企业在发展过程中，经过市场规则的洗礼，逐渐形成自己的战略、目标、管理风格、价值判断标准及行为方式，从最初的多元价值观和文化中找到最适合企业发展需要的且为大多数员工所认同的价值观和文化。之所以为大多数员工所认同，就是因为这样的文化经得起企业的检验，能够带动企业的健康发展，使企业生存并壮大。

这样的文化最终成为主文化,但是那些剩下的价值观并不会因此而消失,这一部分文化成为亚文化的一个来源。

企业的主文化虽然为大多数组织成员所认同,但是,它不能包括企业中所有的文化。因而,企业的主文化与亚文化的冲突可看成是组织居于核心地位的、正宗的文化与企业处于非核心地位的、非正统的文化,以及企业整体文化与组织亚文化的冲突。这种文化冲突有两种性质或两种可能:一是价值观引起的正统与异端、新与旧之间的冲突和对立。二是整体和局部因利益、观念或其他原因引起的文化冲突。

企业文化内部正统与异端、新与旧之间的文化冲突和对立,主要有以下几种情况。

其一,企业主文化变成病态文化后的冲突。企业主文化变成病态文化,或者是由于企业以往的主要领导者固执己见、刚愎自用,或者是企业文化环境系统发生变化造成的。在这种情况下,企业主文化必然与企业自发出现或存在的代表着健全的、常态的甚至有可能是优良的企业亚文化发生冲突。企业主文化往往拼命地压制企业亚文化,阻止企业亚文化对企业主文化的可能的替代。

其二,企业主文化失去优势后的冲突。企业主文化已达到健全、优秀、高度成熟的状态,不过这种文化经过了企业文化成长的几个阶段后,正慢慢地失去优势。与此同时,有可能代表企业未来价值观、未来文化范式的企业亚文化却在一步步地发展、壮大。这种新的企业亚文化的生长,不可避免地会受到仍具有强大统治力的企业主文化的压制、阻挠。这种文化上的冲突会通过主文化和亚文化代言人及其阶层的语言、思想、行为上的交锋表现出来。

其三,企业主流文化与非主流文化的冲突。这是居于核心地位的主文化与处于非核心地位的亚文化之间的冲突,根据冲突的性质又可以分为以下四种情况。

(1) 健康的主文化与健康的亚文化的冲突。虽然主文化和亚文化在价值观念或行为方式上存在差异,但由于两者都是积极向上的健康文化,因此企业的领导者可以通过观念的矫正与融合以及加强交流沟通等方式,正确处理好两者之间的关系,积极吸收和利用丰富、健康的亚文化资源,促进企业主文化的良性发展。

(2) 健康的主文化与不良的亚文化的冲突。企业亚文化是不良的、病态的,如果放任其发展,就会干扰企业健康的价值观念和正常的生产经营活动,对主文化产生消极的影响。因此对于不良的亚文化,企业应该及时发现它的存在,并通过一些强有力的措施将其扼杀于萌芽状态。

(3) 不良的主文化与健康的亚文化的冲突。企业的主文化已经演变成为过时、陈旧甚至病态的文化,它必然与代表未来文化发展方向的、健康的企业亚文化产生冲突。如果此时处于弱势的健康的亚文化被强势的不良的主文化扼杀,企业将无法健康发展,走向衰败或危机;如果企业陷入危机或受到来自外界的强大压力后,进行了自上而下的改革,积极采取措施促进主文化和亚文化的转换,使健康的亚文化逐渐取代病态的主文化，企业又将走向良性发展的道路。

（4）不良的主文化与不良的亚文化的冲突。企业主文化变得陈旧、衰败后，从其中孕育而生的亚文化也带有各种不良的倾向，使企业文化陷入病态发展之中。此时解决冲突的办法往往是通过决策者的更迭和组织的革新来重新构建企业文化，使旧有的、病态的文化逐渐解体，健康的、全新的文化逐渐形成。

（二）群体文化与个体文化的冲突

良好的或健全的企业文化总是一种使企业群体行为与企业个体行为、企业群体意识与企业个体意识、企业群体道德与企业个体道德大体上保持和谐一致的企业文化。但这不等于说优势的企业文化从未有过企业群体文化与企业个体文化的冲突，也不等于说它们总是能够轻而易举地解决企业群体文化与企业个体文化间的冲突。事实上，无论是基于个人主义基础上的西方企业文化，还是基于家族主义基础上的东方企业文化，均不可避免地包含着企业群体文化与企业个体文化间的冲突。

为什么会出现群体文化与个体文化的冲突呢？因为企业群体行为不是企业个体行为的简单集合，企业群体意识不是企业个体意识的简单集合，在企业个体文化被企业群体文化整合的过程中，企业个体文化既存在着向企业群体文化趋近，放弃固有的不合群体规范的东西的倾向，同时又有保持旧有态势、继续发展个体特色文化的倾向，因而在任何情况下，两者之间都会有距离。因此，企业群体文化与企业个体文化的冲突是不可避免的。

企业群体文化与企业个体文化之间的冲突有两种情况：一是由于不同的文明发展程度、不同的文化历史传统和社会体制所造成的群体文化与个体文化的冲突；二是由于诸多其他原因所造成的企业群体文化和个体文化的冲突。除了因社会文化传统、社会制度与体制文化所造成的一些重大的、全面的组织群体与组织个体文化矛盾和冲突之外，还存在着诸多其他原因引起的企业群体文化与企业个体文化的冲突。这些冲突主要有以下几种：

一是外来的文化个体在尚未熟悉企业文化、尚未被企业文化共同体认同时的文化冲突。一般说来，这种文化冲突只表现为外来文化行为个体心理上的冲击和失衡，通常的解决办法也只是个体对群体的趋近和适应。只有在以下情况下，冲突性质与解决方式才会不同：假如外来的行为个体代表更先进的、健全的文化，其个体文化与企业群体文化的冲突实际上是先进、健全的文化与病态、不良的企业文化的冲突，而且这个个体若是强有力并被授予足够的权力的话，他完全可以从根本上彻底改造旧有的企业群体文化。

二是在同一个企业文化共同体内，并非由于意识、观念所致，而是由于利益要求造成的企业个体文化与企业群体文化的冲突。这种文化冲突可能是群体文化规范过于忽视了个体利益所致，也可能是个体自我意识过强甚至极端的个人主义所致。若是前者，那么企业理应调整其群体文化规范，在企业文化体系中给个体发展、自由和创造以足够多的条件，赋予他们应有的权利。若是后者，企业或是可以通过工会、党团或其他正式组织和非正式组织积极沟通，通过令人满意的文化传播来解决这种冲突；或者干脆由个体重新选择（离职、改行），甚至采取必要的惩罚措施，借以强化企业群体文化规范。

三是在同一个企业文化共同体内，并非由于利害关系、利益冲突，而是由于观念、认识原因造成的企业个体文化与企业群体文化的冲突。每个行为个体都有自己的认识角度、认识能力、认识水平，他们的知识储备、知识结构、信息来源、信息处理与变换能力与企业群体绝不会是完全一致的。这一认识上的差距，有可能导致两种文化的冲突。例如，从个体文化规范角度看，群体文化过于谨慎、保守，缺乏大刀阔斧、大胆开拓的创新精神。这种企业文化冲突应当通过尽可能的信息共享，增加企业决策透明度，加强企业决策参与等方法加以解决。随着整个人口流动性的提高，随着员工个体自我意识等的增强，企业内部的冲突无疑将大量出现，如何解决这些冲突是摆在每个企业领导者面前的重要问题。

四是企业群体文化落后、保守、陈旧、过时，已远远不能适应活跃的、先进的企业个体文化的需要。一般在社会剧烈变动和其后的一段时期里，会出现这种文化冲突。

五是企业个体文化完全基于个人意愿、偏好，无视企业整体利益、他人利益，从而形成与企业群体文化的对立与冲突。这种文化冲突与第二种、第三种企业文化冲突不一样，因为造成这种冲突的根本原因是企业文化共同体内个别人的文化个性和错误基点。

（三）民族文化差异所引起的文化冲突

企业文化是在企业所在的大社会文化背景下产生的。不同社会文化的价值观、行为方式对企业文化的形成有着重要的影响，不同地区的组织文化也就具有不同的文化特征。在涉及不同民族、种族、国家文化的组织之中，最主要且最为显著的往往是这种冲突，其中以跨国经营企业最为典型。跨国经营企业因其经营方式的特点，不可避免地要面对不同民族文化之间的相互差异乃至冲突问题，这往往是其经营管理的重点和难点问题。

跨国公司的企业文化与其他类型企业的文化相比，其最大的特点就是该种企业处在两种大的文化体系的交界点上，它作为一个多元文化的复合体，必然会面临来自不同文化体系的文化域的摩擦与碰撞，处在不同文化交汇与撞击的区域内。在这个区域中，不同的文化环境，以及不同的经济条件、社会和政治背景等因素，必定会形成较大的文化差异。由于文化的演变是一个漫长的过程，这种文化差异对组织来讲，在一段时间内是不会消灭的，并可在一段时间内保持稳定。文化差异的客观存在，势必会在组织中造成文化之间的冲突，并使组织经理人员与员工在心理上形成"文化休克"的反应，这会给组织的经营管理活动带来十分重要的影响。因此在跨国公司中，组织文化及其相关问题，如文化冲突、文化变革、跨文化管理沟通等，往往受到较其他企业更高的重视。

从文化冲突产生的根源来看，文化冲突主要是在民族文化差异、组织文化差异和个体文化差异这三个层面上展开的。其中民族文化的差异是另外两种文化差异的根源所在，组织文化的差异和个体文化的差异不过是在此基础上更为复杂的演变。当然，这仍然体现了价值观差异对于其他层面的文化差异的影响。因为民族文化差异的内核就是价值观的差异，而组织文化和个体文化的差异则不过是其在经营管理理念和行为模式上的具体体现。

何谓国家的"管理"文化？

管理者和领导者，以及与他们一起工作的人，都是国民社会中的一部分。要想理解他们的行为，就必须了解他们的社会。例如：在他们国家中普遍的人格特点是什么类型；家庭是如何发挥职能的，对子女的抚养方式意味着什么；学校系统如何发挥功能，什么样的人进入什么类型的学校；政府和政治体制如何影响百姓的生活；他们那一代人经历过什么历史事件。我们可能还需要知道他们作为消费者的行为，他们对健康、疾病、犯罪、处罚及宗教问题等的观点。我们可以从他们国家的文学、艺术和科学中了解到许多相关知识。有证据表明，很多领域有助于我们理解一个国家的管理。从文化的意义上说，通往商业世界没有捷径可循。

（资料来源：吉尔特·霍夫斯泰德. 文化与组织：心理软件的力量［M］. 2版. 李原，孙健敏，译. 北京：中国人民大学出版社，2010.）

三、企业文化冲突的后果

企业文化冲突是企业发展过程中一种客观存在的现象，它对企业的影响既有积极的一面，也有消极的一面。如果能够把企业文化冲突控制在一定的程度和范围内，并加以有效管理，企业文化冲突可以带来积极的后果。

（一）积极的后果

企业文化冲突带来的积极后果主要表现在以下方面。

第一，有利于企业管理者全面认识企业内部存在的问题。企业中的不同成员或部门在思想、观念、认知、行为等方面存在着差异性，但由于受到制度、权威等因素的制约，往往会隐瞒各自的真实思想和观点，在企业中表现出和谐融洽的假象。当企业冲突爆发时，很多隐藏和潜在的矛盾就以显性冲突的形式表现出来，企业中存在的问题会充分暴露出来。在各方对企业问题提出不同意见时，企业管理者可以获得各种不同的信息，全面地认识企业存在的问题，从而对企业的现状做出正确的判断，形成科学的决策。

第二，有利于文化的融合。不同文化相互接触时，人们可能会对其他文化产生怀疑、抵触甚至拒绝的心理，从而引发不同文化间的激烈碰撞。如果企业能够通过合适的方式加以引导，增进彼此之间的沟通，形成相互理解、相互尊重的企业氛围，那么企业员工在文化冲突中，通过接触、交流和碰撞，可以增进对彼此的认识和了解，学会慢慢尊重和接受其他不同的文化，逐步消除分歧，缩小差异，最终实现文化的融合。

第三，有利于文化的创新。企业内部多元文化的接触和碰撞，可以激发新思想、新观念和新方法的产生，增强企业的活力和创新力。企业文化冲突还可以促进企业员工对自身的反思，增进彼此间的学习与交流，激发员工的创造力，从而促进企业文化的变革和创新。

（二）消极的后果

企业文化冲突如果不能得到有效管理，失去控制，必然对企业的经营管理活动产生诸多不利的影响，导致消极的后果。企业文化冲突的消极后果主要表现在以下方面。

第一，组织涣散。如果冲突得不到控制，具有不同价值观念和行为习惯的员工，在日常工作中往往容易各自为政、各行其是、各成体系，整个企业犹如一盘散沙，管理者不能将其有效地整合起来。员工之间矛盾重重，企业各项工作散乱，无法形成集中统一的管理，导致工作无法顺利开展，影响企业的正常秩序。

第二，决策效率低。冲突的各方都秉持自己的价值观、思维方式和行为方式，在面临决策问题时，往往以自己的方式去分析、判断和评价，难以形成统一的意见。而要协调各方的意见往往需要花费较多的时间，有时甚至难以做到。在企业文化冲突激烈的情况下，企业的决策效率极低甚至无法形成有效的方案。

第三，人际关系紧张。文化冲突使员工之间的沟通和交流变得困难，这使得彼此之间的误会越来越多，距离增大。随着冲突的加剧，员工越来越难以相互理解，关系出现裂痕，导致矛盾和摩擦升级，人际关系变差。

第四，负面情绪和怀恨心理蔓延。处于激烈冲突中的个人，会产生紧张、焦虑的情绪，对工作缺少热情，情绪低落。这种紧张情绪往往带有蔓延效应，会影响到企业中的其他成员。如果企业中经常爆发冲突，员工很容易形成负面情绪，遇事消极考虑，相互抱怨、猜疑。这种负面情绪在员工内心积累到一定程度时，可能会刺激员工做出一些非理性的过激行为，使矛盾和冲突更加激烈。

四、企业文化冲突的管理

要避免企业文化冲突所带来的消极后果，发挥其积极作用，就要对企业文化冲突进行有效管理。这里主要介绍托马斯（K. W. Thomas）和南希·爱德勒（Nancy Adler）有关冲突管理的观点。

(一) 托马斯的冲突管理二维模式

美国行为科学家托马斯在1976年发表的《冲突与冲突管理》中，用二维空间构建了冲突管理的策略模式。托马斯以冲突主体的潜在行为意向为基础，用"关心自己"和"关心他人"两个维度与"武断""合作"两种程度的不同结合，形成了五种冲突管理基本策略。

一是竞争策略。这是一种"我赢你输"、武断而不合作的冲突管理策略。奉行这种策略者，往往只图满足自身利益却无视他人的利益，常常通过权力、地位、资源、信息等优势向对方施加压力，迫使对方退让、放弃或失败来解决冲突问题。这种策略难以使对方心悦诚服，但在冲突主体实力悬殊或应对危机时较为有效。

二是回避策略。这是既不合作又不武断，既不满足自身利益又不满足对方利益的冲突管理策略。奉行这一策略者尽量保持中立姿态，试图将自己置身事外，任凭冲突事态自然发展，回避冲突的紧张和挫折局面，以"退避三舍""难得糊涂"的方式处理冲突问题。回避策略是一种消极处理冲突的方法，但可以有效避免冲突问题扩大化。

三是合作策略。这是在高度合作和武断的情况下，尽可能地满足冲突主体各方利益的冲突管理策略。奉行这种策略者必须既考虑自己关心点满足的程度，又考虑使他人的关心点得到满足的程度，尽可能地扩大合作利益，追求冲突解决的"双赢"局面。

四是迁就策略。这是一种高度合作且不武断（不坚持己见）的冲突管理策略。当事者主要考虑他人的利益和意愿，压制或牺牲自己的利益及意愿。通常的迁就策略奉行者要么旨在从长远角度出发换取对方的合作，要么是不得不屈从于对方的势力和要求。

五是妥协策略。这是一种合作性和武断性均处于中间状态，适度地满足自己的关心点和满足他人的关心点的冲突管理策略。奉行这一策略者往往采取折中的方法，相互妥协，部分地满足双方要求和利益。妥协策略没有绝对的赢者和输者，是一种被人们广泛采用的处理冲突的方式。

(二) 爱德勒的冲突管理策略

按照管理学者南希·爱德勒的观点，解决企业中的文化冲突有以下三种策略：

一是凌越（dominance）。凌越是指组织内一种文化凌驾于其他文化之上，扮演着统治者的角色，组织内的决策及行为均受这种文化支配，而持另一种文化的雇员或外部成员的影响力则微乎其微。这种方式的好处是能够在短期内形成一种"统一"的组织文化，缺点是不利于博采众长，而且其他文化因遭到压抑而极易使其成员产生强烈的反感，最终加剧冲突。

二是妥协（compromise）。妥协是指两种文化的折中与妥协，这种情况多半发生在相似的文化之间。妥协是指不同文化间采取妥协与退让的方式，有意忽略、回避文化差异，从而做到求同存异，以实现企业组织内的和谐与稳定，但这种和谐与稳定的背后往往潜伏着危机，只有当彼此之间文化差异很小时，才适合采用此法。

三是融合（synergy）。融合是指不同文化间在承认、重视彼此间差异的基础上，相互尊重、相互补充、相互协调，从而形成一种"你我合一"的、全新的组织文化。这种统一的文化不仅具有较强的稳定性，而且极具"杂交"优势。这种方案认识到构成组织的两个或多个文化群体的异同点，而不是忽视和压制这些文化差异。融合与妥协的不同之处在于对待差异的态度，妥协只是暂不考虑不同点，而融合则是把不同点统一纳入组织文化。

任务二　企业文化整合的原则和内容

企业文化冲突的结果，或是融合不同质的组织文化，使自身的组织文化得到丰富和发展，或是变更组织文化特质，使原有的企业文化完全为其他文化所取代。在跨国经营和企业并购过程中，过度的文化冲突意味着分歧与对抗，必然给企业带来一系列问题，从而影响企业目标的实现。因此，当文化冲突发生时，如果不加以控制和影响，在两种或多种文化的冲突之中，原有的根深蒂固的文化往往处在更为有利的地位，也更容易存活下来，这是由文化的自我延续性所决定的，也是造成很多组织在故步自封中最终消亡的主要原因。这就必须进行文化整合。

一、企业文化整合的内涵

不同特质的文化同处于企业这一共同的环境下，经过接触、交流、冲突和选择，会发生内容和形式的变化，形成新的文化体系。企业文化整合是指企业文化在发展过程中将源于企业内部或来自企业外部的不同特质的文化，经过相互适应、调整和修正，形成统一的企业文化体系的过程。具体而言，它包含以下几层含义：

其一，企业文化可以对某一种内生或外来的特质文化进行吸收、同化。当不同特质的企业文化共处于某一时空环境中时，经过充满冲突与选择的传播过程，必然发生内容和形式上的变化，以原有的企业文化特质为基础，吸收异质文化，组成新的体系。企业文化整合实际上就是不同文化的重新组合或融合。

其二，企业文化可以辐射和传播。一种优势的企业文化会以各种方式和渠道向其他企业或其他文化共同体进行传播与扩散。例如，企业质量管理文化产生于美国，后通过多种方式和渠道被传播到日本，日本企业对其进行了发展和完善，形成了完整的全面质量管理的思想和理论体系，最后又在世界上许多国家的企业包括美国的企业中得到广泛的传播和运用。

其三，企业文化冲突是文化整合的直接动因。当来自不同企业的文化在某一企业中集聚，出现激烈的文化冲突时，要使不同企业的文化相互协调，在统一的价值观和理念的作用下运行，可以通过融合、变革来重建和统一企业文化。文化整合的过程就是不同文化彼此协调、相互适应的过程，也就是组织内部异质文化经过一定时期的接触、交流、传播而不断调整并修正原来的性质、内容和模式的过程，这是一个双向运动的过程。经过整合，占主导地位的组织文化从某些异质文化中吸取某些有用的特质，融合为一种新的企业文化体系。

其四，企业文化整合既包括企业内部各个层次的、各个局部范围内的整合，也包括企业整体范围内的一体化。企业文化作为一个整体所具有的特质可以使它与其他企业的文化相区别，即使在一个企业的内部也存在着相互区别的多种部门文化，这种企业文化的内部差异与企业不同的职能机构所拥有的职责权限、企业内部各部门所处的地理环境密切相关。要使这些部门文化服从和服务于企业文化总目标，同样需要进行企业内部的文化整合。

二、企业文化整合的原则

在进行企业文化整合时，必须遵循正确的原则。

（一）文化宽容原则

在文化整合中，保持宽容精神是前提。只有这样，不同文化的人们才能相互尊重，才能相互对话、相互理解，达成共识并加以分享，从而实现可能的融合。不同文化间的宽容，需要企业人相互尊重，在人格上实现平等。人们常以"领导""上司"来称呼管理者，这表明管理者与员工在心理上处于不同态势：管理者处于高势，员工处于低势。管理者应避免这种心理态势带来的不良影响。管理者与员工间的宽容，还需要提倡一种相对自由的民主的态度。与消极管理的思想相反，这种态度是让员工有自己思考、选择、判断的自由，但管理者应适时地给予指导，以确保员工选择、判断的正确性。加强理解意识，即要求管理者与员工间达成认同，追求平等的对话。这首先强调管理者与员工在观念上要相互认同，这样才有可能使管理者与员工在具体工作过程中进行合作，使相互关系达到和谐的境界。因此，还需要强调管理者与员工的"合作"精神。理解的实现，还需要注重管理者与员工情感上的沟通。因此，可以加强管理者与员工的非正式交往，使管理者与员工实现内在体验的真实交流。只有在这种宽容精神的引导下进行文化整合，才能够收到应有的整合效果。

（二）扬弃的原则

企业文化整合是一个漫长的过程，绝不是一朝一夕的事情。每个企业或组织都有自己不同的创业和发展的轨迹，并形成了不同时期的特色文化。要认真调查分析组织变革与发展的历史和现状，认真分析比较组织传统文化与现代文化矛盾的焦点和特点，继承传统文化的精髓，抛弃其糟粕，注入现代先进文化的新鲜血液，铸就富于生命力、适应时代发展需要的组织文化。要对企业文化实态进行充分的分析和研究，究竟哪些文化因子是本组织文化的真正的实质性内核，这些内核新的因子对组织发展起推动作用还是起阻碍作用，或者哪些是起推动作用的文化因子，哪些是对企业发展起阻碍作用的因子。只有辨识清楚了这些，才能弘扬其优异成分，引入新鲜的文化要素，抛弃其糟粕的部分，并对文化体系进行建设性的构筑。在企业文化整合时，要注意吸收民族传统文化中的优异成分，保持民族文化精华在组织文化中的运用和延伸，形成一种新型的、具有民族特色的、积极向上并符合组织发展的组织文化。同时，在吸收西方文化时，也不能完全照搬，同样应遵循扬弃原则。

（三）共性与个性相结合的原则

在企业文化建设中，由于制度、文化传统等原因，企业文化雷同的现象较为普遍。因此，文化整合时必须正确处理共性和个性的关系，既要充分发挥传统，体现企业的行业性质和经营形态，又要注重企业个性化设计和塑造，在共性中突出个性。在现代社会里，企业的生产设备、机器厂房可能没有什么差别，现代化管理工具和管理方法可能都具有共性色彩，但是，其经营风格、价值取向、企业精神、管理理念等，不同的企业有不同的个性。同时，文化整合过程中对员工的要求也要体现共性和个性的关系，既要强调员工对企业文化主张和价值观的共识，统一企业经营理念和企业目标，鼓励各尽其职，共创事业，又要充分尊重员工的个性，提供适合其个性的工作岗位，使其充分施展聪明才智。组织文化只有具有鲜明的个性，才能与竞争者形成差异，形成本组织的特色，充分发挥自身优势，才能被广大员工认同，才能具有强大的生命力。

（四）借鉴、融合与创新相结合的原则

当今世界是一个开放和交流的世界，人类文明是可以共享的。企业是开放的，管理思想和管理方法是可以共享的。企业文化整合不仅要体现组织自身的特色，还要吸纳、借鉴西方管理文化中的科学内容，学习发达国家的先进经营管理经验；借鉴其他企业，尤其是国内外知名企业的文化精华，甚至是竞争对手的优异经营思想，并加以吸收创新。每种文化都有其独特的思维方式，利用文化差异可以成为引发组织创新的重要资源，激发解决问题的新思路和新方法，提高企业的灵活应变能力。因此，在进行文化整合时，管理者应对来自不同企业的文化特质进行比较鉴别，从双方的文化中吸取精华，保留一些优良的文化传统，避免不良的文化倾向，以实现异质文化的兼容和融合，形成共同的价值观和目标愿景。

二、企业文化整合的内容

企业文化整合是企业在多层面上对本组织的文化进行梳理和同一化的过程，这一过程包括对内文化整合和对外文化整合两大整合过程。

（一）对内整合

对内整合主要包括个体意识认同企业群体意识、主文化和亚文化的彼此和谐相容、四个层次文化（物质文化、行为文化、制度文化和精神文化）的贯穿一致与互动融合。

1. 个体意识认同企业群体意识

在心理学上，意识一般是指人们自觉的心理活动，即人对客观现实的自觉反应。群体意识是一种组织意识，它是企业员工对企业目标的认定和实现目标所具有的信念和意识，以及对企业的情感和归属感。企业群体是一种人群结合，个体意识要融入群体意识，需要一个整合的过程。群体意识以共同价值观的认定和实现为核心内容，伴之以归属感等情感。企业群体意识是在平等互利、共同协商的基础上，各个员工的个体意识共同作用的结果，企业员工的群体意识是不同层面的员工的群体意识互动作用的结果。企业文化整合试图将组织中的个体意识与组织群体意识融为一体，形成一种组织意识，构造一种核心价值观得到组织所有员工认可的群体意识。从实践来看，每一个新员工进入企业员工群体，都在自觉或不自觉地受到群体意识的整合。所谓自觉，就是企业人力资源部门在接受新员工加盟时，有意识地对其进行企业文化培训，让其首先接受企业文化，也即企业的群体意识，新加盟者也就自觉地接受企业的群体意识。所谓不自觉，就是新加盟者在加盟以后，受企业员工群体意识的潜移默化、耳濡目染，不自觉地接受了这些意识。这两个过程都可以说是一个群体意识对个体意识的整合过程，只不过前者是引导性、自觉性整合，后者是无引导、不自觉整合。

2. 主文化与亚文化相容整合

有意识地运用主文化去整合亚文化，使亚文化为主文化服务，这是企业文化有意识整合的重要内容和任务。在一个企业文化共同体中，非决策层、非管理层、普通员工之中总是孕育着自发的亚文化群体，组织的主文化对亚文化的宽容、容忍态度、吸收、同化程度，激励、开发程度，在很大程度上就成了衡量企业文化开明程度、合理和完善程度、组织文化共同体的生命力和活力问题。主文化对亚文化的整合，不是对亚文化的排斥、改变、消灭，而是对亚文化发展方向的关注、对亚文化功能的引导和利用，防止亚文化成为影响企业发展的不健康文化。对亚文化发展方向的关注，主要是防止组织中出现派别文化、内耗文化、拆台文化，防止出现吹捧文化、谗言文化、看风使舵文化、迎合文化、欺上瞒下文化等。因为这些亚文化的存在、发展和蔓延甚至成为企业文化中的主潮流，会不断侵蚀企业原来所倡导的主文化，最终将会腐蚀整个组织机体，致使组织走向灭亡。因此，企业文化在整合过程中，一方面要防止亚文化朝着不健康的方向发展，另一方面要积极地去开发亚文化的正向功能，在保持亚文化健康的前提下，将健康的亚文化之积极向上功能作为主文化的补充和丰富，两者的相容整合，使得企业文化丰富多彩。

3. 企业文化的四个层次整合

企业物质文化、行为文化、制度文化和精神文化展示了企业文化的不同层面，它们之间既贯穿一致又互相融合。一般而言，首先应梳理、整合、提炼企业精神、价值观等深层次文化，然后用企业精神和价值观去整合其他层面的文化。在现实中，由于多种因素的作用，企业文化整合通常不会严格按照这一逻辑顺序来进行，而是表现出交替进行、复杂多变的特点。

（二）对外整合

对外整合主要包括对所并购企业的文化整合、对上下游企业的文化整合和对其他优秀企业的文化因子的吸纳整合。这里主要分析企业并购的文化整合。

在企业并购实践中，与企业并购同步而来的往往是两种企业文化的碰撞与融合，这就存在着文化不兼容的风险。每家企业均有其企业文化，并购中的文化冲突是难以避免的。企业并购不仅仅是两家企业之间的经济行为，它更是一种文化行为。企业并购后，物质要素的整合如果不与组织文化整合相协调和融合，会导致并购的失败。因此，并购企业文化冲突的规避对并购的成败至关重要。同时，并购后的企业采取有力的文化整合管理措施，为企业并购工作提供协同效应，往往会使并购企业双方所具备的物质优势得到充分发挥。

舒曼特拉·高沙尔（Sumantra Ghoshal）等通过案例研究发现，如果在两个组织之间及被并购企业内部创造一种积极气氛，通常能够淡化组织文化差异的消极影响，促进能力的单向或双向转移。能力的单向或双向转移是协同效应实现的主要手段，也是整合的基本内容——运营整合。这里所说的营造一种积极气氛，就包含着较好地处理文化差异。由此可见，企业文化整合是运营整合的基础，文化整合得好有助于运营整合的顺利实现；反之，人与人、组织与组织之间的冲突和抑制会严重阻碍运营整合。特别是企业员工对共享的认识和正确把握，价值观的构建与文化营造，对于企业文化整合的成功至关重要。

任务三　企业文化整合的过程与模式

一、企业文化整合的过程

企业文化整合是一项长期而复杂的工程。随着文化整合的逐步深入，一种文化向另一种文化的转变必然要经过从分拆到重建的过程。根据文化的特性，在企业并购过程中，文化整合可按以下四个阶段进行。

（一）初始阶段

初始阶段，即文化整合的准备阶段，是并购过程中并购企业系统全面地了解整合对象原有的文化特质、原有文化同并购企业的文化差异、可能产生的文化冲突，并根据调查的结果初步确定出整合方案的时期。在这一阶段，并购意图已经明确，但尚未达成最后的交易。由于任何并购所导致的不同企业文化冲突与生俱来，因此，潜在的冲突已经蕴含其中。这时双方决策者不能忽视虽未发生但已经潜存的文化冲突，应积极地进行相互了解、沟通和评估，并努力寻找共同的文化基因。

由于企业价值观是一个企业的基本观念和信念体系，它是整个企业文化系统，乃至整个企业经营运作、调节、控制和实施日常操作的文化内核，因此应依据企业价值观确定未来企业的发展目标、企业制度、道德规范和行为规范。具体操作方式是：①对原企业的价值观进行分析和评价，分析哪些观念会有利于并购后新企业的发展，哪些观念会妨碍新企业的发展。②对原有企业价值观念中有利的因素果断地加以吸收，对不利的因素立即加以摒弃。③在融合提炼的基础上确立适应企业发展战略的统一价值观。

一般来说，根据企业文化对企业影响程度的大小，可以将企业文化分为强势文化和弱势文化。强势企业文化就是企业内部占主导地位的价值观念、经营理念及行为规范；弱势企业文化就是企业内部不占据主导地位的价值观念、经营理念和行为规范。企业文化的强弱程度主要表现为企业文化的一致程度，也就是有关企业的价值观念、经营理念和行为规范成为组织成员日常个人价值观、经营理念和行为规范的程度。企业成员对于企业文化所涉及问题持有的态度和认同程度能够反映出企业文化的强弱度。这样以价值观为核心的文化整合也可分为强弱整合、强强整合和弱弱整合等三种形式。对于强弱文化整合，应该将强的企业文化注入弱的企业文化一方。而对于弱弱文化整合，应由并购双方组织一定的力量进行协调和创新，在双方原企业文化特性的基础上构建新的企业文化模式，然后引入企业。对于强强整合，应充分分析双方文化的兼容性，如果难以兼容，应放弃并购；如果兼容性很强，应逐步融合、吸收并形成更强有力的企业文化。

（二）撞击阶段

这是文化整合开始进行的阶段，也是文化整合思路和方案付诸实施的阶段。在这一阶段，由于新文化的导入，企业常常伴随着较大的变革和震动，容易引起文化冲突。在这个阶段中，应注意的问题主要有两方面：一是加强对"障碍焦点"的监控。这里所说的"障碍焦点"就是在文化整合过程中可能起到重大障碍作用的关键因素，它可以是某一个人、某一个利益组织的思想意识，原企业的一种制度、一种习惯的管理方式等。随着文化整合方案的落实，新旧文化直接接触或碰撞，障碍焦点可能随时出现，并引发文化冲突。二是循序渐进，灵活采用多种导入模式。

（三）融合阶段

这个阶段是两种文化逐渐融合、逐渐认同的阶段。在该阶段，员工的意识已经统一，新的经营理念、价值观念已经确立，新的制度和管理层的调整已经完成，接下来就是如何维护这种新制度并使之得到顺利的贯彻和落实，在并购后的企业中发挥作用了。

但在这一阶段，如果融合不成功，也有可能产生更为激烈的文化冲突。因此，这一阶段需要注意以下问题：①敏锐地判断文化整合的进展状况。根据文化整合重点实施的情况和文化各个要素的融合状况，判断文化整合的进程，通过事先确定的目标同现实状况的比较，得出文化整合的速度是否达到预期目标的判断。②加强员工文化适应性训练。即加强员工对不同企业文化、不同企业文化环境的反应和适应能力，促进不同企业文化背景下员工之间的沟通和理解。在具体操作上，可以将不同企业文化背景下的管理者、普通员工召集在一起，进行多种渠道、多种形式的培训；也可以采取岗位轮换、人员之间的组合、组织机构的调整等方式，改变原来分离的人际沟通环境和组织隔离状态；还可以通过演讲比赛、现场会、生产经营案例分析和集体讨论等形式，转换员工的角色定位，使员工调整心态，消除员工可能产生的心理障碍，以达到每个员工对新文化环境都能适应的目的。③及时调整文化整合策略。针对消除文化的差异性和不确定性过程中出现的问题，及时调整文化整合策略。

（四）创新阶段

通过文化的整合融合，员工增强了对不同文化的适应性，在并购双方的企业文化逐渐趋于融合的基础上，并购企业创新或整合成新的文化。这一时期的开始点相对前面三个时期来说比较模糊，因为它与前面三个阶段之间并没有一个具体的分界点，也可能文化撞击的过程就是创新文化的过程。这一过程的终结期是不可预期的，它将随着企业的发展而继续下去。当然，并购后的企业，无论原来企业文化的优劣如何，都不是两种企业文化的简单适应和叠加，而必须是在此基础上产生新的企业文化，形成推动新企业向前发展的强大动力。

整合创新的文化除了具有企业文化的一般性特征外，还具有特殊性：①与双方原来的企业文化不同，新的企业文化不是双方原来企业文化的简单叠加，而是在新的环境下发展起来的，既有共性又有个性的企业文化。其共性和个性所表现的范围和程度主要取决于企业面临的外部环境和并购后的内部条件。②新企业文化应具有鲜明的时代性和理念上的超前性，以适应市场变化多端的需要。③新企业文化应比原有的企业文化更加注重价值观的内聚性和竞争性，更强调全体员工的合作性和创新性，充分发挥整体优势。

二、企业文化整合的模式

有效的企业文化整合不是简单地用一方文化改造另一方文化，或强加给另一方，而是要在两种文化中间找到互相兼容的切入点。通过切入点，不断强化两种文化在核心价值观和目标愿景层面上的融合性和在非核心层面上的兼容性。所以，根据并购双方企业文化变化的程度及并购方获得的企业控制权的深度，企业文化整合可以选择四种文化整合类型，如图9-1所示。

项目九 企业文化冲突与整合

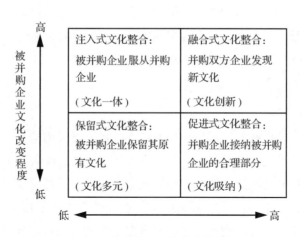

图 9-1 并购企业文化整合的类型

（一）注入式文化整合

注入式文化整合是指并购企业将自身文化注入被并购企业中，即在被并购企业中培育、植入并购企业的文化，以并购企业的文化改造被并购企业的文化。应该指出的是，一体化并不是一个强制的过程，一体化的前提是一方愿意接受另一方的文化。当一个企业不能有效运营，它的管理者和员工都感到自身的文化不仅无助于企业绩效的提高，而且还成为改善的障碍时，该企业的成员通常会愿意接受和采纳他们认为是优秀且能使企业绩效得以改善的外部文化。对并购企业来讲，一体化是一种比较容易的文化整合模式，它自身的文化改变较少，也不必对结构做出大的调整；但对被并购企业来讲，一体化可能是最困难的一种整合模式选择，因为被并购企业为了与并购企业取得一致，必须放弃自己的文化特性，适应和接受并购企业的文化。即使并购是自愿的，一体化也有一定的风险，因为被并购企业不可能对并购企业的文化有深入的了解。

（二）融合式文化整合

融合式文化整合是指并购企业的文化与被并购企业的文化进行有机的融合，形成一种新文化。它最重要的特征就是并购企业之间会出现一些文化要素的相互渗透和共享。这大多发生在势均力敌的企业合并到一起的情况下，在强势企业与强势企业的文化整合过程中，每个企业都有独特而优秀的企业文化，双方通过交流和沟通，相互吸取对方文化的优势，在文化上相互同化，最终使两种不同的企业文化融合为一种更加优秀的新企业文化。虽然还能在新的企业文化中找到原来企业文化的一些痕迹，但是，这种新的企业文化与原来的企业文化已经截然不同。

（三）促进式文化整合

促进式文化整合是指并购方在保持原有文化的同时吸收被并购方文化中的优秀成分。在企业并购中，当一种强文化受到一种弱文化的冲击时，强文化通常能够保持基本模式不变，价值观念体系也相对稳定，但被并购企业虽然实力较弱，企业文化仍然具有一定的优势，并能对并购方文化产生良好的影响，这时并购企业的强文化在保持基本稳定的前提下，通常会借鉴和吸收被并购企业文化的合理方面，使原文化的功能更齐全、体系更完善、内容更科学。

（四）保留式文化整合

保留式文化整合是指并购完成后，并购双方各自原有文化基本不变动，仍然在文化上保持独立。运用这种模式的前提是并购双方都具有较强的优质文化，并购双方的员工不愿意或不接受文化有所改变；同时，并购双方接触机会不是很多，不会因为文化不同而产生大的矛盾冲突。这种模式在那些鼓励其业务经营单位发展多元化经营时较为典型。成功的保留式文化整合的前提是限制来自总公司的干预权，保护子公司的"边界"（或自主权）。在这种模式下，并购企业难以对被并购企业进行最有效的控制，一旦被并购企业出现失误就可能使并购企业陷入困境，这种文化整合模式比较适合跨国并购。因为不同国家、不同文化背景下的并购双方企业文化风格可能截然不同，甚至相互对立和排斥，如果并购后企业文化整合的难度和代价都较大，通过沟通，保持彼此长时期形成的企业文化独立，避免过大的企业文化冲突，可能更有利于企业的长远发展。

总之，企业在文化整合过程中，要通过对各种因素的分析，结合企业文化的各个层次、各种形态和各个要素，选择适合自身的文化整合模式。企业文化整合与企业文化特质的创造一样，是需要智慧和技巧的，是有条件的。从这个意义上讲，企业文化整合同任何管理一样，既是科学，又是艺术。

吉利并购沃尔沃的文化整合

一、公司简介

吉利控股集团（ZGH）始建于1986年，于1997年进入汽车行业，在2001年获准成为中国首家民营汽车企业，2005年成功在香港证券交易所上市。吉利汽车早期实施低价战略，以低价拓展市场，致力于"造老百姓买得起的车"。2007年吉利实施战略转型，开辟中高端市场，专注于"造每个人的精品车"。2010年，吉利全资收购沃尔沃，公司进入新的发展阶段。目前吉利主要业务集中于汽车制造、动力总成、关键零部件的设计、研发、生产、销售与服务，同时覆盖出行、金融等诸多领域，公司规模不断扩大。

沃尔沃（Volvo）于1927年创建于瑞典哥德堡，是瑞典著名豪华汽车品牌。沃尔沃汽车追求环保、舒适，注重用户体验，在质量控制、安全性等方面拥有多项领先技术，并不断进行技术创新，已然成为"安全标签"。1999年，福特汽车收购沃尔沃集团旗下轿车业务，并购后由于福特汽车旗下品牌众多，沃尔沃未能受到足够重视，财务连年亏损，业务表现不佳。同时受金融危机影响，福特汽车资金链出现压力，继续持有沃尔沃会对福特产生不利影响。2010年，吉利与福特达成收购协议。收购后沃尔沃重新焕发活力，销售量逐年稳步增长。

二、吉利和沃尔沃在并购之初的企业文化差异

吉利汽车与沃尔沃汽车所处不同企业文化的差异分析，如表9-1所示。

表9-1 吉利汽车与沃尔沃汽车所处不同企业文化差异

	吉利汽车（中国）	沃尔沃汽车（瑞典）
发展历史	发展时间短，管理经验尚且不足，管理体制不完善，内部文化不突出	原属于福特汽车，发展历史悠久，作为国际知名豪华汽车品牌，有着独特的管理经验和管理制度，内部文化具有明显的西方特色
市场定位	低端市场	高端市场
产品定位	主打经济适用型汽车，注重成本控制，追求产品性价比，关注企业效益	高端豪华，注重用户体验，关注汽车质量、安全性和舒适性

基于以上企业文化的差异，对于吉利汽车并购沃尔沃后能否探索出有效的管理体制、能否借鉴并转化沃尔沃先进技术运用到吉利汽车，短时间内存在争议。

吉利汽车在东方文化的影响下，强调员工奉献，对企业员工严格要求，力求保证生产，重视企业利润。沃尔沃汽车原属福特汽车，受西方文化影响大，员工工作和生活有明确的界限，关注生活质量，追求个人价值。同时西方企业独特的工会制度也会限制企业的生产经营活动，使得企业在管理上必须充分考虑员工的诉求，也就形成了西方企业独特的管理方式。另外，中国特有的加班文化与西方的加班制度也存在差异。吉利与沃尔沃的成功协调，最终体现在缩小并兼顾两家企业的文化差异上。

三、文化整合措施

吉利与沃尔沃的文化差异，首先表现在民族文化差异方面，不同的文化背景下如何开展有效的交流与合作将成为两家企业长期面临的重大课题。其次表现在两家车企的目标定位上，吉利汽车在整车制造方面更考虑经济适用、性价比高的问题，属于中低端车；而沃尔沃汽车主打安全舒适、绿色环保，定位高端车。因此，吉利汽车能否借鉴其先进技术、技术的转化能力，以及是否会因新技术的运用导致成本上升或因加强对沃尔沃成本控制而使沃尔沃质量下降，成为人们的重要关注点。

吉利汽车的企业使命"造最安全、最环保、最节能的好车，让吉利汽车走遍全世界"充分体现了与沃尔沃之间的文化融合。双方通过建立人才交流机制，促进沃尔沃与吉利之间的价值认同。吉利充分吸收沃尔沃的经营理念、价值观念和企业文化，在此基础上调整自身的管理制度和组织结构，提高管理水平。成立"沃尔沃-吉利对话与合作

委员会",以对话的方式,就双方关注的内容进行深度沟通,促进信息共享,提供有效、可靠的实现与转化渠道。

为促进双方文化融合,吉利雇用专业的文化整合团队开展企业文化整合,定期开展跨文化培训,双方充分了解对方的价值观念及深层次的文化背景,达成共识。吉利重视保护"沃尔沃"这一品牌,在保留沃尔沃原有管理团队的基础上,雇用具有丰富跨国管理经验的国际化管理人才对沃尔沃进行管理,更好地维护了沃尔沃的品牌形象。吉利通过成立全球型企业文化研究中心,加强国际合作,专门研究整合型企业的发展难题,拓宽了吉利集团的国际视野,提高了其全球化管理能力和全球型企业文化的整合能力。

[资料来源:刘超,巩新颖,王泳雁. 从企业文化整合的角度分析吉利集团并购沃尔沃[J]. 商场现代化,2021(15).]

案例思考题

1. 结合案例材料,谈谈对吉利与沃尔沃所处不同企业文化差异的认识。
2. 你是否认同吉利并购沃尔沃后的文化整合措施?为什么?

项目训练

【训练内容】分析企业文化冲突与整合案例。

【训练目的】应用企业文化冲突与整合策略,提高分析和解决问题能力。

【训练时间】学生每5—8人分为一个小组,小组选择一个企业文化冲突与整合的典型案例,制作PPT。每个小组汇报10分钟,小组讨论及教师提问20分钟。

【训练步骤】

步骤一:选择一个企业文化冲突与整合的典型案例。可以通过网络平台、实地参访等渠道搜集查找典型案例,进行案例整理。

步骤二:小组讨论、整理并制作典型案例分析的PPT。PPT内容涵盖企业背景、企业文化冲突与整合的过程、策略、启示与建议等。

步骤三:小组汇报并讨论。

小组代表(至少4人)上台汇报小组制作的案例PPT。可采取小组比赛方式,小组汇报后请参加比赛的小组同学提出问题或建议,进一步丰富对案例所揭示的企业文化冲突与整合的认识和理解。进行教师评价、小组互评和个人评价。

步骤四:以小组为单位提交本次案例分析报告。

自 测 题

1. 企业文化冲突的类型有哪些？
2. 简述企业文化冲突的管理策略。
3. 什么是企业文化整合？其主要内容包括哪几个方面？
4. 简述企业文化整合应遵循的基本原则。
5. 概述企业文化整合的过程与模式。

【延伸阅读】

艾琳·梅耶. 跨文化沟通力：如何突破文化管理的隐形障碍［M］. 郝继涛，译. 北京：华夏出版社，2022.

项目十 企业文化变革

【学习目标】

1. 掌握企业文化变革的动因与阻力
2. 掌握企业文化变革的原则、方式与流程
3. 掌握企业文化变革的具体实施

京东的企业文化创新

互联网企业文化不是一成不变的,而是要随着社会大环境的变化,如政治、经济及社会环境的变化而做出相应的变化。同时企业自身也是不断发展变化的,企业文化应根据企业内外部环境和条件的变化做出相应的调整、变革和创新,以适应企业发展过程中面临的新机遇、新挑战和新任务,从而确保企业文化建设的先进性和引领性。

京东于2004年正式涉足电商领域。2014年5月,京东集团在美国纳斯达克证券交易所正式挂牌上市,是中国第一个成功赴美上市的综合性电商平台。2020年6月,京东集团在香港联交所二次上市,募集资金约345.58亿港元,用于投资以供应链为基础的关键技术创新,以进一步提升用户体验、提高运营效率。京东集团定位于"以供应链为基础的技术与服务企业",目前业务已涉及零售、科技、物流、健康、保险、产发、工业、自有品牌和国际等领域。作为同时具备实体企业基因和属性、拥有数字技术和能力的新型实体企业,京东依托"有责任的供应链",持续推进"链网融合",实现了货网、仓网、云网的"三网通",不仅保障自身供应链稳定可靠,还带动产业链上下游合作伙伴数字化转型和降本增效,更好服务实体经济高质量发展。截至2021年年底,京东体系员工总数超过42万人。2022年9月7日,全国工商联发布"2022中国民营企业500强"榜单,京东集团以营业收入9 515.92亿元位居第一名。京东以"技术为本,致

力于更高效和可持续的世界"为使命,目标是成为全球最值得信赖的企业。

一、京东的客户观——"多、快、好、省"

京东与淘宝、唯品会等电商不一样的是购物与配送一体化服务,即"多",为用户提供一站式综合购物平台。京东旗下的商品种类丰富,从油盐酱醋到大型家用电器都能满足人们的生活需要。"快",自建物流实现极速配送服务。京东通过创建自己的物流配送体系,推出"211"限时达、次日达、极速达、夜间配和自提柜等多种配送服务,使客户能够在最短的时间内获得其产品。"好",坚持正品行货,保证商品品质。京东创始人刘强东最初以光磁产品挣到人生的第一桶金,而他成功的关键因素之一就是不卖假货,这为后来京东的良好形象打下了基础,也成为京东从成立之初就为企业定下的愿景:成为全球最值得信赖的企业。"省",依靠低成本和高效率实现天天低价。在供应链运作上,京东选择与合作商协商洽谈,用降低供应链成本的方法来提高供应链运作效率。供应链上各个环节的成本降低,传递给消费者的成本就会降低,同时又能够提高运作效率,最终京东实现的是"三赢"。

京东核心价值观中的第一条就是客户为先,在客户为先中,消费者排在了第一位,这样的定位给予消费者足够的尊重和满足感,提升了消费者购物的愉悦性。

二、京东的"4S"人才观

京东人才观以"成长、成就京东人"为核心理念。"4S"包括:STYLE——寻觅JD范儿,京东会全力发掘具有京东价值观烙印的人才;SPEED——以京东速度成长,京东人才发展体系让人才与京东同时增长;STAGE——优秀就有舞台,京东为人才提供广阔和平等的发展舞台;SUCCESS——成就你的人生,京东给人才的不仅是工作,更是能够成就有价值人生的平台。

在"4S"人才观基础上,京东同时采用"人才开放""七上八下""Backup原则""国际人才项目""高潜项目""专业培养"的人才项目,这些项目致力于打造一支有正确价值观、有能力、有潜力、有梦想的人才队伍。尤其是其中的"七上八下"项目,只要是拥有正确的价值观,且能力达到目标管理岗位任职资格的70%的年轻员工,就会优先获得提拔和任用。管理岗位空缺优先考虑内部人才,给予内部员工更多的平台、土壤和资源,培养核心的领军管理队伍。

三、京东的员工观——以人为本

京东作为"一站式"的电商企业,需要大量的配送员。在现实生活中,配送员往往被认为是最底层的工作人员。为了能够让配送员也有更好的发展平台,京东大胆提出了"配送员也能做总监"的口号,并搭建了"配送员—站长助理—储备站长—站长—分区负责人—片区经理—更高级别管理者"的职业上升路径。考虑到配送员的工作易受天气变化的影响,发生交通意外的比例也较高,京东在与全体员工签订劳动合同的同时,就承诺为全体员工足额缴纳"五险一金"。

京东对员工的关怀是企业坚持以人为本价值观的体现,员工在企业获得的归属感会激发他们的创造力和活力,能为企业带来更高的经济和社会效益。

四、京东的创新观——技术为本

作为国内领先的技术驱动型电商平台,京东不断夯实核心技术的研发,始终以应用创新为核心竞争力,以观念创新为先导,以战略创新为方向,以技术创新为手段,倡导并引领了合作多赢、协同发展的良好市场格局。

京东不仅加强了自身的技术领先优势,保持了市场竞争力,还推动了行业的降本增效,带动了同行业及上下游产业链的协同发展,促进了物流基础设施与实体经济的深度融合。京东是国内最早开展智能供应链的物流企业,力争成为全球供应链基础设施服务商,通过各种技术革新与基础网络升级,满足消费者在不同的业务场景下多元化、个性化的需求,为促进实体经济高质量发展提供精准、优质的服务。

基于多年的供应链管理和实践经验,京东自主研发了全球领先的供应链管理决策与优化平台,该平台的核心为智能选品、智能定价、智能库存功能,优化了"产业+供应链+创新链",提升了零售行业供应链整体效率,消费者的体验得到了改善,极大地降低了社会生产制造行业的运营成本。

[案例改编自:①京东公司官网. https://about.jd.com/company/;②杨亚琼. 管理哲学视域下的企业文化建设:以京东为例 [J]. 管理观察,2019(19). ③陈安娜. 互联网企业文化研究 [M]. 杭州:浙江工商大学出版社,2019.]

[案例思考]

1. 京东的企业文化有何特色?
2. 结合案例材料,谈谈互联网企业如何进行企业文化变革与创新。

任务一　企业文化变革的动因与阻力

当今社会正处于一个复杂多变的时代,随着新经济时代和信息化、网络化时代的来临,企业所处的外部环境和内部环境正发生着日新月异的变化。企业文化具有相对稳定的特点,但当企业原有的文化难以适应企业的发展及内外部经营环境的变化时,就需要对原有的企业文化进行变革,构建一种适应环境变化要求的新型企业文化。

企业文化变革是指由企业文化特质改变而对原有文化进行整体性革新的过程。企业文化变革的根源在于企业生存、发展的客观条件发生了根本性的变化。一方面,它是社会文化变革在企业的具体反映;另一方面,它又是企业生存发展的必然要求。当企业原有文化体系难以适应企业经营发展的需要而陷入困境时,就必然通过变革创建新的企业文化。因此,企业文化变革是企业文化产生飞跃的重要契机。

一、企业文化变革的动因

引起企业文化变革的动因很多,既有企业外部的政治、经济、技术、人口、社会文化、行业文化等环境因素,又有企业内部的各种因素,如企业战略的改变、发展的需要、经营危机、制度创新、企业领导人观念的转变和更替等。企业文化的变革是企业内外部种种因素共同作用的结果。

约翰·科特和詹姆斯·赫斯克特认为,企业文化变革是客观的,但是,企业文化变革的过程相当复杂,困难重重。究其原因,主要有两点:一方面,企业文化的变革存在极大的困难——要克服组织文化具有的反弹阻力。这就需要极大的权力支撑,而这种权力通常只属于企业的最高管理者。另一方面,企业内部各级机构存在着相互依赖性。这种相互依存的内部关系使得不进行全局的改革就不能对某一局部进行任何重大的改革。而能够实施这种全局性改革的人,其职位也只能是企业最高层。

这里主要分析企业文化变革的内在动因,有以下五个方面。

(一)企业战略的转变

企业在根据外部环境和内部条件的变化制定新战略时,如果原有文化不能随着新的战略进行变革,那么原有的企业文化就可能成为实施新战略的阻碍力量。新战略目标的实现,必须要有与之相适应的优秀的企业文化来支撑和引领。在战略管理过程中,企业内部新旧文化的协调和更替是战略实施获得成功的重要保证。因此,要贯彻落实新战略,除了制定完善的组织制度和管理措施外,还要相应地进行企业文化的变革,以便把决策层的文化愿景逐步转化为全体员工的文化愿景和实际行动,促进企业新战略的顺利实施。

(二)企业发展的需要

按照企业生命周期理论,企业的发展一般要经历创业期、成长期、成熟期和衰退期等四个阶段。企业处在不同的发展阶段,有不同的特征,面对不同的管理问题,需要有不同的文化牵引、规范和支撑。当企业由前一个发展阶段向后一个阶段转变时,需要抓住时机,变革企业文化,推进文化创新与发展,使企业文化与发展阶段相适应、相协调。经过变革,让企业文化能跟得上企业的发展变化,保持应有的活力,甚至可以推迟衰退期的到来,使企业进入可持续发展的良性循环阶段。哪怕在企业的衰退期,如果能够重新塑造符合时代特质的新型企业文化,也能使企业焕发新的生机,保证企业持续健康发展。

(三)解决企业经营危机的要求

企业的发展不可能永远一帆风顺,难免会遇到困难和挫折,甚至遭遇经营危机。造成企业经营危机的直接原因,可能来自外部环境,也可能来自企业内部,如资本运作能力、技术能力、成本经营、营销策略等因素。当企业陷入重大危机时，除来自外部环境的因素或偶然的重大决策失误造成的危机以外，多半都有其深刻的根源，这种根源往往是企业文化的滞后造成的。企业内在的思想观念及传统习惯不能随企业的发展而变化，累积到一定程度，必然以危机的形式爆发。企业经营危机的结果使企业的所有人都受到心灵的震撼，危机的直接、可怕甚至灾难性的结果使企业的全体成员认识到企业文化与企业和个人前途命运的密切相关性，为新文化的形成提供了心理基础。企业陷入经营危机时，为从根本上解决问题，应大力推进企业文化的革新，用一种新的企业文化武装企业，使其摆脱危机，焕发新的生命。

（四）企业制度创新的需要

在企业发展过程中，企业文化与企业制度是统一的，企业文化建设离不开企业制度的保障，企业制度的创新反过来又会推动企业文化创新。一般而言，有什么样的企业管理制度，就有什么样的企业文化与之相适应。如果仅仅是制度进行了创新，企业仍沿用原来的文化观念，员工还是保持原有的思维方式和行为方式，新的制度便无法在企业中得到贯彻实施。因此，企业在进行制度创新的同时，必须有目的地对企业员工的价值观及行为习惯进行正确的引导，并予以强化，使之稳定下来，最终形成一种能够与制度创新的内容相协调并互相促进的新企业文化，只有这样，制度的创新才能真正落到实处，取得成功。

（五）企业领导者的观念转变或更替

企业领导者（企业创始人或企业高管团队）既是企业文化的缔造者，又是企业文化革新的推动者。企业文化在一定程度上可以说是企业领导者的文化，是企业领导者思想在企业中的具体体现，不同类型的领导者可能会倡导和信守不同的企业文化。当企业领导者观念发生转变，或者领导者更迭，而新的领导者与前任领导的观念迥异时，就需要及时创新和变革企业文化，使新人、新观念、新思路、新作风相得益彰，从而取得良好的管理效果。

由于企业的内、外部环境是不断发生变化的，企业文化在内外部种种因素的共同作用下，需要不断变革和创新，以适应新的形势，求得自身的良性发展。

二、企业文化变革的阻力

企业文化的变革相当复杂，不仅涉及表层企业文化的改变，而且涉及深层企业文化的改变。这种改变涉及企业成员基本价值观念、思维习惯、行为方式、心理的转变，也会使企业内部各种物质利益关系受到冲击。同时，企业文化具有坚固性与无形性。企业文化是由相对稳定和持久的因素构成的，这一特性往往导致企业文化的变革具有相当的阻力。一种企业文化需要很长一段时间才能形成，而一旦形成，它又常常是牢固而不易更改的，这就是我们经常忽略的企业文化的性质。

企业文化变革常常面临个体、组织、文化观念、社会等诸多层面的阻力。

(一) 个体层面的阻力

企业文化变革中个体层面的阻力来源于人的某些特性，如认知障碍、个人习惯、害怕失去既得利益、对变化缺乏适应能力、对风险的疑虑等。

(二) 组织层面的阻力

企业并不是个体的简单集合，而是更多地表现为一种有机体，因此当文化变革发生时，其面临的阻力也更多地以一种整体性、系统性的方式表现出来，如组织结构惯性、对已有资源分配的威胁、对已有权力关系的威胁及经济方面的阻力等。

(三) 文化观念层面的阻力

企业文化变革常常会遇到文化惰性、陈旧的价值观念等文化理念的障碍，因此，企业文化变革尤其是其中的突发性变革，会遭遇到普遍的阻挠。例如，企业成员容易对企业文化变革产生一些对抗举动。如果企业成员对企业文化变革缺乏思想准备，往往会给企业经营秩序带来混乱。当然，也要看到，企业文化变革总是由无序状态过渡到有序状态，企业文化变革破坏了旧的文化体系，而新的文化体系尚未建立或建立之初，企业成员对其不适应、不接受时则会呈现一种分散、无序状态，但分散和无序经过一段时间的整合往往又会走向有序。

(四) 社会层面的阻力

企业是社会中的一员，企业文化变革不可避免地涉及一些社会问题，因此，企业文化变革除了要面对来自企业内部的阻力外，还会遇到企业外部的社会环境中的阻力。这些阻力可能来自消费者、竞争者、政府政策、供应者、社会团体、大众舆论等。如政府对失业和安全的政策与干涉，消费者对新文化的不认同，银行、股东对文化变革的风险和收益的疑虑，利益相关企业因利益受损而抵制，消费者协会因保护消费者利益而施加压力，大众和社会舆论对新的企业观念的不同评价和解读等。处于复杂的社会环境之中的企业在进行变革时，必然会受到外界社会环境的制约，一些组织、团体或个人从自身利益角度出发可能会对企业文化变革进行抵制，甚至利用各种手段阻止企业文化变革的进行。此外，企业文化变革阻力还与民族文化、地区文化的保守性等有着密切关系。

总之，在企业文化变革中，遭遇到各种阻力是客观存在、不可避免的。我们应该看到，企业文化变革总是由量变到质变的，由一种企业文化到另一种企业文化的转变往往需要较长的时间，即使是企业外部环境发生巨大变化，使企业文化出现突发性变革，也是建立在量变的积累基础之上的。

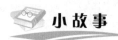 小故事

任正非与《华为的冬天》

2000 年,华为的总销售额和利润分别为 220 亿元和 29 亿元,高居全国电子百强企业第一位。然而任正非居安思危,对员工发表了《华为的冬天》的讲话,他提醒并号召华为关注危机、研讨危机,加强管理革新以应对危机;并以冬天隐喻危机,提倡为行业冬天、企业冬天多做准备。果然,2001 年通信行业的寒冬翩然而至。为度过危机,华为卖掉后来诞生 10 多家 A 股上市公司的电源部门,为华为换得一件"越冬棉袄"。之后,任正非兼任华为的"气象预报员",分别在 2004 年、2008 年、2010 年、2017 年预警"冬天"十分严酷,要求华为人能随时接受冬天的考验。因此,尽管华为在发展中多次遭遇危机,但都成功"过冬"。在任正非大喊"冬天"的那些年里,华为大踏步地发展,在国内国际市场上表现优异,成果丰硕。任正非的"冬天论"成为中国式危机管理的代表性理论。

(资料来源:王育琨. 苦难英雄任正非[M]. 南京:江苏凤凰文艺出版社,2019)

任务二　企业文化变革的原则与方式

 一、企业文化变革的原则

企业文化变革应该遵循以下五项基本原则。

(一)审慎原则

现存的企业文化具有巨大的惯性,企业文化变革涉及打破企业中久已存在的定势,意味着改变员工们长期固守的态度和观念,这就不可避免地会引发各种问题和矛盾。因此,企业要充分考虑到环境的变化、企业的发展以及员工的接受能力等各方面的因素,审慎地进行企业文化的变革。哪些东西要变,如何变,都要充分思考透彻,并且要采取切实可行的措施保证变革的顺利推进,如采取情况介绍、讨论、征询意见、培训等措施帮助员工调整心态、改变观念。如果企业没有为文化变革做好充分的准备,冒进强制推行新的企业文化,很可能会挫伤员工的自尊心,激化某些矛盾,从而影响变革的效果。

(二)持久性原则

企业文化的变革涉及人的观念的变革,而旧观念的改变、新观念的形成,非一朝一夕之事。因此,企业文化变革不是立刻就能开展的,也不会轻易地迅速完成,它是一个

长期的、持续的过程。企业要有打持久战的思想准备，持之以恒、不懈努力，要认真分析变革过程中可能遇到的困难，建立起足够的信心和勇气，积极主动、迎难而上，千万不可遇到困难就退却，否则将会前功尽弃，导致文化变革的失败。

（三）系统化原则

企业文化变革是一项涉及多方面、多层次的系统工程，必须从系统的角度看待它。在进行企业文化变革的时候，除了注重以价值观为核心的理念层的变革外，还要注意其他相关制度、行为规范及外在形象的相应调整与配合。为此，企业在进行文化变革时，要全面对企业管理和经营系统进行重新审视，围绕企业新的价值观的塑造，统筹规划，分层次、有步骤地进行系统化的逐步推进。

（四）自上而下原则

几乎所有企业文化变革成功的案例都表明，变革企业文化只能遵循自上而下的原则进行。企业文化的变革往往首先从最高层管理者的观念转变开始，然后逐层推动，直到落实到最基层员工的思想观念及行为之中。没有来自最高层管理者的积极推动和榜样行为，新的价值观念就难以播撒到企业的每一个角落，也难以在员工心目中扎下根来。另外，企业文化变革也意味着要改变那些与新的价值观念不协调的政策和制度等，而只有最高层管理者才拥有改变企业深层机制的权力。因此，最高管理者公开表明赞同改造企业文化的坚定态度，并且花费时间和精力致力于推动企业文化变革，是至关重要的。只有这样，企业文化变革才能顺利进行，取得实效。

（五）全员化原则

企业文化变革需要依靠全体员工在企业中的实践与落实。只有全体员工的价值观和行为方式得以转变，企业文化变革才算取得成功。企业文化变革的主体必然是企业中的所有员工，必须坚持"从群众中来，到群众中去"的基本观念。为此，企业应善于听取员工的建议，加强与员工的沟通交流，让员工明白企业文化变革的目的和意义，发动员工积极参与、献计献策并身体力行。企业文化变革只有取得全体员工的理解和支持，在全员参与的前提下才能最终实现变革目标。

谷歌的"不作恶"

谷歌（Google）公司成立于1998年9月4日，由拉里·佩奇和谢尔盖·布林共同创办，被公认为全球最大的搜索引擎公司。公司业务包括互联网搜索、云计算、广告技术等，同时开发并提供大量基于互联网的产品与服务，其主要利润来自关键词广告等服务。

"完美的搜索引擎，不作恶"（the perfect search engine, do not be evil）是谷歌公司一直以来的口号，"永不作恶"是谷歌公司的经营宗旨。"不作恶"这个词，在谷歌这家公司经常被提及，它已经不光是一个口号，而是所有员工的文化信念。谷歌的"不作恶"，就是坚信无须作恶也可以赚钱，无须西装革履也可以认真执着，工作充满着挑战，而挑战充满了欢乐。其实"不作恶"这个词本身所带来的文化信念远比企业设定大量的行为准则、文化词语都要管用。因为"不作恶"本身已经涵盖了大量的限制性负面词语，这也解释了为什么谷歌最初设立企业行为准则时，在原来十几条准则中只保留了"永不作恶"一条。

（资料来源：涂强. 企业文化管理实操指南［M］. 北京：中国铁道出版社，2021.）

二、企业文化变革的方式

企业文化变革的方式可以按照不同的标准来划分。

（一）按企业文化变革的程度与速度划分

按照企业文化变革的程度与速度，可以分为渐进式变革和激进式变革。

1. 渐进式变革

这是一种持续、稳步推进企业文化变革的方式，是企业文化在不知不觉中从量变到质变的积蓄过程。新的企业文化特质在缓慢的变革进程中逐步取代旧有的企业文化特质，不动声色地渗透到企业员工的思想和日常行为之中。这种企业文化变革方式，能让企业员工感受不到文化变革所带来的强烈冲击，改革中遇到的问题和矛盾往往能够在持续的变革过程中得以化解和解决。渐进式变革能够使企业保持平稳、正常的运转，保证企业文化变革的顺利进行。

2. 激进式变革

这是一种急剧改变企业现有文化特质的方式，是文化特质非常态的突然改变和飞跃。激进式变革会在短时间内改变原有企业文化的风格、模式和结构，使整个企业文化体系发生翻天覆地的变化。这种变革方式不仅仅是人们工作、生活方式及习惯的表层变化，更是企业文化深层结构的改变，是构成企业文化核心部分的价值观念体系的改变。激进式变革带来的急剧变化常常会给企业员工的思想感情带来强烈的冲击，迫使人们进行痛苦的选择。

（二）按文化要素来源划分

按照文化要素来源，可分为企业文化整合、企业文化移植和企业文化重塑。

1. 企业文化整合

企业文化整合是把不同特质的文化，经过相互适应、调整和修正后，形成一个统一的企业文化体系。企业文化整合的关键是有效地吸取不同特质文化的优点，把不同文化的优秀部分进行提炼、升华、融合，最终创造出一种新的企业文化，实现企业文化的变革。在项目九中，我们对企业文化整合做了详尽的分析，这里不再详述。

2. 企业文化移植

企业文化移植是指把企业外部的优秀企业文化植入本企业的企业文化，并结合自身企业的实际情况进行改造、创新，形成一种新的企业文化。企业文化移植可以利用外部优秀的文化来重新塑造原有的企业文化，为原有的企业文化带来新鲜的血液，促进其发展和创新。

3. 企业文化重塑

企业文化重塑也称企业文化重构，是指企业为了适应环境的变化和自身的发展，对原有企业文化进行扬弃和重新塑造的过程。当企业原有的文化已不能适应社会发展要求，跟不上企业前进的步伐，甚至阻碍企业发展时，就应适时对原有文化加以创新，进行文化的重塑。在企业文化的重塑中需要注意的是"不要把孩子和洗澡水一起倒掉"，企业文化重塑要以对传统企业文化的扬弃为前提，对构成企业文化的诸要素包括经营理念、企业宗旨、价值观念、管理制度、经营流程、仪式等进行全方位系统性的弘扬、重建或重新表述，使之与企业的发展步伐和外部环境变化相适应。

任务三　企业文化变革的流程

不同的学者从各自的角度出发提出了不同的企业文化变革流程，主要有以下几种代表性观点。

一、沙因的转型式文化变革流程

沙因基于对心理-社会动力学的研究，对库尔特·勒温（Kurt Lewin）的组织变革模型进行了改进，提出了转型式文化变革理论。

转型式文化变革流程有三个阶段：解冻、重构和再冻结。

第一阶段：解冻。这是激发变革的动机，为变革创造动力和意愿的阶段。沙因描述了解冻一个组织的三种办法。①足够的失验信息引发组织成员强烈的不适和失衡感。失验信息是指那些表明组织的某些目标没有实现或者某些程序没有完成的信息，如销售量下降、产品出现质量问题、员工离职率上升等。这类信息会带来不平衡感，使人感到不适和紧张。②产生生存焦虑和内疚。失验信息与重要的目标和理想相联系，引发员工的生存焦虑和内疚感。③创造克服学习焦虑的心理安全。如果组织成员能够看到解决问题和学习新事物的可能性，意识到学习新的事物或行为方式是可以做到的，就可以有效降低学习焦虑。为此，变革的领导者应该创造条件来增强人们的心理安全。只有当一个组织开始通过创造心理安全真正地进行变革时，组织才会发生真切和显著的变化。

第二阶段：重构。这是认知重构的阶段。该阶段需要学习新概念、原有概念的新含义和新的评价标准。组织成员可以通过两种途径来学习，通过模仿并且从心理上认同榜样进行学习，或者通过试错及不断地尝试各种新的解决方案来学习。

第三阶段：再冻结。这是内化新的概念、意义和标准的阶段。第二阶段发展出的新概念、新意义及新评价标准，在这个阶段需要重新冻结。企业成员要认同并适应新的概念、意义及标准，并把其内化到自身观念和身份中，内化到长期关系中。伴随着文化的内化和固化，文化转型和变迁得以完成。

二、安德烈和范德梅尔韦的文化变革流程

安德烈（Andre）和范德梅尔韦（Vandermerwe）提出了组织文化变革的四阶段流程。

第一阶段，找出内外环境的威胁与机会点。除非组织成员意识到改变是唯一解救组织的方法，否则不可能会有任何改变产生。换句话说，他们必须体会到改变是关系到自己生存的关键因素。

第二阶段，提出一个明确、前后相关的愿景。这个愿景必须很独特，和以前的愿景不同。这个愿景必须对员工有意义，并能指引方向。它是灵感与现实的桥梁，而且必须由专人负责推广、说明。

第三阶段，建立内在运作系统，授权相关人员推动改革。激励与支持是关键。要促成员工彼此间的激励与支持，应该指派领导者监督计划的执行，必须让员工"动起来，振奋起来"。

第四阶段，监视整个流程，并让负责人员根据他们从整个过程中学到的经验做必要的修改。控制并不是变革的领导者希望发挥的功能，让计划依序执行才是最终目的。此时，最重要的是保持大家继续努力的动力与热情。

三、莫兰和里森伯格的文化变革流程

莫兰（R. T. Moran）和里森伯格（J. R. Riesenberger）认为，企业要想成功变革文化，应遵循以下步骤。

（一）建立一个愿景

当一个企业开始进行变革时，需要有明确的变革方向与目标，让全体员工都能够知道企业文化变革的蓝图。通过蓝图进行组织沟通，企业上上下下都能明确组织航行的路线。因此，企业文化变革必须与组织战略、愿景和组织结构变革协调进行。

企业文化变革与组织结构变革就像是中国传统文化的八卦图一样，是阴阳互补、相

互作用的，如同人体的体与魂的关系。如果一个企业没有变革精神的文化，组织结构就是一个空躯壳。组织生命力的关键在于具有强大凝聚力的文化与灵活高效的组织结构的适应和协调，两个方面缺一不可。一个企业既要依托管理的组织结构作为基础，也要依托强有力的企业文化，这样不仅可以最大限度地激发每个员工的工作积极性与主动性，而且可以最大限度地把每个个体的积极性凝聚成一股经久不衰的巨大的团队力量，从而顺利实现企业的经营目标。

（二）详细沟通愿景

企业愿景建立后，实施企业文化变革要通过沟通消除阻力。要充分考虑变革可能带来的阻力，积极进行有效的沟通，只有让广大员工认识到变革的必要性与重要性及怎么去变革，并对员工积极有效的变革进行激励和肯定，才能提高员工的参与性，调动员工的积极性，才能保证企业文化变革的成功。企业要通过培养支持变革的先进人物来培育变革的动力。而且，文化变革是复杂的，要有足够的耐心与信心。文化的变革与文化的建设是相互依赖和互为促进的，要增强组织成员的相互信任，营造坦诚交流的组织气氛和环境，使变革动力流在组织中流动起来。要有足够的时间使变革起支配作用，动力流与阻力流总是相互作用的，存在一个此消彼长的过程，文化变革不可能一蹴而就、立竿见影，需要耐心与信心，需要长期的建设与巩固。

（三）让全体员工参与

企业文化变革时，要通过培训改变员工的观念和行为，使新的企业文化价值观和行为方式深入每个人的思想和行为，变成他们新的工作态度和工作准则，变成他们从内心流出的自觉。新的企业文化要靠文化设计师设计与支持，但事实证明，企业各个科室、各个团队的参与，全体员工的参与，至关紧要。只有依靠所有人的参与、理解、支持与响应，企业才可能形成充满活力的、完全统一的企业文化。

（四）规划执行流程

在这个阶段，要管理企业文化变革过程，及时有效地对变革效果进行监控、评估与反馈，领导要言行一致地带头进行根本性的变革，做变革的典范与教练。真正的文化变革没有领导的坚强决心与信念自觉，就不可能真正起作用。特别在中国企业的现阶段，真正的文化变革都必须有强势的领导去设计、倡导、组织和塑造。领导者可以根据其理念采取相应的措施来变革企业文化。从某种意义上说，企业文化形成与变革的过程就是企业领导实施管理的过程。

四、谢瑞顿和斯特恩的文化变革流程

管理学者杰克琳·谢瑞顿（Jacalyn Sherriton）和詹姆斯·L. 斯特恩（James L. Stern）在二人合著的《企业文化：排除企业成功的潜在障碍》一书中详细讨论了企

业文化变革问题，并提出了一套企业文化变革流程。他们认为企业文化变革或新的企业文化的产生一般要经历前后相互衔接的六个阶段，即由需求评估、行政指导、基础结构、变革实施机构、培训和评价等六个部分组成。

（一）需求评估

需求评估，即分析评估现有文化与向往文化状态之间的差距。对于大多数企业而言，管理者无法描述组织现存的文化和他们向往的文化。很多时候，组织成员对现有文化的感知完全相反，也就更加不清楚企业文化的现状和未来变革的方向。因此，首先必须通过调研、数据收集来分析、测定文化的现状，通过对比明确其与向往文化状态之间的差距，对文化需求进行评估。需求评估会使企业明白为达到目标需要加以改变的范围和需要承担的义务。它帮助管理者决定采用最佳策略，鼓励他们制订行动计划。需求评估可以作为变革的动因和推动力。

（二）行政指导

在这个阶段，企业最高层管理者通过切实可行的步骤向员工们说明"企业在新的文化条件下将要走向何方以及为何要做出此种选择"的问题。文化的变革需要领导者的大力倡导和行政方面的严格执行。管理者必须向员工明确说明努力的方向，为新的或是改变了的企业文化提供定义并制订计划。行政指导一方面意味着在高层管理团体中形成有关企业文化变革的统一观点，另一方面则要清楚地预判文化变革可能导致的结果。

（三）基础结构

基础结构，即调整和建立有利于新文化建设的运转过程和制度。企业文化一旦发生变革，就必须围绕新的组织文化，对原有的企业经营过程和制度加以改变和调整，形成一个有利的基础结构。这对于变革成功至关重要，它不仅会为企业准备新的环境，而且会在过程和制度上保证文化变革的实施，为新的企业文化的产生提供方向。

（四）变革实施机构

变革实施机构是一个为了完成某项具体的任务而建立起来的临时性组织机构，它通过处理那些需要特别关注的基础结构部分中的问题来帮助企业文化变革的实施。其成员可以从企业中各个部门抽派，也可由原先一个部门的员工调拨而成，还可以由一个小组或多个小组组成。变革实施机构的成员担当着企业文化变革使者的重要职责，他们应该代表企业整体，必须是可靠的，并为人们所敬重和信任。

（五）培训

企业文化变革培训是让企业所属成员了解和认同新的企业文化的活动。通过培训进行新企业文化的宣传，是促进企业文化变革的一项重要策略。当进行企业文化变革的决定已经做出，企业文化变革的实施计划已经安排就绪时，培训即可开始。企业中每个人都应参与到培训中来，这样既有助于团队建设，也有助于团队成员和领导者为企业文变革更好地承担职责。种类各异的培训需要消耗大量的时间、精力和金钱,培训过程的安排取决于企业的规模和结构。

(六) 评价

最后一个阶段是评价,即对企业文化变革的实施过程及其结果进行测定和衡量。企业文化变革是一项长期、复杂而又困难的任务。在这一过程中,必须有一个衡量的尺度来保证追求目标的正确性,保证既定任务的完成。评价不仅是衡量成果的手段,还是对过程的一种干预手段。如果发现某一具体的发展趋势呈错误势头,企业必须采取行动对此加以改正;如果发现发展趋势呈正常势头,企业需要采取的行动就是继续朝此方向努力,甚至加大力度。

总之,企业应通过对其文化现状进行的深刻剖析进行有计划的变革,广泛地吸取异质文化的精华,并且根据客观形势的变化不失时机地推动企业文化的变革与发展。

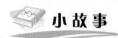
小 故 事

禁用电子邮件

据估计,85%的全球互联网用户每天都要查阅电子邮件,企业员工每天发送或接收的电子邮件能达到112封,大约每小时就能收发14封电子邮件。电子邮件的巨大数量造成了巨大的压力,导致工作效率低下,因为其中一半邮件不值得花太多的时间和精力去处理。电子邮箱曾被认为能够帮助人们节省时间,如今难道已经变成一种负担了吗?追溯到2007年,美国塞鲁拉公司前执行副总裁詹•埃里森采取了一项措施:每周五禁用电子邮件。他通过备忘录对员工宣布了这一决定,建议员工出去与他们一起工作的人们见面沟通,而不是发电子邮件。埃里森一声令下后,也有员工表示反对,他说埃里森不知道员工手上有多少工作要做,使用电子邮件能够让工作变得容易。然而,这名反对的员工败下阵来,禁令还是生效了。员工被迫使用电话与人沟通,而有些员工也由此了解到,他曾认为在国家的另一端的一名同事,其实就在大厅的另一头。到2012年,其他公司的高管也发现了禁止电子邮件的好处。全球性公共关系公司万博宣伟的总裁蒂姆•弗莱,花了一年时间准备对员工们实行"断奶",即离开电子邮件系统。他的目标是减少员工发送和接收电子邮件。欧洲最大的资讯科技公司源讯公司的主管蒂埃里•布雷东,也宣布了"零电子邮件政策",他将电子邮件替换为类似于脸书网和推特相结合的一种沟通形式。

(资料来源:斯蒂芬•P. 罗宾斯,戴维•A. 德森佐,玛丽•库尔特. 管理的常识[M]. 赵晶嫒,译. 成都:四川人民出版社,2020.)

任务四　企业文化变革的实施

企业文化变革是一项复杂的系统工程。要有效实施企业文化变革，就要成立专门的领导小组和工作机构，在对企业内外环境的调查分析及现有企业文化进行诊断评估的基础上，制定企业文化变革的战略目标和计划方案，并通过一系列的实施措施来保证变革的顺利开展。

一、建立企业文化变革的领导组织机构

企业文化变革是涉及企业全体员工，多层次、全方位的变革转型。因此，必须成立专门的领导组织机构负责企业文化的推进和开展。这个机构是企业文化过渡时期的临时性组织机构，可以称为企业文化变革委员会，主要职责是确定企业文化变革方向和目标，制订企业文化变革的方案和具体计划，协调各种资源，推进企业文化变革，对企业文化变革进程进行控制等。

由于企业文化变革委员会全权负责企业文化变革的各项工作，因此该委员会人员的素质高低及结构是否科学合理，直接关系到企业文化变革的实际效果。一般来说，企业文化变革委员会的成员构成应遵循以下原则：①要有权威性。变革委员会的领导人应该由企业的最高层领导担任，这一方面是因为企业文化变革的方向和目标很大程度上是最高层领导意志的体现，由企业最高层作为委员会的领导才可以保证企业文化变革的方向符合最高决策者的意志；另一方面，权威性直接表明了企业最高层领导对企业文化变革的重视，同时高层领导也拥有更大的权力，可以为企业文化变革最大限度地扫清障碍。②成员知识结构多样化。企业文化是一个内涵丰富的概念，企业文化的变革会涉及企业多方面的问题，这些问题可能是企业理念的问题，也可能是企业生产、销售、组织结构、行为规范、企业标识等方面的问题，需要参与人员从不同的方面多角度思考和解决问题。因此，企业文化变革委员会不仅需要管理类的人才，还需要文化学、心理学、历史学、美学、传播学等学科的人才。③要有代表性。企业文化的变革需要企业全体员工的广泛参与，与企业各个部门密切配合。企业员工的参与配合程度决定了企业文化变革能否在企业中得到广泛的支持和落实。为此，企业文化变革委员会要广泛吸收研发、生产、营销、人事、财务、后勤等各个部门的代表参与，尽可能让各部门的员工对企业文化变革都有深入的了解和认识并积极配合企业文化变革工作的进行。

二、评估企业文化需求

企业文化变革的根源在于企业赖以生存的内外部环境条件发生了根本性的变化，原有的企业文化体系已很难适应这种变化，企业需要构建一种新的企业文化来适应环境的变化要求。那么，企业内外部环境发生了怎样的变化？企业现有文化有什么样的特征？企业到底需要什么样的文化？

（一）对企业内外环境的调查分析

影响企业文化变革的因素，既有企业内部的，又有企业外部的。从企业外部来看，包括经济因素、政治法律因素、技术因素、社会文化因素、人口因素、行业因素等；从企业内部来看，包括企业的战略、领导体制、组织结构、管理制度、领导人的变化等因素。企业内外环境的变化共同促成了企业文化的变革。要进行科学有效的企业文化变革，构建完善的文化变革方案，就必须对影响企业文化变革的内外部因素做出客观、细致的调查分析，区分哪些因素是主要的，哪些是次要的，哪些是基本的，哪些是一般的，把握每一种因素变化的方向、特点及对企业文化可能产生的影响。

（二）对现有企业文化的诊断

企业内外环境的调查分析只是为企业文化变革提供了客观基础，企业要想取得企业文化变革的成功，还要对本企业的企业文化建设现状进行科学准确的企业文化诊断。企业文化诊断是指通过科学的方法和工具，对企业文化现状做出客观的分析和评价，从而为企业文化变革提供可靠的决策依据和改进的方向。

进行企业文化诊断，首先要对企业文化的现状进行全面细致的调研，调研的内容一般包含：企业文化理念体系的建设现状、企业家及领导团队的价值观、各级员工的精神特质与行为取向、企业氛围与员工满意度、社会公众认知状况、企业文化管理体系的建设与执行状况。通过调研，深入了解企业文化各方面的情况，为企业诊断提供客观、全面、科学的数据和信息资料的支持。

企业文化诊断不仅要对企业文化的整体进行诊断，判断其类型及整体风格，还要对企业文化的各个组成部分进行全面评估，如诊断企业现有的文化理念体系是否符合企业现状，分析企业现阶段的文化要素中哪些属于核心价值观，企业文化的认同度，企业的文化理念体系具体落实在员工的哪些行为上，企业制度与企业文化理念是否相符，企业标识系统是否和企业理念体系相一致，企业在社会公众中的形象等。通过企业文化诊断，企业可以清楚地了解企业文化的发展现状，找到企业文化进一步发展的关键所在，为企业文化变革提供依据和坐标。

（三）进行企业文化需求评估

企业文化需求评估是指在企业内外环境分析和企业现有文化诊断的基础上，对企业文化现状与目标文化状态之间的距离进行的分析和评价。企业文化的需求评估主要围绕以下内容来进行：①现有文化应该保留的积极部分或需要剔除的消极部分；②目前各种行为过程和制度对目标文化可能产生的融合或抵触的部分；③目前并不具备，但是基于企业文化变革必须具备的运作过程和制度；④目标文化实施可能存在的主要障碍及其消除办法；⑤企业员工对目标文化接受和认同程度的预测；等等。企业文化需求评估的结果是企业文化变革战略方案形成的主要依据。

三、制订企业文化变革方案

为了使企业文化变革能够有章可依，还应在对企业的内外部条件进行分析、诊断，以及对企业文化的需求进行评估的基础上，制订详尽的企业文化变革方案。

（一）确立目标企业文化

通过企业文化变革，企业要建立什么样的目标文化？这是制订企业文化变革方案首先需要解决的问题。目标企业文化的确立，应该建立在对现有企业文化的经验总结及对企业未来文化的展望的基础上，由企业最高层领导人负责，领导与员工集思广益，自上向下与自下而上地反复讨论，最终确立目标企业文化。目标企业文化应该符合企业内外环境的变化和企业自身的特点，具有先进的时代性及鲜明的企业个性。企业确立目标企业文化的过程，是深化企业对所处环境及其自身的认识、思考企业文化发展战略的过程。

（二）制订企业文化变革的战略方案

为了顺利完成企业文化变革，在企业中建立目标文化，企业应当依据对企业内部和外部条件的分析及预测，制订出科学合理的企业文化战略方案。为此，企业可以根据未来发展变化的方向和重点，从企业精神文化、制度文化、行为文化和物质文化等四个层面拟订出协调统一的企业文化变革战略方案。企业文化变革战略方案的拟订要注意贯彻可行性原则，既要把握方案实施的时机，又要注意该方案在实践中是否具有可操作性，还要兼顾必要的应变方案。拟订出多个可行性方案，通过一定的评估方法和决策程序，选出理想的或满意的战略方案。

企业文化变革方案应明确变革的战略重点。企业文化变革战略重点是指那些对于实现战略目标具有关键作用，而目前发展又比较薄弱、需要重点加强的方面或环节。不同的企业，其企业文化变革的战略重点有所不同：有的重点在于培育企业价值观、企业精神、企业道德；有的重点在于树立厂风厂貌，端正经营作风，提高员工素质；有的重点在于规范企业制度；有的重点在于塑造企业形象等。抓准了企业文化变革的战略重点，企业就可以集中人力、物力、财力解决重点问题，有助于变革战略的重点突破和企业文化变革的顺利进行。

（三）制订企业文化变革的实施计划

企业文化变革的战略方案制订后，接下来就要制订企业文化变革方案的实施计划。它主要包括两个方面的内容：一是企业文化变革战略方案的细分，把战略方案的总体目标分解为各种具体目标、行动方案和操作程序，使各级管理人员和员工明确各自的职责和任务；二是企业文化变革战略实施阶段的划分，由于企业人力、物力、财力等资源的限制，企业文化变革的战略应分阶段进行，不同实施阶段有不同的发展重点，企业应根据自身的实际情况，将战略目标分解为各个阶段的短期目标，明确各个阶段实施工作的重点，以保证各种实施活动与企业文化战略指导思想和战略重点保持一致。

四、企业文化变革方案的实施

企业文化变革方案的实施主要包括以下方面。

（一）组织实施

为保证企业文化变革取得实效，在组织实施时可以采用以下四种措施：①提供必要的物质条件、硬件设施和财务支持。这是企业文化变革得以顺利实施的物质基础。②完善现有的组织机构。在企业文化变革委员会的指导下，对阻碍企业文化变革的部门进行改组，建立适应新文化的组织部门和机构，为变革的顺利进行提供组织保障。③调整相关企业制度。改革那些不符合企业新的价值理念的企业制度，建立为新文化保驾护航的新型制度规范，为企业文化变革提供制度保障。④创造有利于实施企业文化变革的文化氛围。通过一定的宣传、教育和灌输，使全体员工人人知晓并深刻理解企业文化变革的实质，以及企业文化变革的具体内容和要求。

（二）持续推进

由于企业文化的转变是一个长期的持续过程，因此，在组织实施变革的过程中，为使企业文化变革取得良好效果，必须采取各种措施，持续推进。推进企业文化变革的具体方法和企业文化构建的方法类似，可以采用领导示范法、英雄引导法、活动推进法、故事演绎法等。

除了上述推进企业文化变革的方法之外，企业还应对员工进行系统的教育与培训。企业培训要涉及全体员工，各个层次、各个部门的员工都要接受相应的培训。企业可以通过学习、研讨、交流等各种培训形式把新企业文化的具体内容及企业文化变革的要求传达给企业员工。通过专门的培训，让员工明白进行企业文化变革的意义，掌握新文化与原有文化的不同特质，认识企业现有文化与目标文化的差距，理解企业为文化变革所做的各项制度的调整和组织机构的变动等。科学、持续的培训可以使企业文化变革争取到大多数员工的支持和理解，有助于企业文化变革的顺利推进。

（三）实施效果的评价及方案的改进

在企业文化变革方案实施的过程中，还要对其实施的具体情况定期进行检查，把检查的结果与预定的目标相比较，进行分析评价。如果评价的结果不理想，就要分析是企业文化变革方案本身的问题，还是执行中出现的问题，抑或是外在环境发生了变化。及时总结经验教训，改进和调整方案，加强执行能力，让新的企业文化在企业中生根发芽，逐渐取代旧的文化，使企业文化变革工作顺利完成。

总之，企业文化变革是企业文化发展的必然阶段。正确认识企业文化变革的动因、阻力、影响因素及其过程，对于促进企业文化建设、提升企业持续竞争优势具有重要意义。优良的企业文化是比现金更加宝贵的财富，企业文化及其合理的变革将是企业首要的竞争优势。企业文化变革和组织变革的终极目标之一是获取企业的持续竞争优势。

苹果公司的创新文化

苹果公司（Apple）摒弃了普通的卓越价值观，认为追求卓越就是不畏权威、勇敢挑战、独树一帜、我行我素。苹果公司的产品不遵从特定的行业标准，选择了完全不兼容 Windows 系统，这与乔布斯追求完美和卓越，提供最完美的客户体验的核心价值观直接相关。对于客户至上，苹果公司认为客户的需求是简单和易于操作，这与索尼、戴尔、微软等公司认为客户至上就是产品带给客户精彩纷呈而复杂功能的理解有所不同。在客户体验至上理念的指引下，有了图形界面和鼠标在 Mac 上的应用、触摸式滑轮在 iPod 上的应用，有了手指拉伸就可以放大图片的 iPhone 和 iPad。为了让客户在使用上更便捷，或者不误用按钮，苹果公司重视细节，甚至简化按钮的颜色、效果。

苹果公司注重培养员工主人翁的责任感。除了采用股票期权的方式外，在招聘时就通过各种方式给员工灌输"每位员工都是苹果创新的一分子"的理念，让员工认为自己的贡献对公司的发展和创新非常重要，每个员工都是苹果公司改变世界的重要力量。乔布斯认为培育员工的主人翁意识是创新战略的重要组成部分。

（资料来源：丁雯. 企业文化基础［M］. 北京：经济科学出版社，2020.）

海尔的企业文化变革

海尔集团创立于 1984 年，是全球领先的美好生活和数字化转型解决方案服务商。海尔始终以用户体验为中心，连续 4 年作为全球唯一物联网生态品牌蝉联"BrandZ 最具价值全球品牌 100 强"，连续 13 年稳居"欧睿国际全球大型家电零售量排行榜"第一名，2021 年全球收入达 3 327 亿元。在中国企业联合会、中国企业家协会 2022 年 9 月 6 日发布的"2022 中国企业 500 强"榜单中，海尔集团位居第 79 名。海尔集团聚焦实体经济，布局智慧住居、产业互联网和大健康三大主业，致力于携手全球一流生态合作方，持续建设高端品牌、场景品牌与生态品牌，以科技创新为全球用户定制个性化的智慧生活，助力企业和机构客户实现数字化转型，推动经济高质量增长和社会可持续发展。

创新是海尔的文化基因。海尔认为，企业文化要始终和企业的战略、组织变革、经营管理实践、时代变化节拍紧紧扣在一起。作为海尔文化代表的海尔精神、海尔作风是海尔集团在持续创业过程中孕育发展并不断成熟的思想观念体系和制度行为风格，其内涵和构成是跟随时代变化持续迭代的。伴随着海尔历经名牌战略、多元化发展战略、国际化战略、全球化品牌战略、网络化战略、生态品牌战略等六个战略发展阶段，海尔精神、海尔作风经历了四次迭代。

第一代："海尔，中国造"（1984年12月—2005年12月）

海尔精神：无私奉献，追求卓越；敬业报国，追求卓越。

海尔作风：迅速反应，马上行动。

海尔从一开始就确立了用户导向的名牌战略和企业文化，把用户满意和质量作为组织卓越绩效的关注焦点，在企业内部建立高效一致的创造顾客价值的流程和"用户永远是对的"强执行力文化，在管理上融会贯通，创造性地发明日清管理法，以日清管理法为基础逐步发展出全面质量管理法（Overall Every Control and Clear，简称OEC）管理模式。

在这一时期，海尔精神进行过一次微调。1997年，海尔在已经成为中国家电第一名牌的基础上即将开启国际化征程，为了更有效地凝聚员工士气，挑战更高的目标，集团将海尔精神中的"无私奉献"调整为"敬业报国"。

在这一时期，海尔经历名牌战略、多元化战略和国际化战略三个发展战略阶段，经历了从无到有、从小到大、从中国到世界的发展扩张历程。但无论是管理还是研发、运营，基本上都是以母国为中心的决策实施过程。这一阶段，可以定义为"海尔中国造"时代。

第二代："海尔，世界造"（2005年12月—2016年12月）

海尔精神：创造资源，美誉全球。

海尔作风：人单合一，速决速胜。

2005年12月26日，在海尔集团创业21周年之际，海尔开启了第四个发展战略阶段——"全球化品牌战略阶段"。全球化品牌战略阶段和之前三个阶段的区别是从"海尔的国际化"到"国际化的海尔"，海尔的世界品牌愿景是扎根当地用户，整合全球资源，创出当地主流市场认可的本土化名牌，一个个本土化的名牌汇集成全球化的海尔世界名牌。

美誉全球是一个宏大的愿景。这一时期，全球化和互联网两股力量交织在一起，新的机遇和新的挑战一样巨大而不确定。在全球市场上，中国市场本土的人口红利、成本红利及改革红利失去比较优势，国际名牌维护既有格局的阻力越来越大，海尔人需要创造新的资源才能创造新的用户和市场。这一阶段，可以定义为"海尔世界造"的时代。

新时期的海尔精神跟上一时期相比是一次全新版本的迭代，相应的海尔作风也全面升级，即人单合一、速决速胜。在保留快速敏捷风格的前提下，人单合一开启了新的管理纪元，对外是互联网带来的碎片化的用户需求，对内则倒逼组织结构和流程的颠覆。在这一时期，海尔的组织结构从以自主经营体为基本单元的倒三角结构发展为扁平化，进一步发展为以小微为基本单元的网状组织。海尔在重新定义管理的同时，也在一步步重新定义企业。企业变创业平台，员工变创客，海尔又一次走在了时代的前列。

第三代："海尔，网络造"（2016年12月—2019年12月）

海尔精神：诚信生态，共享平台。

海尔作风：人单合一，小微引爆。

当互联网已经成为基础设施的时候，物联网时代加速到来，生态正在崛起。桌面互联网解决了信息不对称问题，移动互联网解决了速度问题，万物互联的场景商务要解决的则是诚信问题。

这一时期的海尔精神"诚信生态，共享平台"既是海尔创客的共同精神愿景，也是时代的殷殷召唤。传统电商的快速发展更加凸显了诚信的重要性，诚信将成为下一个时代的核心竞争力。在创业初期，海尔就提出了"真诚到永远"的宗旨，在当时的条件下，海尔只要自己坚守诚信就能做到，因为企业是封闭的，流程是线性的。今天则不可能，因为每个企业都必须从封闭的自成体系的组织变成开放的生态，只有整个生态具有诚信的能力，用户才能得到诚信的体验。诚信生态又构成共享平台的必要条件。在生态圈里，资源是开放的，只有生态中的各方都做到诚信，大家才能实现共创、共赢和共享。生态圈不一定能成为平台，但平台首先必须是诚信的生态。

这一时期的海尔作风"人单合一，小微引爆"概括了海尔对生态创客的认知态度和行为风格，既是对新海尔精神的呼应，又构成了对新海尔精神的支持。人单合一是适应未来的管理模式，在这一理论指导下产生的自创业、自组织、自驱动的小微则是创造用户价值的基本单元。人单合一是用户驱动下的动态的平衡，小微并联成用户体验迭代的生态圈，持续实现用户体验的引爆。

第四代"海尔，生态造"（2019年12月至今）

海尔精神：诚信生态，共赢进化。

海尔作风：人单合一，链群合约。

第四代海尔精神、海尔作风与第三代海尔精神、海尔作风的区别在于，共享平台升级为共赢进化，小微引爆升级为链群合约。共赢进化，就是和用户一起进化，这体现了区块链的一个很重要的特征——去中心化的用户自信任。去中心化之后，用户可以信任你,是因为他和你共赢进化,从某种意义上说,用户也是创造者。链群合约,体现了区块链另一个很重要的特征——去中介化的价值自传递。因为在链群合约里,所有的价值、所有的节点都是融合在一起的。

由上述阶段可以看出,海尔的企业文化一直在变,这也是其企业文化创新的体现,从质量与规则的文化到市场适应性文化、从"中国造"到"世界造""网络造"再到"生态造",海尔不断进行企业文化变革,构建开放创新体系来整合利用全球创新资源,建立创新生态体系,用创新文化持续提高企业创新能力。

[案例改编自:①海尔集团官网. https://www.haier.com/;②金伟林,王侦. 创新文化引领企业高质量发展:基于海尔集团的案例分析[J]. 生产力研究,2020(1).]

案例思考题

1. 海尔进行企业文化变革的原因是什么?
2. 结合案例材料,你认为海尔实现第四次企业文化变革目标的条件有哪些?采取了哪些措施?

项目训练

【训练内容】调研及探讨企业文化变革方案。

【训练目的】加深对企业文化变革措施的理解和应用。

【训练步骤】

1. 学生每4—6人划分为一个小组,小组分工讨论,选择本地一家企业,确定企业文化变革调研主题。
2. 各小组调研该公司的企业文化现状,分析其企业文化存在的问题。
3. 各小组在调研材料及讨论的基础上,提出该公司的企业文化变革方案。
4. 各小组汇报交流,小组互相提问。
5. 教师总结点评并进行成绩评定。小组提交案例分析报告。

评分标准(总分10分):

(1)小组调研是否充分,问题分析是否深入及理论运用的准确性。(3分)

(2)小组提出的方案内容是否可行。(3分)

(3)小组成员汇报语言是否流畅,小组观点表达是否清晰。(2分)

(4)小组成员间的协作精神如何。(2分)

自测题

1. 企业文化变革的内在动因有哪些?
2. 企业文化变革过程中可能遇到哪些方面的阻力?
3. 企业文化变革应遵循哪些基本原则?
4. 简述企业文化变革的基本流程。
5. 企业文化变革方案的组织实施可采取哪些具体措施?

【延伸阅读】

胡国栋. 海尔制:物联网时代的新管理范式［M］. 北京:北京联合出版公司,2021.

项目十一 跨文化管理

【学习目标】

1. 了解文化差异对企业管理的影响
2. 了解世界典型国家企业文化的特征
3. 理解跨文化管理的相关理论
4. 掌握跨文化管理的策略

中车长客公司的跨文化融合

一、背景

根据《中国国家形象全球调查报告 2019》，中国高铁当选国外民众认知度最高的中国科技成就。与此同时，作为资本密集型、技术密集型产业，高铁对于海外当地政治、经济、社会、自然环境有着重要影响，存在较高的经济外部性和政治敏锐性。高铁企业在海外品牌形象建构过程中经常会遇到跨文化融合阻力和困境，需要在实践探索和经验总结中不断增加跨文化沟通和交流的能力，提升企业在海外的影响力。

作为我国轨道交通装备龙头企业中国中车集团的核心子公司，中车长春轨道客车股份有限公司（简称"中车长客"）于 1995 年率先在行业内开启轨道交通装备制造领域的海外市场开拓工作。历经代理出口、自营出口、跨国经营三个阶段，截至 2022 年 8 月，公司已经累计出口 22 个国家和地区，签约额超过 120 亿美元。通过 20 多年的国际化经营，公司实现了出口产品从中低端到高端的升级，出口市场从亚非拉到欧美澳的飞跃，出口形式从单一的产品出口到国际化经营的转换，出口理念从产品"走出去"到企业"走进去"、品牌"走上去"的转变。

在注重海外"硬实力"建设的同时，公司把建设以文化感召力和品牌影响力为核心的"软实力"放在重要位置，通过不断探索对外文化融合实践，将文化元素注入日常经营管理，致力于讲好中国故事和企业故事，打造受人尊敬的世界一流企业。

二、企业跨文化融合实施路径

中车长客的跨文化融合伴随着企业"走出去"步伐开展，在不断探索与发展中总结出一定的方法和思路。

(一) 增进文化交流，构建具有温度的企业形象

文化价值的差异是引发各种各样文化冲突的根源。建立沟通渠道，增进文化认同，是中车长客适应跨文化环境、应对文化差异的基础。始终尊重和正视东道国习俗和文化差异，坚持"入乡随俗"，是中车长客跨文化融合的重要实施原则。

(二) 坚持服务客户，构建互利共赢的企业形象

在国际化的经营过程中，中车长客始终坚持以满足客户需求为导向，致力于为客户提供全寿命周期服务，通过专业、细致、优质的服务，推进与客户的价值融合，实现互利共赢。美国波士顿地铁项目是我国城市轨道交通产品进入美国市场的第一单。在项目规划阶段，由于受到现有线路条件的限制，车辆重量成为招标中最重要的一项技术参数，多家国际轨道车辆制造商因参数问题被拒于门外。中车长客经过潜心研究，反复试验，在多系统、分阶段减重上下功夫，运用80余项减重新举措，最终给车辆"瘦身"1.8吨。这一举措深得业主的满意，并且保护了当地历史文化。

(三) 造福当地社区，构建负责任的企业形象

中车长客在规划设计美国春田工厂时，发现需要拆除一栋红色的老房子。在得知这座老房子有着近百年的历史，承载着当地工业文明的记忆，寄托着当地7 000个家庭的怀念后，建设团队推翻原有的拆除方案，改成利旧方案，将这座建筑加固修缮，作为中车长客美国工厂的办公场所。全面完工后，工厂的建设不仅荣获美国麻省工程协会授予的杰出工程设计奖，还赢得了当地居民的广泛赞誉。

(四) 坚持合规经营，构建诚实守信的企业形象

依法合规经营是企业适应市场需求发展升级的内在需要，也是企业在国际化经营中塑造良好企业形象的必然选择。为保障企业遵守当地法规，中车长客建立了合规管理体系，通过采取组建专门团队、聘请咨询机构等措施，深入研究国际法和项目所在国法律法规，有效化解法律政策风险；同时在日常经营行为方面，加强合规培训，培育合规文化，将合规培训作为境外业务人员任职上岗的必备条件，确保严格遵守东道国的风俗习惯、民族文化、项目合同及相关的强制性标准，遵守国际商会关于反对贿赂、索贿、影响力犯罪等行为的规定，确保企业安全、健康、平稳、高效运行。

[案例改编自：高亢，王献红，李敏，等. 文化融合视野下高铁企业的海外形象建构[J]. 创新世界周刊，2022 (6).]

[案例思考] 中车长客是如何实施跨文化融合的？你认为跨文化管理有哪些策略？

任务一　文化差异

一、文化差异及其根源

文化差异就是不同文化之间存在的差异。文化差异有其存在的合理性和必然性，它是区分不同民族、不同国家、不同组织的主要标志。我们应承认文化差异，尊重文化差异，调和文化差异，从文化差异中找到相互融合的结合点。

人类自第一次使用和制造最简单的砾石工具起，就已开始了文化的进化，之后在漫长的岁月中又逐步形成了各民族文化的特色，如我们所说的古老的玛雅文化、埃及文化、印度文化、爱琴海文化、罗马文化、阿拉伯文化、中华文化等。众多的文化体系共同构成了人类社会千百年来多彩的文明景观。当今世界同样存在多种文化体系，如西方的欧美文化圈，东方的中华文化圈，佛教文化圈，还有阿拉伯文化圈，拉美文化圈，等等。每种文化都有其内在价值。

（一）文化模式的国别差异

在研究文化对组织管理的影响时，一般把国家作为主要的分析对象，其原因是：国家是受它的文化、历史、教育制度、法律系统、人力及管理系统影响的基本单位；国家对其国民来说具有很强的象征性价值；文化的调整来自特定国家人们的生活行为方式；现代社会的地域界限以国界为主，文化的差异也主要反映在国与国之间。

（二）文化差异的根源

人类的基本需要相同，其大脑结构及心理法则也是一致的，但人类所创造的文化却千差万别。其原因是什么呢？古人类学和文化学的研究表明，人类文化的内部差异不仅可以也应当追溯到原始人由此发展而来的生物种群，还应充分注意到人类所赖以生存的气候、地域环境、自然资源等生存条件的影响和作用，注意到文化世界与人的发展、社会群体与社会关系的发展，以及整个社会经济活动发展的密切联系。所有这些因素都给不同文化的发展提供了独一无二的独特场合和情境。正是这多方面的因素在漫长的人类生存和繁衍过程中，造成了不同人种、地域、民族、国度的人们在生产方式、生活方式、思维方式、情感方式等方面的巨大差别，并形成了社会政治制度、社会心理和思想观念等的巨大差别，孕育了一定的文化传统、文化体系及相应的精神气质（主要指价值取向和主导观念）。

以地理环境为例。在影响人类早期活动内容、决定一个民族后来文化特征（如文化心理和文化行为方式等）的诸因素中，最主要、作为第一项即存在约束条件的，无疑是地理环境。由于环境的不同，人类在不同场合和情景中的遭际是不一样的，应对环境和解决生存问题的办法、手段和条件也各不相同，因此，生命的火焰和精神的创造力各有悬殊，其文化花朵也必然绚烂多彩。例如，平原上的人类不仅创造了土地耕种、五谷栽培及车辆、房屋等，而且创造了与之相适的观念，如土地崇拜、庆丰收的风俗及风水、望族、君子之泽等。人们为土地而生存，为土地而进行文化创造，一切文化都带有深厚的土地特征。而水乡文化则不同，人类结网而渔，楼船而居，水里来，水里往，观风察水，求神告巫，撑篙扬帆，呼喊对歌，一切文化都与水密切相关，表现为水上文化的特征。其他像草原文化、山区文化等，也多有自己的形态特征。这些文化形态都是人类依据不同的生态环境创造并积累起来的，是由各种特殊的文化特质在其功能实现过程中相互作用、联结、整合而成的。

地理环境影响文化的诸多因素主要有五个方面，即地理位置、地形、土壤、气候、资源等。地理位置就是文化圈的空间方位，如东方、西方、大陆、海洋、内地、沿海、岛国等的区域划分。由于这些区别而带来的文化差别，相应地则有"东方文化""西方文化""大陆文化""海洋文化""内地文化""沿海文化""岛国文化"等分别。地形即文化圈的地表构造，如高原、盆地、山区、平原等，相应地也会产生诸如高原文化等相应的文化区域。如依据资源条件，则有农业、牧业、渔业的划分，逐步形成农耕文化、游牧文化、渔业文化的特质。其他如土壤、气候等同样也会产生相应的文化圈。由于长期以来处于相互隔绝的状态，这些文化在各自不同的环境中创造、积累、凝聚、积淀，就形成了不同区域部落、种族或民族早期的文化原型和相应的文化特质。原始文化类型赋予部落、种族或民族及区域住民共同的价值心理和价值观念，或者说代表着一种文化精神。它可以体现在部落、种族或民族的风俗、道德上，也可以体现在宗教信仰、语言、制度或种族志、民族志上。诚如著名科学史学家李约瑟在谈到中西文化差异的根源时所说，地理环境当然不只是背景，它实是构成中国与欧洲文化间模式之差别及其所包含的一切意义之要端。

可以说，每一个部落、种族或民族，甚至不同的风俗区、民俗区在最初的意义上也都有自己的文化原型，并且存在不同的个性和原始价值精神。例如，印度各邦的不同种族或民族在衣着、饮食、道德、语言、制度、法规、宗教信仰等方面的差异是很大的。这种差异也是历史上文化积累的结果，是由不同的文化原型发展而来的。这一点在历史上不同区域的文化中也存在。我国古代秦晋文化、燕赵文化、齐鲁文化、楚文化、吴越文化等的价值取向是不同的，这是不同区域文化积累和价值意识积累的结果，或者说是文化原型和原始价值精神传递的结果，因此才各具价值特征和精神气质。

一般说来，一种文化类型一旦形成，就有相对稳定性，它的历史个性及原始价值精神通过内化成不同部落、种族或民族区域人们的社会心理一代一代传递下去，就像生物的基因一样具有遗传性。只不过这种文化原型的历史个性和原始价值精神的遗传性不是存在于个体人的生物有机体之内,而是存在于社区或社会群体之中。因此,研究文化的民族性和国度性,当然要探讨其历史来源,但这不等于说历史上的民族性和国度性永远保持不变。实际上,文化本身是不断发展变化的,文化的民族性和国度性主要体现于现实,而历史上的文化则随社会的演变而演变,其中一部分因素作为传统存留于现实,更多的因素则因经济、政治条件的变化而被淘汰。即便是作为传统的因素,也不是原封不动地保持,而是经过历史的改造,以能适应变化了的社会条件的形式存留并起作用。从这个意义上讲,对文化的研究,主要针对的应是现在,是现在活着的人的意识及其行为表现。当然,正因为民族文化差异的存在,在企业经营活动,特别是在跨国经营活动中,才不可避免地发生文化冲突,对其加以管理和控制也才成为必要。

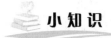

文化模式

文化模式是社会学与文化人类学研究的课题之一,分为普遍的文化模式和特殊的文化模式两类。普遍的文化模式是指一切文化都是由各个不同的部分组成的,这种文化构造适用于任何一个民族的文化。美国人类学家 C. 威斯勒(Clark Wissler)认为,普遍的文化模式包括以下 9 个部分:①语言;②物质特质;③美术;④神话与科学知识;⑤宗教习惯;⑥家庭与社会体制;⑦财产;⑧政府;⑨战争。特殊的文化模式是指各民族或国家具有的独特的文化体系。各民族或国家之间有着不同的文化,即存在着文化模式的不同。如以农业为主的经济、众多的农村人口、浓厚的家族观念、重人伦、对祖宗及传统的崇拜等互相联系并形成了中国传统的文化模式;工商业发达的资本主义经济、以城市生活为主导、个人主义、总统制等互相联系而形成美国的文化模式。多数学者认为,形成这种一致性的原因是统一的社会价值标准,也有学者认为是一个社会中的人共有的潜在意愿。

(资料来源:克拉克·威斯勒. 人与文化[M]. 钱岗南,傅志强,译. 北京:商务印书馆,2004.)

任务二 典型国家的企业文化特征

在当今经济全球化的背景下,企业在跨越国界的经营中势必会遇到因国家之间文化的差异而产生的文化摩擦和碰撞,从而影响企业文化的形成与建设。下面主要从日本、美国、德国这三个典型国家的文化入手,分析日本、美国、德国企业文化的特征,以更加深刻地理解文化与企业文化的内在联系。

一、日本文化与日本企业文化

（一）日本企业文化的渊源——日本文化

日本地处欧亚大陆东侧，是由四大岛屿板块组成的列岛国家，独特的地理环境是日本文化形成的重要原因。首先，由于日本疆土狭小、资源匮乏，在与大自然的抗争过程当中需要凝聚集体智慧与力量才能获得生存，所以，整体意识和团队协作是日本文化的"源"。其次，由于日本地处亚欧板块，自然灾害频发，国民危机意识严重，造就了日本不断进取、积极学习的危机意识，这构成了日本文化的"核"。最后，日本是一个单一民族国家，在漫长的发展历程中，集权制度世代相传，从未改变。这种现象，使日本文化呈现出家族意识、忠诚精神及强烈的民族意识，从而构成了日本文化的"魂"。

日本文化在其漫长的发展过程中，一方面积极学习吸收了中国的儒家思想和西方先进理念，另一方面继承发扬了本民族的宗教思想、民族风俗、传统文化，逐步形成稳定的民族文化。这种独具特色的文化对日本人的思维方式、行为规范、经营理念产生了深远影响。

日本文化虽然受中国儒家思想影响很深，但其价值观与中国伦理思想体系有很大区别。日本伦理的中心是"诚"，而维持整个社会运作的准则和判断标准则是"忠"。美国著名文化人类学家本尼迪克特（Ruth Benedict）在她对日本的著名研究报告《菊与刀》中对日本文化模式，以及"忠"这一社会运作准则在日本社会中所起的作用，作了很多描述。她认为："忠"提供了臣民—天皇关系的双重体系。臣民对上可不经中间人而直接面对天皇，他通过自己的行动直接"宽慰陛下之心"。但是，接受天皇之命的臣民听到的这些命令是由处于他和天皇之间的所有中间人层层传达的。"他代表天皇说话"，这是一句唤起"忠"的习惯用语，恐怕是一种比任何其他近代国家所能唤起的强制力都要强大的强制力。

日本具有很强的"岛国意识"，或者说"不确定感"，即整个民族的忧患意识很强，日本列岛频繁发生的火山、地震、飓风等自然灾害，使日本民族常受到存亡继绝的威胁。再加上日本社会从近代明治维新以来急剧变革，使得本来就注重他人评价的日本人产生了自我不确定感。这种自我不确定感一方面在个人心理中的体现通常是胆小、多忧、孤独、犹豫等消极心理倾向，但另一方面又引发了对安全感的强烈渴求。这种对安全感的需求，是通过对人群、对集团的归附来得到满足的。在集团和人群之中，日本人由自我不确定感而引发的消极心理便转变为一种积极的心态。

在历史上，日本古代曾以先进的中华文明为师，汲取其中的精华，而明治维新以后，整个日本社会更是进行了大规模的文化转型，倡导"和魂洋才""脱亚入欧"，汲取欧洲文明精华，使社会步入现代化轨道。第二次世界大战以后，日本很快接受和正视战败的事实，毅然大量吸收美国的科技和资金，更把先进的美国管理方法加以改造，使其适合日本的实际，创造了经济腾飞的奇迹。正如本尼迪克特所说的那样，日本的文化是一种耻辱感文化，"日本人重视耻辱感远胜于罪恶感"，日本人是以耻辱感为原动力的。

概括而言，日本民族文化的特点主要体现在以下方面：①集体意识强，重视团队精神；②危机意识强，重视学习借鉴；③民族自尊强烈，形成"大和"精神。

（二）日本企业文化的特征

日本的民族文化对日本企业文化的影响要远远大于其他国家的民族文化对该国企业文化的影响，这也是日本企业文化得到认可的原因之一。日本企业文化的表现形式多种多样，通常通过社风、经营哲学、社训等形式进行表达。具体而言，日本企业文化具有下列特征。

1. 坚持家族主义，强调民族精神

日本文化中的家族主义被企业很好地继承下来，并渗透在企业管理的各种制度、方法、习惯之中，形成了企业与个人的"命运共同体"，即家族主义。日本的企业文化将家庭的伦理道德植入集团当中，企业经营活动的目的和行为是保持集团的协调，维护集团的利益，充分发挥集团的力量。在家族主义思想影响下，集团被看成社会的一个组成部分，而不再是一个单独的个体。在这种家族的"命运共同体"中，族长具有至高无上的权威，是企业的精神领袖，而员工就像家族成员，与企业存在着极强的血缘关系。在"命运共同体"中，日本民族的精神成为联系国家、企业和个人的纽带。日本企业在经营中很好地利用了家族主义，提倡从业人员忠于企业，强调人际关系的和谐稳定，进而实现民族自尊。

2. 倡导团队意识，体现忠诚精神

日本民族文化中的家族主义观念在企业中普遍表现为"团队精神"，是一种可以为集体牺牲个人利益的意识。很多日本企业认为，企业不仅是一个营利实体，还是一个满足员工需求的场所。因此，日本企业在管理中十分强调员工对企业的认同感和归属感，要求员工以厂为家，与企业共存共荣。这种理念在日本的经营哲学中也得以体现。被誉为日本企业管理的三件法宝"终身雇佣制""年功序列制""劳动组合制"就是这种意识和精神的表现。终身雇佣制通过长期稳定的职业保障使员工获得安全感，员工可以安心为企业奉献自己的一生；年功序列是将员工的收入和晋升与企业的服务年限所挂钩，有助于增强员工与企业之间的联系，激发员工对企业的归属感；劳动组合淡化了企业管理职能和执行职能之间的距离感，增强了团队意识，体现了员工的认同感。这三件"经营法宝"都以人为中心，三者相互联系，密切合作，从不同的侧面来调整企业的生产关系，缓和劳资矛盾，使企业员工的忠诚感得以加强，推动企业发展。

3. 重视学习与借鉴，提倡"综合即创造"的经营哲学

日本是一个非常善于学习的国家和民族，这是日本文化得以发展的原因之一，也是

日本企业成长的关键所在。只有在和其他国家作比较的过程中，日本才会阐述自己心中理想的国家形象，才能拟定出自己的国家战略，而当独自想到这个主题时，就会自动停止思考，这就是日本人显著的民族性格。这种特殊的民族性格，导致了日本人在学习的过程中不是单纯地模仿，而是在借鉴和融合的过程中加以融汇和提炼，最终为己所用。这种观念就是日本经营哲学中的"综合即创造"。

日本企业文化的主要表现之一，就是善于在世界范围内对各种优质资源进行综合，在综合中进行创造，在综合中得以提高。在管理理念学习过程当中，日本将自身已经形成的管理经验与西方先进的管理理念结合，形成了"和魂洋才"，成为日本企业文化中的核心思想。在这种经营哲学的指导下，日本企业引进、吸收、消化了大量的欧美技术，并在此基础上进行改造创新，创造了远远超过其他发达国家的资本增值。

伴随着日本经济的由盛转衰，日本企业文化中的家族主义和团队精神也受到了社会、企业和员工的质疑。特别是在日本经济进入"零增长"时代以后，年功序列制度和终身雇佣制度引起了企业员工的不满。但是日本的团队文化、民族意识、学习精神等企业文化源于日本民族文化，对促进生产力的发展起着重要的作用，这一点是不能轻易被否定的。

小知识

"菠菜法则"

与欧美企业不同，日本企业推崇循规蹈矩，要"及时报告、及时联络、及时交谈"，这在日语中被简称为"菠菜法则"——事无巨细，check 先行，切忌自作主张、自我表现。日语"菠菜"一词的发音包含三个音节，正巧与"报告""联络""商量"这三个日语单词的前半部分一样，人们借此演绎出了"菠菜法则"，又叫"日本企业管理基本法则"。

"菠菜法则"既通俗易懂，又容易执行。"报告"要求简明扼要，言之有物；"联络"要求确认"5W2H"，即何时（when）、何地（where）、谁（who）、什么（what）、为什么（why）、怎样（how）、多少（how much）；"商量"则是与同事或客户充分交换意见，准备完成任务的对策。如果员工不能很好地运用"菠菜法则"，就有可能受到老板这样的训斥："你报告了吗？你联络了吗？你商量了吗？""菠菜法则"告诉人们，将"报告、联络和商量"作为日常习惯来培养，不仅可以密切上下级之间、同事之间的关系，还可以将许多看起来繁杂的事情变得简单，使企业的运行机制更顺畅，生产和销售更高效。

（资料来源：谭一夫. 日本式管理［M］. 北京：西苑出版社，2000.）

二、美国文化与美国企业文化

（一）美国企业文化的渊源——美国文化

与日本文化不同，美国文化的总体特征是建立在个人主义的文化基础之上的。它与中国文化和日本文化无论是思维方式、价值准则，还是人际关系的处理，都有着截然不同的标准。

作为移民社会的美国，其主要人口依然是欧洲人。美国文化以欧洲文化为基础，糅进了世界各民族的文化。作为移民社会，美国人血缘关系淡薄，主要靠地缘关系和业缘关系组合而成。来到"新大陆"的移民，失去了往日的荣耀和资本，人人都站在同一起跑线上，一切都必须靠个人奋斗才能取得。在这一竞争激烈的社会中，道德自律的作用让位于法治，"优胜劣汰，适者生存"的激烈竞争机制促成了美国人的个人奋斗精神。在激烈竞争的状况下，只有依靠外在的法律来规范人的行为。血缘关系的淡漠，崇尚个人奋斗，注重事物的结果，构成了美国文化模式的特点。因而，他们喜欢新奇冒险，崇拜赤手空拳打天下的个人英雄主义。美国人维系人际关系的纽带，更多的是一种平等的契约关系，甚至夫妻、父子之间亦是如此。总体上看，美国人的民族心理和民族性格主要体现为：粗野却又敏锐，讲实力又好盘根究底，讲实际又富于创造力；脑子快，办法多，贪求物质之心有余而追求艺术之意不足——但并不妨碍其成就大业；有旺盛的精力和充足的勇气；有强烈的个人主义色彩；既为好事尽力又为坏事卖劲，独立自主又开朗有活力，再加上与生俱来的奔放和活泼。

概括而言，美国文化的特征主要体现在以下几方面：①个人主义价值观，崇尚冒险和创新精神；②实用主义哲学，强调物质主义追求；③崇尚个性，注重自由、平等精神。这种典型的美国文化在管理上形成了以"法"为中心的管理模式。

（二）美国企业文化的特征

1. 尊重个人价值，崇尚个人英雄主义

美国文化中注重个人能力主义的特点直接影响到了美国企业文化的表现。在美国企业的文化中，形成了尊重个人价值、崇尚个人自由、追求个人发展的精神，不害怕风险失败、勇往直前的开拓精神，鼓励自由贸易、自由竞争，任何人要凭才智和工作而致富的精神。在管理实践中，美国文化主要表现为以下方面。

（1）尊重个人尊严和价值，承认个人努力和成就。企业在管理中对员工给予充分的信任，在工作中采取目标管理和弹性工作制度，给予员工更多的自由，并对员工的个人成就给予表彰和鼓励。因此，企业竞争气氛浓厚，人们乐于求新求变，敢于冒险。

（2）个人决策和个人责任。在美国企业中，决策以个人为主，较少采用集体决策。在决策执行过程中，事事有人负责，做到恪尽职守，工作不相互推诿，重视分工与协作。

（3）奖励个人，而不是集体。由于崇尚个人能力和个人责任感，所以美国企业更加注重对于个人的奖励。通过对个人能力的认同，激励个人，激发其他员工的竞争意识和创新精神。

2. 支持冒险，鼓励创新

美国企业中顽强的创新精神和激烈的竞争机制随处可见。美国文化是移民文化，移民冒着风险从熟悉的环境来到陌生的地方，经常遇到新的事物、新的问题，他们需要打破常规，适应新的环境；他们要不断尝试，不断创新，从挫败中学习，从失败中总结，从成功中得到鼓励，由此形成了美国人的冒险精神和不断创新的精神。美国企业家总是在寻找新的机会，探索新的管理方法。可以说，美国企业文化是"创新型文化""竞争型文化"。

在求新、求变的精神鼓舞下，许多成功的企业引进市场法则，建立了激励机制、竞争机制和风险机制，并以此为动力推动企业不断发展。许多公司建立了强有力的支持竞争的系统，鼓励人们冒尖，培养和支持"革新迷"。不断创新使美国企业抢占了许多科学技术的制高点。美国一直对科学技术的发展比较重视，每年投入大量的人力和物力来开发新的技术，并应用于企业的生产，使其转化为生产力，进而依靠其技术优势制定行业技术标准，从而获取高额利润。大量的投入和不断创新使美国在许多领域处于世界的前沿，造就了一批科技领域的顶尖公司，如苹果、微软、亚马逊、特斯拉等。

3. 务实精神，制度大于人情

由移民文化组成的美国民族文化，融合了世界各民族文化，形成了美国实用主义哲学。美国实用主义哲学培育了美国人的务实精神，认为"有用就是真理"，注重实际效果，少有形式主义，上级与下级沟通直接，表达意见明确。美国的企业一般以工作业绩来评定员工，不太看重员工的学历和资历，所以经常可以在美国企业看到年轻的管理者，他们年纪轻轻却拥有骄人的成绩。美国的务实精神使企业喜欢用数字来评价事物，关心效益指标，而为了获得最高效率，员工拼命工作，相互竞争。

为了便于管理自己的企业，使企业的工作有条不紊地进行，美国企业制定了科学的管理制度和严格的工作标准，规定员工的工作内容，且分工精细，职责明确。比如，美国通用电气公司实现规范化管理和规范化工作，细到对员工放置生产工具都有明确规定。公司管理人员在实施制度时，依章办事，不太讲究私人感情和面子。再比如，美国企业的员工采用"合同雇佣制"，企业会根据实际生产情况雇用工人或解雇工人，人与人的关系是契约关系，而不讲究人与人之间的情面。

4. 强调重视顾客、一切为了顾客的观念

重视顾客的观念，从某种意义上说，就是要在公众心目中树立起企业良好的形象。具体做法是：尊重顾客，不厌其烦地跟顾客建立长久的联系；企业对顾客负责，树立对质量精益求精的精神等。

美国政府和各州政府制定各种政策和法规来保护消费者的利益。各州政府每年用于质量监督的费用约占总预算的 1/4，形成了美国健全的质量保障体系。一方面，在科学理论的指导下，美国企业建立了严格的质量保证体系；另一方面，美国企业最大限度地维护顾客的利益，坚持顾客总是对的，千方百计地维护消费者的利益。在很多美国企业的理念中，顾客始终是首位的，而利润只是副产品，只有更好地服务顾客，利润才会源源不断。

小故事

亚马逊核心竞争力：讲故事

亚马逊成立于 1995 年，一开始只是一家普通的网上书店，现在则扩及了范围相当广的其他产品，已成为全球商品品种最多的网上零售商店。亚马逊之所以能走到今天，是因为它有一套独特的管理模式，其核心竞争力是善于讲故事。

通过讲故事勾勒出宏伟的愿景，亚马逊重塑了公司与股东之间的关系。故事一般通过各种媒体传播，尤其是那些商业和科技媒体。大多数媒体把科技公司的首席执行官视为行业新星，为此也乐意把亚马逊放在焦点位置，给予头版报道，增加曝光度。现在还有科技巨头公司与股东签订这样的合同：如若给公司投资数千万美元，发展几年后公司将开始以利润的形式把资本回馈给股东。亚马逊在一定程度上打破了这一传统。它以讲故事的方式勾勒出公司愿景和增长预期来吸引投资者，而不是传统上的利润回报。这些故事简单有力——双方都非常满意。

（资料来源：斯科特·加洛韦. 互联网四大：亚马逊、苹果、脸书和谷歌的隐藏基因 [M]. 郝美丽，译. 长沙：湖南文艺出版社，2019.）

三、德国文化与德国企业文化

（一）德国企业文化的渊源——德国文化

德国是欧洲诸国中最为典型、最具代表性的国家，其文化的形成受到欧洲文化价值观的深刻影响。欧洲文化在其发展过程中受到古希腊文化和宗教文化的影响，形成了注重科学与民主、强调理想人格的价值观，成为欧洲各国文化的基础。而德国文化除了传承了上述因素之外，又结合欧洲文艺复兴运动及本国传统文化，将德国文化进一步发展，形成了追求民主自由、注重人文主义、强调理性与民主的文化传统。

1. 追求民主自由精神

德国是现代科技文明的发源地，其生产力水平在 18—19 世纪已经领先其他国家。伴随着商品经济的发展和生产力水平的快速提升，国民内心深处的民主意识和独立意识

被唤醒，并直接影响到了国民的性格和处事风格，成为德国文化的基础。

2. 提倡人文主义

人文主义更加倾向于对人的个性的关怀，强调维护人类的尊严，提倡宽容的世俗文化，反对暴力与歧视，主张自由平等和自我价值。伴随着欧洲文艺复兴潮流的兴起，人文主义观念渗透到欧洲文化的每一个角落。人文主义作为文艺复兴时期的核心思想，是新兴资产阶级反对封建阶级的社会思潮，也是人道主义的最初表现形式。它肯定了人性和人的价值，要求享受人世的欢乐，要求个性解放和自由平等，推崇人的感性经验和理性思维。

3. 强调科学和理性

重视逻辑推理和理性分析在德国有着悠久的历史和坚实的基础，也造就了严谨理性、遵规守纪的国民性格。在生活中，他们崇尚理性和智慧，重视观察和推理，对一切事物抱着严谨科学的态度，不断完善法律体系和管理制度，做事一丝不苟，注重细节。这种科学而理性的思维方式对德国人的行为选择及企业管理产生了深远的影响。

（二）德国企业文化的特征

德国文化源于欧洲文化，是欧洲文化的代表和缩影。欧洲诸国民族众多、文化各异，民族冲突和国家战争频繁发生，这导致了欧洲文化的多样性。但是长期以来，德国在经济、政治、制度等方面都在欧洲诸国中占有核心位置，因此，其文化在继承欧洲文化的同时，也影响到其他欧洲国家文化的构建。特别是在企业文化构建中，由于其国家经济和企业经营规模长期处于领先地位，企业文化的表现也呈现出自身鲜明的特点，所以对欧洲各国的企业文化产生了积极影响。

严谨的日耳曼民族重视科学和理性，注重人文思想，追求民主自由的国家文化在企业经营实践中也得以表现，并形成了具有理性管理、重视研发、强调战略的管理特征的企业文化。

1. 注重提高员工素质，鼓励员工参与管理

德国文化中追求民主、倡导人文主义的文化实则是一种尊重人、重视人的人本理念。德国企业十分强调提高员工素质，非常重视对员工的职业培训、能力开发。德国是世界上职业教育和培训做得最好的国家之一，国家通过法律保障和完善职业培训机制，造就了高素质的员工队伍。他们坚持"自己培养和造就人才"的理念，从工作技能、潜能开发、内部进修等环节入手，培养高素质的员工。精湛的设计、严谨的工艺造就了高质量的德国产品，而这一切的根源是德国高素质员工的工匠精神。

德国企业培训的突出特点是注重对解决实际问题能力的培养。具体是通过探讨和实验寻求解决问题的最佳途径和方法，试图给每个员工充分的自由发挥空间，极大地调动他们的积极性，提高其素质。德国企业培训工作还有一个十分重要的任务，就是让员工认同企业的价值观。德国企业每年都有针对不同岗位的培训课程，技术层面上的培训通

常由公司组织专人培训，其他如岗位职业能力培训等，公司通常直接与相关学校挂钩，培训结束后进行验收，并做详尽的记录。同时，鼓励员工积极参与管理，以提升员工责任感，营造良好的企业文化氛围。

2. 重视质量、精益求精的经营理念

高素质的员工是高质量产品的保证，而严谨的民族风格和注重科学的国家文化精神则是高质量产品的核心所在。德国企业对产品和服务质量的重视程度可以说是"世界之最"，强烈的质量意识已深深植入德国企业和员工的意识。在经营实践中，注重在员工培训中灌输质量意识、提升专业技能；在生产中，倡导精工细作、一丝不苟的工作态度；在制度上，严格检查、层层把关，严控质量体系。

在重视质量的前提下，德国文化中的理性和严谨科学的特征也促使德国企业特别强调精益求精的理念。德国企业普遍重视产品的研发与创新，通过技术更新完成产品的更新，满足顾客需求；而产品的更新又进一步推动了技术的进步，使德国企业得以占领和开辟新的市场。高质量的产品和精益求精的理念是德国产品称雄世界市场的关键因素，也是德国企业文化的核心内容。

3. 强化品牌意识，树立企业形象

德国企业文化建设注重围绕企业的具体实际而展开，他们以精湛的技术、务实的态度和忠诚的敬业精神作为经营理念，将企业文化建设融入企业管理，注重实际内容，不拘泥于形式。除此之外，德国企业还特别重视品牌和企业形象的树立，"奔驰""西门子""大众"等具有国际竞争力和时代气息的国际品牌，已经成为德国企业的象征。

4. 加强员工的责任感，注重创造和谐、合作的文化氛围

德国企业文化体现出企业员工具有很强的责任感，这种责任感包括家庭责任、工作责任和社会责任，他们带着这种责任感去对待自己周围的事物。企业对员工强调的主要是工作责任，尤其是每名员工对所处工作岗位或者生产环节的责任。德国制造业企业有一句名言："质量是制造出来的，不是检验出来的。"这句话实际上包含了企业员工所应承担的自觉责任。这种责任感的形成取决于德国企业的管理民主化。德国企业员工队伍的整体素质优良，这就为职工参与企业管理奠定了坚实的基础。德国《企业组织法》明确规定，大型企业要按对等原则由劳资双方共同组成监事会，然后再挑选一位中立人士担任主席。《企业组织法》规定，凡职工数在5人以上的企业，都要成立职工委员会，由全厂职工选举产生，每三年改选一次，职工委员会人数的多少由企业人数的多少决定。职委会的主要任务是在工资、福利、安全、劳动时间、劳动条件、合理化建议等方面维护职工利益，资方在对职工利益等重大问题做出决定前，必须征得职工委员会同意。这种由劳资双方共同治理企业的方法，优点和好处很多：一方面，决策方式能更多地考虑企业的长期发展，避免短期行为；另一方面，劳资关系融洽，减少了工人与管理层之间的矛盾和冲突，使得劳动生产率大大提高。

总之，德国企业文化是规范、和谐、负责的文化。规范就是强调理性与科学，从培训中树立遵纪守法的意识，杜绝随意性和灵活；和谐就是管理体制的顺畅，人际关系的稳定；负责就是一种企业与职工双方互有的责任心。

任务三　跨文化管理的相关理论

跨文化管理是随着全球化经营而产生的。20世纪50年代以来，跨国公司寻求在全球市场配置资源，而科技进步、国际分工和国家政策的开放推动了跨国公司的空前发展。不稳定和复杂的文化背景成为跨国经营必须认真对待的突出问题。于是，20世纪70年代后期，跨文化管理学应运而生。此后，随着世界经济一体化的加快和企业经营全球化、信息网络化时代的到来，如何在跨文化条件下克服异质文化的冲突，提高企业在不同文化环境下的管理绩效，吸引了大批学者的探讨，并由此推动了跨文化管理和比较管理学的形成与发展。

跨文化管理包含两方面的内容：一方面是企业外部的跨文化管理问题，即针对来自不同文化背景并且与企业打交道的供应商、顾客、竞争者、相关利益群体等的管理；另一方面是企业内部的跨文化管理，即针对不同文化背景的雇员的管理。就跨文化管理的相关理论来看，代表性的有霍夫斯泰德的文化维度理论、蔡安迪斯的个体主义与集体主义理论、特姆彭纳斯的文化架构理论等。

一、文化维度理论

霍夫斯泰德对文化识别维度的研究做得最早，所开发的系统被接受和运用最广，因而影响也最大。早在1968年，他就开始在美国大型企业IBM公司进行跨文化管理研究。到1973年，他已发出并回收来自72个国家和地区、使用20种不同语言的11.6万份调查问卷。该问卷是对文化进行的综合性调查，涉及员工的基本价值观及信念，以及员工的收入、工作安全感、挑战性、自由、合作等工作特性，另外还涉及管理风格等问题。

霍夫斯泰德在所获数据基础上进行了系统分析，他认为，文化不是个人的特征，而是包括由相同教育和生活经历共同造就的一群人的特征。文化是可以分为多个层次的，家庭、社会、群体、地区、职业环境及所属国家的不同都会造成文化的差异。为了让人们更好地理解文化，霍夫斯泰德把文化比喻为"洋葱"。"洋葱"的最外层是符号，它有的是语词，有的是姿势，也有的是图表或物体，这些东西都有其特定的含义，只有分享这一文化的人才能识别。第二层是英雄，他是指一些活的或死的、真实的或虚构的人物。在一种文化里，人们所崇拜英雄的性格代表了此文化里大多数人的性格，因此，了解了英雄的性格，在很大程度上也就了解了英雄所在文化的民族性格。第三层是礼仪，它是每种文化里对待人和自然的独特表示方式。最里面的一层是价值观，指人们相信什么是真、善、美的抽象观念，也是文化中最深邃、最难理解的部分。

霍夫斯泰德分析了各国的文化差异，早期归纳出四种文化维度，即权力距离、不确定性规避、个人主义与集体主义、男性气质与女性气质。1989年，他在原有系统中补充了第五个维度——长期导向性与短期导向性。

（一）权力距离

权力距离，即一个社会成员接受在机构里和组织里权力分配不平等这一事实的程度。霍夫斯泰德认为，一个试图把财富和权力上的不平等降低到尽可能低限度的社会，可以被看作低权力距离社会。一个把社会与财富上的不平等制度化认为是理所当然的社会可以被认为是高权力距离社会。一个国家或地区的权力距离接受度会对组织和企业的集权程度、领导和决策方式、人际交往等产生很大的影响。他指出，不平等问题表现在人的声望、财富和权力等方面。在等级制度中，上司B与下属E之间的权力距离是指B能决定E的行为的程度与E能决定B的行为的程度差异。权力距离可由权力距离指数来衡量。在组织内部，权力的不平等是功能性的，是不可避免的，成员之间权力的平等分布是组织的实质。这种不平等形成了上司与下属之分。在权力距离指数高的国家，社会不平等是一种常规；人在社会中处于不同的位置，少数人享有特权，而大多数人处于依附的状态；上司和下属之间是绝对服从的关系；有权人和无权人存在潜在的冲突，有权人不信任他人，只有权力才能使人合作。而在权力距离指数较低的国家，权力不平等是一种不公正的现象，权力受到制度、程序的制约，以保证每个人享有同等的权利；等级是为了便利而建立的不同角色，等级的差异应减少到最低程度；有权人和无权人之间存在潜在的和谐，处于不同权力地位的人可以相互信任和相互依赖，他们之间感情差距小，下属容易接近并敢于反驳他们的上司，员工参与决策的程度很高，非权力的合作是建立在团结的基础上的；员工是独立的，思想和政治倾向较小，注重的是帮助他人解决实际问题。

（二）不确定性规避

不确定性规避，即一个社会对不确定性和模糊环境所感到的威胁的程度，并试图通过对事业提供更多的稳定性、建立更正式的规则、不容忍离经叛道的思想和行为、信仰绝对的真理和专家的学识，来减少这种状况的程度。每个民族的不确定性规避都有显著的强弱差异。

强不确定性规避意识表现为：不确定性被认为是一种持续的威胁，人们对此感到非常焦虑和不安，害怕事物的发展与变化；在工作中试图尽量避免冲突与竞争；人应当绝对服从于大众的思想与道德规范；有强烈的保守思想，缺乏创新意识；做任何事情必须遵守规章制度，即使规章制度已不再适合也要遵守。

弱不确定性规避则表现为：不确定性是可以被接受的，人们对此不感到任何的压力，对事物的发展与变化持积极的态度；不认为时间就是金钱，也不认为拼命工作是一种美德，相反，主张以自我价值消弭外界压力；在工作中可以通过竞争来达到个人的目的；容忍偏离大众的思想与道德规范；人们有一种强烈的创新意识；规章制度应当越少越好，当规章制度已不再适合时，能毅然对其进行革新。

（三）个人主义与集体主义

按照霍夫斯泰德的观点，个人主义社会是指人与人之间的关系较为淡薄的社会，人们只顾及他自己及其直系亲属；而集体主义社会则相反，人们一出生就结合在强大而紧密的集团之中，这种集团为他们提供终生的保护，而他们反过来也毫无疑问地忠诚于自己所属的集团。

个人主义与集体主义关系到个人与其同伴间人际关系的本质。在个人导向性价值占主导地位的社会里，每个人都有强烈的自我意识，一切以自我为中心，组织结构是松散的；个人独立于组织或机构，个人以算计的方式与组织（集体）打交道；个人对集体有较少的感情依附，相信自己而不相信集体。在集体导向性价值占主导地位的社会里，组织结构是严密的。个人往往从道德、思想的角度处理其与组织的关系，个人对集体有强烈的情感依附，人们极信任组织，愿意为组织的成长与发展出力。一般来说，权力距离指数高的国家，其个人导向性指数较低，而权力距离低的国家其个人导向性指数较高。

（四）男性气质与女性气质

男性气质与女性气质反映了社会对不同性别扮演角色的看法。男性气质表明了一个民族在自信、工作、绩效、成就、竞争、金钱、物质等方面占优势的价值观。女性气质则是指在生活质量、保持良好的人际关系、服务、施善和团结等方面占优势的价值观。自主、自立、进取、竞争、果断、成功、晋升、自由、轻松工作、赚取更多的钱财、控制他人、掌握权力和理性思维等行为，与男性的阳刚意识相联系；而与女性阴柔意识相联系的行为有抚育、赡养、依附、从属、乐助施善、恭让卑谦、职位保障、友好合作、尊敬领导等。任何国家在两性文化方面都会存在差异，这种差异只是统计意义上的而非绝对的。

男性文化与女性文化间的差异可以用来解释一些管理活动中的现象。在女性气质的国家中，人们一般乐于采取和解的、谈判的方式解决组织中的冲突问题。在男性或男子气概的国家中，人们则崇尚用一决雌雄的方式解决冲突。女性文化中的经理往往依靠直觉并力求征求大家意见一致，男性文化中的经理则应当果断、自信。女性文化强调平等、团结，注重工作、生活质量，男性文化则强调公平、竞争，注重工作绩效。女性文化对工作的看法是"工作是为了生活"，男性文化对工作的看法是"活着是为了工作"。

（五）长期导向性与短期导向性

长期导向性与短期导向性表明一个民族持有的长期利益或近期利益的价值观。

具有长期导向性的文化和社会要求面对未来，注重对未来的考虑，对待事物以动态的观点去考察；注重节约和储蓄，做任何事都留有余地。这种社会中的人，常想到的是目前行为对下几代人的影响。典型的例子是位于东方的日本，其企业对投资多持长远打算，认为重要的是向远程目标的进展，放眼未来，不急于求成。正如围棋对弈，布子深谋远虑，所以其经济能长期稳定发展。

短期导向性的文化和社会则面向过去与现在，着重眼前的利益，并注重对传统的尊重，注重承担社会的责任，认为最重要的是此时此地，美国文化是此类文化的典型。其企业关注的是每一季度和年度的利润，上级对下级的考绩也大多是每年一次，甚至周期更短，要求立见成效，急功近利，不容拖延。

霍夫斯泰德洞察到管理研究长期以来"收敛假设"基本路线的缺陷，明确指出"管理"在国与国之间普遍存在的差异，他列举了德国、日本、法国、荷兰、东南亚、非洲、俄罗斯及中国大陆等国家和地区。当然，霍夫斯泰德的文化五个维度模型，对以上差异均有较为合理的解释。

霍夫斯泰德提出的文化维度理论在管理学界引起了很大的反响，同时掀起了文化研究的热潮。

跨文化管理的探索者——霍夫斯泰德

吉尔特·霍夫斯泰德1928年生于荷兰的哈勒姆。4—17岁时，他跟随父母先后搬到海牙和阿珀尔多伦，并在这两地上学。1940年5月荷兰被占领对霍夫斯泰德有着巨大的影响。他曾经参过军，五年的亡国经历使年仅17岁的霍夫斯泰德对战争有了切身体验，对异邦统治的文化差异有了直觉感悟。

霍夫斯泰德曾获代尔夫特理工大学机械工程系的硕士学位。他曾在荷兰的多家公司担任过各种职务，包括生产工人和工厂经理。之后，通过在业余时间学习，他以优异成绩获得了格罗宁根大学社会心理学博士学位。1965年到1971年间，他创建并管理着IBM欧洲分部的人力研究部门；他参与了在西欧及中东地区所有国家的研究项目。1971年他进入学术界，加入了瑞士洛桑国际管理发展学院，后来还在布鲁塞尔的高级管理学欧洲研究所和在荷兰的马斯垂克市的林堡大学任教，1993年从马斯特里赫特大学退休。霍夫斯泰德对跨文化的研究卓有建树，主要著作有《文化的重要性》《文化与组织》等。

（资料来源：霍夫斯泰德. 文化与组织［M］. 2版. 李原，孙健敏，译. 北京：中国人民大学出版社，2010.）

二、个体主义与集体主义理论

蔡安迪斯（Triandis）出生于希腊，早年移民美国，从事心理学研究工作，以关于个体主义与集体主义的跨文化研究闻名。1995年，他出版了《个体主义与集体主义》一书，总结了将近30年间在文化差异研究基础上的个体主义与集体主义理论。蔡安迪斯不同意霍夫斯泰德的个体主义和集体主义是同一维度上的两极的观点。他认为，个体主义与集体主义不是一个维度的概念，也不是两个维度的概念，而是一个文化综合体。蔡安迪斯将这个概念降到个体层面，用它来描述个体的文化导向而非国家或民族的文化导向。蔡安迪斯提出五个定义个体主义与集体主义的重要特征：①个体对自我的定义；②个人利益和群体利益的相对重要性；③个人态度和社会规范决定个体行为时的相对重要性；④完成任务和人际关系对个体的相对重要性；⑤个体对内群体和外群体的区分程度。

蔡安迪斯的个体主义与集体主义理论，对个体与集体两者的主要特征进行了深入的阐述和分析，弥补了霍夫斯泰德理论中这一维度的单薄与不足，对解释东西方文化差异起了巨大的作用，为跨文化管理理论的发展做出了卓越贡献。但是，该理论注重个体研究而不是对国家和民族总体文化的分析，仅聚焦在个体与集体维度进行分析，还不够全面，用于解释当今世界不同国家、民族、地域、行业形形色色的文化差异和文化融合显然是不够的。

三、文化架构理论

荷兰管理学者特姆彭纳斯（Trompenaars）提出的文化构架理论虽然没有特别严谨的实证研究做依托，但也对跨文化管理工作做出了不少贡献。他于1993年出版《文化踏浪》一书，后来与查尔斯·汉普顿-特纳（Charles Hampden-Turner）在1997年改写后又再版此书。他们指出，那种认为在组织管理方面有一个放之四海而皆准的最佳方法的观念是错误的，人们必须理解和应对商业情境中的文化差异。他们把文化的基本差异界定为七种基本的尺度，即普遍主义与特殊主义、个体主义与集体主义、中性与情绪化、关系特定与关系散漫、注重个人成就与注重社会等级、长期导向与短期导向、人与自然的关系。

文化架构理论触及了以前理论没有触及的文化层面，对人们更全面地理解文化内涵和差异很有帮助和启发。由于任何国家或组织都会遇到一些普遍性的文化两难问题，因此，如何通过认识文化差异、尊重文化差异来提高跨文化能力，最终调和文化差异，就成为跨文化管理的关键。

人文关怀是21世纪的主题，跨文化管理的发展与成熟从某种程度上说是管理学领域实现人文关怀的必由之路。传统的管理学实践无法真正实现人文关怀，跨文化管理的本质就是寻求人类人文关怀的终极目标。跨文化管理在新的国际环境和历史形势下应运而生，是对传统管理学的扬弃，它不仅寻求与发展理论，而且更加注重人类社会的发展，不仅谋求管理的成效，而且更加关怀全人类的福祉。

任务四　跨文化管理的实践

面对企业在跨国经营中所受多重文化的挑战，为了减少由文化摩擦而带来的交易成本，必须采取有效手段进行跨文化培训，选择合适的跨文化管理策略。

一、跨文化培训

对子公司的员工尤其是管理人员进行跨文化培训是解决文化差异，搞好跨文化管理最基本、最有效的手段。跨文化培训的主要方法就是对全体员工，尤其是非本地员工，进行文化敏感性训练，即将具有不同文化背景的员工集中在一起进行专门的培训，打破他们心中的文化障碍和角色束缚，增强他们对不同文化环境的反应和适应能力。文化敏感性训练可采用多种方式进行。

（一）文化教育

文化教育，即请专家以授课方式介绍东道国文化的内涵与特征，指导员工阅读有关东道国文化的书籍和资料，为他们在新的文化环境中的工作和生活提供思想准备。

（二）环境模拟

环境模拟，即通过各种手段从不同侧面模拟东道国的文化环境。将在不同文化环境中工作和生活可能遇到的情况或困难展现在员工面前，让员工学会处理这些情况和困难的方法，并有意识地按东道国文化的特点思考和行动，从而提高自己的适应能力。

（三）跨文化研究

跨文化研究，即通过学术研究和文化交流的形式，组织员工探讨东道国文化的精髓及其对管理人员的思维过程、管理风格和决策方式的影响。这种培训方式可以促使员工积极探讨东道国文化，提高他们诊断和处理不同文化交融中疑难问题的能力。

（四）语言培训

语言是文化非常重要的组成部分，语言交流与沟通是提高对不同文化适应能力的一条最有效的途径。语言培训不仅可使员工掌握语言知识，还能使他们熟悉东道国文化中特有的表达和交流方式，如手势、符号、礼节和习俗等。组织各种社交活动，让员工与来自东道国的人员有更多接触和交流的机会等也是语言培训的有效形式。

二、跨文化管理的策略

文化因素对企业运行来说，其影响是全方位、全系统、全过程的。作为跨国公司的管理者，首先要做到的就是承认并理解文化差异的客观存在，克服狭隘思想。重视各国语言、文化、经济、法律等的学习、了解、融合，把文化的差异看成是一种优势而不是一种劣势，恰当、充分地利用不同文化所表现的差异，实行积极有效的跨文化管理策略。

一是文化规避策略。当母国文化与东道国的文化存在着巨大的不同，母国文化虽然在整个子公司的运作中可以占据主体地位，但又不能忽视或冷落东道国文化存在的时候，就必须特别正视双方文化的重大差异并进行规避，不要在某些"敏感地带"造成彼此文化的冲突。

二是本土化策略。所谓"本土化"，是指把当地文化理念融汇于经营管理之中，通过一体化管理达到相互间的沟通和融合，以消除文化障碍，在企业跨国经营的人力管理、产品创新、品牌创立、市场营销等方面加快本土化进程。不同地域的社会政治、经济、文化不同，只有本土化，才能降低交易成本，迅速融入当地，并被当地社会认同。实践证明，"经营本土化"是最能适应异域文化和最能避免激烈文化冲突的跨文化管理模式。

三是文化融合策略。跨文化经营组织中的跨文化人力资源管理在管理理念、管理职务、人事政策上完全超越国家和文化界限是不可能的，任何一种文化都不会变得与另一种文化完全一样。这就需要在两种文化之间求得浮动平衡，这种平衡过程的开展，就是跨文化经营组织所面临的跨文化范畴的相互融合的过程，逐渐形成具有东道国特色的经营模式，进而创造出新的"文化重新组合"的企业文化。

四是文化创新策略。即对母公司的企业文化与国外分公司当地的文化进行有效的整合，通过各种渠道促进不同文化间的相互了解、适应、融合，从而在母公司文化和当地文化之间构建一种新型的国外分公司企业文化，以这种新型文化作为国外分公司的管理基础，从而形成跨国企业竞争优势。

五是借助第三方文化策略。跨国公司在其他的国家和地区进行全球化经营时，由于母国文化和东道国文化之间存在着巨大的不同，而跨国公司又无法在短时间内完全适应由这种巨大的"文化差异"而形成的完全不同于母国的经营环境。这时跨国公司所采用的管理策略通常是借助比较中性的，与母国的文化已达成一定程度共识的第三方文化对设在东道国的子公司进行控制。用这种策略可以避免母国文化与东道国文化发生直接的冲突。

总之，全球化经营企业在进行跨文化管理时，应在充分了解本企业文化和国外文化的基础上，选择自己的跨文化管理策略，使不同的文化有效结合，达到具有东道国特色的跨文化管理模式，从而形成自己的核心竞争力。

苏州轨道集团与西门子的跨文化沟通

苏州轨道交通5号线是江苏省首条全自动运行地铁线路，其信号系统核心的ATP/ATO子系统由德国西门子公司提供。2020年初暴发的新冠疫情导致西门子核心研发人员无法到苏州参与系统新功能现场调试，对5号线工期造成了严重的影响。苏州轨道集团要求西门子项目组主动担当、克服困难，必须安排人员进行现场调试。这令一向比较注重自我的德国人难以接受，他们认为冒着风险出差是对自己、对家庭的不负责任，到达中国的三周隔离也等同于禁锢，一时间没有人主动表示愿意出差。

了解到这个情况后，苏州轨道集团立即展开了一系列的协调和安排，并适当调整了对来苏人员的资历要求。最终，西门子方面有一名技术经验丰富的专家主动请缨来中国参加现场调试，他能够处理现场遇到的大部分问题，语言沟通也不再是问题，他同时还利用自己的人脉关系，积极寻求德国的多方支持和帮助，对新功能的现场调试带来了立竿见影的效果。苏州轨道交通5号线建设后续各项工作有序推进，并于2021年6月底实现了初期载客试运营。

（资料来源：苏州市轨道交通集团有限公司）

中国石油跨文化管理实践

1993年，中国石油（CNPC）开始走出国门，实施国际化经营。截至2020年年底，中国石油在35个国家和地区参与运营管理着94个油气合作项目，并作为油气承包商、供应商和服务商在全球近80个国家和地区开展业务。中国石油所取得的成绩离不开企业在跨文化管理上的成功实践。在海外投资过程中，中国石油不断总结经验，针对不同资源国的文化特点、不同项目的股权结构等有的放矢，采取差异化的策略，跨文化管理成效显著。

纵览中国石油近30年的跨国经营历程，公司对跨文化管理进行了有益的尝试，并形成了自己的经验。结合海外的项目实践，中国石油跨文化管理大致经历了求同去异、求同存异、求同求异这"三种境界"、三个阶段。

第一阶段：求同去异。"求同去异"阶段是跨文化管理的初级阶段，公司称之为"怕你和我不同"。在该阶段，公司缺乏跨文化管理经验，通常合作伙伴或本地化员工认同公司的观点公司就高兴，就可以达成一致；反之，如果对方不认同公司的观点，就排斥对方、否定对方。这一阶段，在某种程度上没有摆脱母国、母公司文化的约束，不能从其他文化中反观自己的文化，极易盲目地落入自己文化的框架之中，是最为艰难的历程。该阶段最典型的特点是容易单干，表现在项目运营过程中则是以本国人为主开展各项活动，不喜欢或者不偏好使用国际雇员和本地员工。

第二阶段：求同存异。相比"求同去异"阶段而言，该阶段文化的自信度和对不同文化的认同感较高，是跨文化管理的成熟阶段，公司称之为"君子和而不同"。在该阶段，相同的观点大家取得共识，不相同的观点各自保留，允许观点上的不一致、信仰的不一致、处理问题的不一致，承认对方不同观点的合理存在，承认差异的客观存在。对文化差异有认同感，理解其他国家的文化有其历史渊源、自身逻辑，有其文化优势、文化特点、文化特长，内心深处真诚认同而不是排斥别国文化。求同是寻求不同文化历程中存在的共同认识成果及在不同环境下解决问题时产生的共同智慧。存异主要强调理解、包容、妥协和渗透。这一阶段，最典型的特点是包容，具体表现为以下方面：在项目运营过程中，公司充分尊重和考虑资源国的政治制度和政策、法律、文化、宗教，与当地政府、民众保持密切沟通合作；积极组织中方员工学习资源国文化、当地风俗习惯及相关法律法规，提高员工的法律意识与合同意识。

第三阶段：求同求异。与前两个阶段相比，该阶段文化的吸收能力和包容能力很强，是跨文化管理的高级阶段，公司称之为"欢迎你和我不同"。在该阶段，相同的观点彼此互相欣赏，不同的观点可能是一种更好的补充，彼此认为对方的差异可能是自己所缺乏的好东西。求异的概念就是要互相欣赏，而且越是不同越认可，只有抱着这样的态度和心态，才能与其融合，才可能互相促进、互相补充，并产生更好的效果。这一阶段，最典型的特点就是融合，表现在项目运营过程中则是通过百家争鸣、百花齐放，鼓励个性化，形成相互学习、优势互补、共同进步的文化氛围。

总之，成功的跨文化管理能够减少项目发展与运营中由于文化摩擦和冲突带来的管理成本，形成文化合力，带给项目新的活力，从而实现海外项目的成功运营。

[资料来源：陆如泉. 大型石油央企海外跨文化管理实践：来自中国石油的案例分析［J］. 中国石油企业，2021（7）.］

案例思考题

1. 结合案例材料，谈谈中国石油跨文化管理过程中遇到的问题。
2. 中国石油在跨文化管理中采取了哪些措施？这些措施体现了哪些跨文化管理策略？

项目训练

【训练内容】识别文化差异与跨文化管理，并进行案例分析。

【训练目的】进一步理解跨文化管理，学会运用跨文化管理策略。

【训练安排】

1. 各小组（4—6 人）选择一家跨国公司案例，针对所选案例详细收集背景资料，并展开跨文化管理问题讨论。在讨论的基础上，形成本小组跨文化管理方案。

2. 各小组根据所选企业案例，在课堂上进行陈述。内容分为以下三个部分：

（1）案例介绍。此案例的背景情况介绍，建议按时间先后顺序叙述案例发生的过程。此部分要求陈述者能客观、全面地陈述公司跨文化管理问题。

（2）案例分析。小组准备发言 PPT，至少 4 人上台汇报本小组案例分析报告，主要有该公司跨文化管理问题的难点所在、当事企业处理方法的评点、小组在讨论此案例时的心得、延伸思考等。

（3）采取两个小组比赛的方式，互相提问各组的案例分析情况，老师兼任评委。

3. 各小组应在陈述的前一周将预先写好的文字稿提交任课老师预审，并根据老师的建议进行相应的修改。

4. 各案例小组提交文字报告一份，内容包括但不限于以下部分：①封面页；②目录页；③正文部分；④企业跨文化管理策略介绍；⑤各角色发言稿；⑥常见问题集（5 个问题以上）；⑦现场照片；⑧总结分析。

自测题

1. 概述东西方文化差异及对企业文化的影响。
2. 简述日本、美国、德国企业文化的特征。
3. 简述霍夫斯泰德的文化维度理论。
4. 跨国公司在跨文化管理中应采取哪些策略？

【延伸阅读】

莉莲·钱尼，珍妮特·马丁，张莉，王丹. 跨文化商务沟通［M］. 6 版. 北京：中国人民大学出版社，2021.

参 考 文 献

著作类

[1] [美] 特伦斯·迪尔, [美] 艾伦·肯尼迪. 企业文化: 企业生活中的礼仪与仪式 [M]. 李原, 孙健敏, 译. 北京: 中国人民大学出版社, 2015.

[2] [美] 特伦斯·迪尔, [美] 艾伦·肯尼迪. 新企业文化: 重获工作场所的活力 [M]. 李原, 黄小勇, 孙健敏, 译. 北京: 中国人民大学出版社, 2021.

[3] [美] 彼得·德鲁克. 创新与企业家精神 [M]. 朱雁斌, 译. 北京: 机械工业出版社, 2018.

[4] [美] 查尔斯·汉迪. 管理的众神: 组织变革的今日与未来 [M]. 崔姜薇, 译. 上海: 东方出版中心, 2017.

[5] [美] 约翰·P. 科特, [美] 詹姆斯·L. 赫斯克特. 企业文化与经营业绩 [M]. 李晓涛, 译. 北京: 中国人民大学出版社, 2004.

[6] [荷] 吉尔特·霍夫斯泰德, [荷] 格特·扬·霍夫斯泰德. 文化与组织: 心理软件的力量 [M]. 2版. 李原, 孙健敏, 译. 北京: 中国人民大学出版社, 2010.

[7] [美] 艾琳·梅耶. 跨文化沟通力: 如何突破文化管理的隐形障碍 [M]. 郝继涛, 译. 北京: 华夏出版社, 2022.

[8] [美] 莉莲·钱尼, [美] 珍妮特·马丁, 张莉, 王丹. 跨文化商务沟通 (中国版) [M]. 6版. 北京: 中国人民大学出版社, 2021.

[9] [美] 埃德加·沙因. 企业文化生存与变革指南 [M]. 马红宇, 唐汉瑛, 等译. 杭州: 浙江人民出版社, 2017.

[10] [美] 彼得·圣吉. 第五项修炼: 学习型组织的艺术与实践 [M]. 张成林, 译. 北京: 中信出版社, 2018.

[11] [美] 安妮卡·施泰伯. 中国能超越硅谷吗: 数字时代的管理创新 [M]. 邓洲, 黄娅娜, 李童, 译. 广州: 广东经济出版社, 2022.

[12] [美] 丹尼斯·李·约恩. 伟大的公司: 卓越品牌与企业文化的融合 [M]. 李起忠, 刘寅龙, 译. 北京: 机械工业出版社, 2021.

［13］陈安娜. 互联网企业文化研究［M］. 杭州：浙江工商大学出版社，2019.

［14］陈巍. 德国企业文化概论［M］. 杭州：浙江大学出版社，2017.

［15］丁雯. 企业文化基础［M］. 4版. 大连：东北财经大学出版社，2021.

［16］段磊，刘金笛. 企业文化：建设与运营［M］. 北京：企业管理出版社，2021.

［17］方奕. 智慧职场：企业文化落地策略与技巧［M］. 北京：化学工业出版社，2021.

［18］胡国栋. 海尔制：物联网时代的新管理范式［M］. 北京：北京联合出版公司，2021.

［19］黄少英. 企业文化［M］. 北京：经济科学出版社，2020.

［20］金铭. 铸道：多彩青春［M］. 苏州：苏州大学出版社，2021.

［21］黎友焕. 中国企业社会责任研究［M］. 广州：中山大学出版社，2015.

［22］曲伟. 企业文化［M］. 2版. 北京：化学工业出版社，2021.

［23］石娟. 企业文化管理与实践［M］. 北京：科学出版社，2015.

［24］苏万益，成光琳. 现代企业文化与职业道德［M］. 3版. 北京：高等教育出版社，2021.

［25］涂强. 企业文化管理实操指南［M］. 北京：中国铁道出版社，2021.

［26］王成荣. 企业文化学教程［M］. 4版. 北京：中国人民大学出版社，2020.

［27］王大地，黄洁. ESG理论与实践［M］. 北京：经济管理出版社，2021.

［28］王水嫩. 企业文化理论与实务［M］. 2版. 北京：北京大学出版社，2015.

［29］王维滨. 没有退路就是胜利之路：华为文化之道［M］. 北京：机械工业出版社，2022.

［30］魏文斌. 企业伦理与文化研究［M］. 苏州：苏州大学出版社，2013.

［31］魏文斌. 企业伦理与文化案例精选［M］. 苏州：苏州大学出版社，2016.

［32］文子品牌研究院. 大品牌文化：30个世界级品牌案例解读［M］. 苏州：苏州大学出版社，2020.

［33］习风. 华为兵法［M］. 深圳：海天出版社，2022.

［34］谢尚大. 合规师必读：企业规章制度设计［M］. 北京：企业管理出版社，2022.

［35］叶陈刚，等. 企业伦理与会计道德［M］. 3版. 大连：东北财经大学出版社，2016.

［36］尹宏亮. 企业文化建设与咨询［M］. 北京：北京燕山出版社，2022.

［37］张德. 企业文化建设［M］. 3版. 北京：清华大学出版社，2015.

［38］张岩松. 企业文化：理论·案例·实训［M］. 北京：清华大学出版

社，2017.

[39] 仲继银. 伟大的公司：创新、治理与传承［M］. 北京：企业管理出版社，2020.

论文类

［1］陈文志. 中铁建工集团有限公司：深化职工之家建设 打造"家文化"品牌［J］. 班组天地，2022（7）：22-23.

［2］陈燕申. 中国城市轨道交通安全监管制度、中外比较借鉴及启示［J］. 城市轨道交通，2021（7）：32-37.

［3］陈艳艳，刘炜杰. 城市轨道交通企业文化符号研究［J］. 城市轨道交通研究，2022，25（6）：143-147.

［4］高亢，王献红，李敏，等. 文化融合视野下高铁企业的海外形象建构［J］. 创新世界周刊，2022（6）：84-87.

［5］胡郁. 深圳地铁企业文化落地之探索［J］. 中国高新技术企业，2012（24）：141-143.

［6］贾鹏，何彦斌，王雨. 用安全文化筑牢"平安型地铁"根基［J］. 中外企业文化，2016（3）：20-23.

［7］金伟林，王侦. 创新文化引领企业高质量发展：基于海尔集团的案例分析［J］. 生产力研究，2020（1）：128-131，161.

［8］刘超，巩新颖，王泳雁. 从企业文化整合的角度分析吉利集团并购沃尔沃［J］. 商场现代化，2021（15）：25-27.

［9］刘刚，殷建瓴，刘静. 中国企业文化70年：实践发展与理论构建［J］. 经济管理，2019（10）：194-208.

［10］刘伟，易香平，彭海霞，等. 中车文化及其启示［J］. 企业改革与管理，2018（18）：189-190.

［11］刘志哲，孙苹. "情感化设计"视域下伦敦地铁广告经验对我国地铁广告发展的启示［J］. 现代广告，2022（8）：48-55，65.

［12］陆如泉. 大型石油央企海外跨文化管理实践：来自中国石油的案例分析［J］. 中国石油企业，2021（7）：10-15，111.

［13］孟淑红，陈鹰. 弘扬"四精"文化，理念落地生根：中国商飞公司质量文化建设的实践［J］. 上海质量，2017（7）：48-50.

［14］屈建国. 中国中铁基层文化建设［J］. 企业管理，2019（12）：70-71.

［15］谭长春. 读懂《华为基本法》［J］. 企业管理，2019（9）：38-39.

［16］王疆凯. 广告学的文化研究策略［J］. 文化产业，2022（7）：1-3.

［17］王明宇. 国企改革中跨文化管理移植的成功要因：基于宝钢集团现代化管理在梅钢公司移植成功的实证研究［J］. 企业改革与管理，2018（1）：44－47.

［18］魏文斌. 创新、诚信和责任是企业家精神的三要素［J］，中国市场监管研究，2016（9）：60－62，67.

［19］吴道友，廖柳，姚传友. 企业跨国并购协同整合能力的概念和维度结构研究［J］. 全国流通经济，2022（15）：24－27.

［20］肖丽娜，徐强强，林睿婷，等. 互联网时代优秀企业文化构建：以小米公司为例［J］. 科技创业月刊，2019，32（10）：68－70.

［21］徐飞扬. 苏州地铁公共艺术与地域文化构建［J］. 城市轨道交通研究，2021，24（12）：280－281.

［22］薛有志，西贝天雨. 公司治理视角下企业社会责任行为的制度化探索［J］. 南开学报（哲学社会科学版），2022（2）：183－192.

［23］杨伟. 张謇企业家精神及时代传承［J］. 南通职业大学学报，2021，35（3）：11－15.

［24］张喜亮. 三大民主：国有企业管理制度的基本原则［J］. 工友，2022（3）：53.

［25］赵龙龙. "文化人假设"的发展历程与哲学反思［J］. 文化学刊，2022（4）：6－12.

［26］钟国燕，李斯. 广府传统文化元素在广州地铁宣传中的应用［J］. 绿色包装，2021（2）：85－88.